CHRISTINE BRASCH
INGA-MARIA RICHBERG

Das ehrliche Buch vom Kinderkriegen

Ängste während der Schwangerschaft
und wie sie sich überwinden lassen

Mosaik
bei GOLDMANN

Umwelthinweis
Alle bedruckten Materialien dieses Taschenbuches
sind chlorfrei und umweltschonend.

Vollständige Taschenbuchausgabe März 1998
Wilhelm Goldmann Verlag, München

in der Verlagsgruppe Bertelsmann GmbH
Umschlaggestaltung: Design Team München
unter Verwendung folgender Fotos:
Umschlag und Umschlaginnenseiten: Bavaria/VCL
Verlagsnummer: 13964
CL · Herstellung: Stefan Hansen
Satz: Uhl & Massopust, Aalen
Druck: Elsnerdruck, Berlin
Made in Germany
ISBN 3-442-13964-3

3 5 7 9 10 8 6 4 2

Inhalt

Warum wir dieses Buch geschrieben haben

»Bis vor kurzem meinte ich, ich sei eine Frau, die mit beiden Beinen fest im Leben steht. Aber seit ich schwanger bin, ist alles ganz anders: Einmal freue ich mich unbändig auf das Kind, dann wieder plagen mich Zweifel, ob ich das alles überhaupt schaffen werde. »Und jeder Tag bietet Gelegenheiten, ganz bestimmt etwas falsch zu machen«, so die Ärztin Beate (30), die wir für dieses Buch befragten. Sie steht mit ihren Empfindungen nicht allein. Als Mütter von jeweils zwei kleinen Kindern kennen auch wir die widerstreitenden Gefühle, die Zweifel und auch die Ängste, die fast jede Frau während der Schwangerschaft bis zur Geburt begleiten. Um so erstaunter waren wir, daß wir darüber in den meisten Schwangerschaftsratgebern kaum etwas fanden. Meist begegnete uns die Schwangere als glückverklärtes Wesen. Und wenn ambivalente Gefühle, Zweifel und Ängste überhaupt vorkamen, dann wurden sie nach wenigen Sätzen mit dem lapidaren Hinweis beiseite geschoben, die werdenden Eltern sollten sich mal keine Sorgen machen. Ein bißchen wenig, wenn man bedenkt, daß Schwangerschaft und Geburt zu den größten körperlichen, seelischen und sozialen Umwälzungen im Leben gehören, und zwar nicht nur für die Frauen, sondern auch für deren Partner. So entstand die Idee zu diesem Buch – einem Buch, das endlich einmal die andere Seite von Schwangerschaft und Geburt in den Mittelpunkt stellt und über die ganz normalen ambivalenten Gefühle, Zweifel und Ängste offen spricht.

Wir meinen damit nicht, daß andere Schwangerschaftsratgeber prinzipiell unehrlich sind – aber die meisten sind unvollständig, sie unterschlagen wesentliche und vor allem naturgegebene Aspekte von Schwangerschaft und Geburt. Über die Gründe dafür können wir nur spekulieren. Einer scheint uns der Erwähnung wert: Nachdem Schwangerschaft planbar geworden ist und sich die meisten Frauen nur noch für ein oder zwei, höchstens drei Kinder entscheiden, haben Schwangerschaft und Geburt eine sehr große, ja übergroße Bedeutung bekommen. Und diese ein oder zwei Geburten müssen dann eben auch perfekt sein. Das heißt heute: auf jeden Fall mit dem Partner, »natürlich«, sanft, mit wenig Schmerzen, ohne Medikamente und begleitet von einer Art Rausch. Und auch die Schwangerschaft davor war einfach schön, vielleicht von ein paar Wehwehchen begleitet, aber doch beglückend. Doch wer nur beschreibt, wie wunderbar Schwangerschaft und Geburt »normalerweise« verlaufen, läßt all die vielen Frauen und Männer allein, die mit den ganz normalen Ängsten und Zweifeln zu kämpfen haben, die in der Schwangerschaft auch einmal ihr Kind wegwünschen oder später einen Kaiserschnitt zu verkraften haben. Die Folge: Sie fühlen sich nicht mehr nur unsicher, sondern auch noch unfähig und womöglich schuldig, weil sie offenbar die Anforderungen an moderne Elternschaft nicht erfüllen.

In unserem Buch entwerfen wir nicht etwa ein neues, negatives Bild vom Kinderkriegen, sondern schildern offen und ehrlich, welche Zweifel, Sorgen und Ängste weit verbreitet sind, weshalb sie auftauchen und wie Schwangere und ihre Partner am besten damit zurechtkommen. Bei Müttern und Vätern, Hebammen, Ärzten und Psychologen rannten wir mit diesem Vorhaben offene Türen ein. Denn sie erleben in der Praxis jeden Tag, daß die Zeit der Schwangerschaft eine Zeit der wechselnden Gefühle ist, in der Zuversicht und Hochgefühl genauso normal sind wie Unsicherheit und Wut.

Dieses Buch wendet sich in erster Linie an Schwangere und ihre Partner. Manche Paare bleiben aber auch aus Angst vor den vielfältigen Veränderungen in der Schwangerschaft ohne Kind, sei es, daß sie bewußt, aber schweren Herzens verzichten, sei es, daß es ohne erkennbaren medizinischen Grund nicht klappen will. Auch für sie könnte dieses Buch eine Hilfe sein.

Folgenden Menschen danken wir für ihre tatkräftige Hilfe: allen Frauen und Männern, die uns ihre Gefühle und Erfahrungen bereitwillig und ehrlich schilderten (und deren Namen wir zum Teil aus Gründen der Anonymität geändert haben).

Annemarie Ormanns und Luise Utz, die die Kinderbetreuung zu ihrem Beruf gemacht haben und unsere Kinder während der vielen Arbeitsstunden an diesem Buch unermüdlich und liebevoll versorgt haben.

Unseren Beratern und Beraterinnen Dr. med. Edith Bauer, Irmtraut Borgert-Nicks (Hebamme), Dr. med. Barbara Fervers-Schorre, Dipl.-Psych. Claus Gieseke, Sigrun Haibach von der Vorsorge-Initiative, Dipl.-Psych. Ulrike Hauffe, Dipl.-Psych. Rolf Merten, Dr. med. Julia Schwerdtfeger, Prof. Dr. med. Sabine Stengel-Rutkowski, Dr. med. Udo Vaasen, Dr. med. Karl-Heinz Wehkamp, Dipl.-Psych. Lieselotte Winkler, die uns ihr Fachwissen zur Verfügung gestellt haben.

Und noch eine Bemerkung in eigener Sache: Kritischen LeserInnen wird auffallen, daß wir diese neue Schreibweise der weiblichen/männlichen Form nicht gewählt haben. Wir halten sie für schlecht lesbar und weisen darauf hin, daß in unserem Text selbstverständlich immer auch die Frauen gemeint sind.

Schwangerschaft: neun Monate großes Glück?

Wie sieht eine schwangere Frau aus? Nun, auf jeden Fall glücklich. Sie sitzt im Schaukelstuhl (Lehnstuhl, auf dem nostalgischen Fahrrad), schaut träumend in die Ferne, streichelt sanft ihren Bauch und lächelt. Vielleicht wird sie auch noch von ihrem ebenfalls lächelnden, gutaussehenden Mann fürsorglich im Arm gehalten. Den Problemen des Alltags, der Partnerschaft und der Schwangerschaft erscheint sie seltsam entrückt. Ein Klischeebild? Natürlich, aber wie in jedem Klischee steckt auch in diesem ein wahrer Kern. Tatsächlich berichten manche Frauen, daß es ihnen in diesen neun Monaten so gut geht wie noch nie in ihrem Leben. Sie fühlen sich nicht nur gut gelaunt, sondern fast unverletzlich und sind nicht aus der Ruhe zu bringen. Aber kaum eine Frau fühlt sich vom ersten bis zum letzten Tag der Schwangerschaft so wunderbar. Im Gegenteil: Freude, Wut, Zuversicht, Angst und Zweifel lösen einander häufig in ungewohnt schnellem Wechsel ab. Oft hat das natürlich handfeste Gründe: Die Partnerschaft gerät in eine Krise, der Chef ist sauer, die Schwangerschaftsbeschwerden machen jeden Tag zur Last, oder die werdende Mutter ist sich gar nicht sicher, ob sie dieses Kind haben möchte. Aber selbst wenn das Kind gewollt und geplant ist, wenn Mann und Frau sich gut verstehen und die Schwangerschaft körperlich ganz ohne Komplikationen verläuft, werden viele Frauen von Unsicherheiten, Zweifeln und Ängsten gebeutelt. Und sie fühlen sich oft auch noch schuldig, weil sie meinen, dem Klischeebild der glücklichen Schwangeren entsprechen zu müssen! Dabei haben widersprüchliche Gefühle und Ängste in der Schwangerschaft gute Gründe:

- Die hormonelle Umstellung, die eine Frau in der Schwangerschaft durchmacht, ist ebenso stark wie die in der Pubertät oder in den Wechseljahren (und welche seelischen Auswirkungen sie dort haben kann, ist hinreichend bekannt). Folgende Hormone spielen die führenden Rollen: Das Hormon HCG (*H*umanes *C*horiongonadotropin) läßt nicht nur den Schwangerschaftstest zu Hause positiv reagieren, es sorgt auch für die ersten Anzeichen der Schwangerschaft: Übelkeit, Spannen in der Brust, Hitzewallungen, Gewichtszunahme. Endorphine lösen Glücksgefühle aus und senken die Schmerzempfindlichkeit der Mutter und des ungeborenen Kindes. Ihre Wirkung steigt im Laufe der Schwangerschaft an und erreicht mit der Geburt ihren Höhepunkt. Das schwangerschaftsbeschützende Progesteron (Gelbkörperhormon) wirkt entspannend auf Körper und Seele, oft so stark, daß die Frau sich durch nichts aus der Ruhe bringen läßt. Eine unangenehme Nebenwirkung: Auch der Darm wird durch Progesteron entspannt und dadurch träge. Zusammen mit dem Progesteron bringen verschiedene Östrogene den Rhythmus von Wachheit und Müdigkeit durcheinander. Auch das Hormon Prolaktin, das den Körper schon viele Wochen vor dem Geburtstermin aufs Stillen vorbereitet, wirkt sich wahrscheinlich auf das seelische Gleichgewicht aus. Die Hormone können auch gegenseitig ihre Wirkung verstärken, abschwächen und verändern. Deshalb läßt sich bis heute nicht genau sagen, ob ein bestimmtes Hormon auch ein bestimmtes Gefühl auslöst.
- Der Körper verändert sich. Das bringt vielfältige Gefühle mit sich: Glück, ein Kind bekommen zu können, Verdruß über Schwangerschaftsbeschwerden, Sorge, dem Kind durch ungesundes Verhalten zu schaden. Außerdem freut sich nicht jede Frau darüber, wie der Körper sich verändert, ohne daß sie dies beeinflussen kann. Leidet sie ohnehin unter ihrem Übergewicht, so macht ihr vielleicht die natürliche Gewichtszunahme noch mehr zu schaffen. Ist sie stolz auf ihre knabenhafte Figur, so kann sie sich an den neuen üppi-

gen Rundungen kaum freuen. Verliere ich jetzt meine Attraktivität? Was wird aus dem Sex? Werde ich jetzt meiner Mutter immer ähnlicher? Dies und noch viel mehr beschäftigt Frauen, wenn sie sehen, wie ihr Körper sich auf die Schwangerschaft einstellt.

- Das soziale Leben und die Partnerschaft ändern sich. Was wird aus dem Beruf? Wie kommen wir finanziell zurecht? Kann ich mir ein Leben als Hausfrau vorstellen? Wird mein Partner zu mir stehen? Wie werden wir als Eltern sein? Und wie reagiert die Umgebung auf die Schwangerschaft? Solche tiefgreifenden Fragen lassen sich nicht mit einem sanften Lächeln abtun, sondern können eine Menge Konflikte an den Tag bringen.
- Auch wenn das Kind noch gar nicht geboren ist, sorgen sich seine Eltern schon: Geht es ihm gut, wird es gesund auf die Welt kommen? Zwar waren die Möglichkeiten der Früherkennung und Behandlung von Erkrankungen im Mutterleib noch nie so groß wie heute, diese Möglichkeiten haben aber auch eine Schattenseite: Da wir mehr darüber wissen, was dem Kind passieren könnte, haben wir auch mehr Angst davor.
- Am Ende der Schwangerschaft steht unausweichlich die Geburt. Viele Aspekte der Geburt lösen schon für sich genommen Angst aus: Die starken Schmerzen, die Unausweichlichkeit, für viele Frauen auch das Gefühl, dem Alltag und dem Personal im Krankenhaus hilflos ausgeliefert zu sein. Für andere steht im Vordergrund, daß die Geburt ein – wenn auch heute sehr geringes – Risiko für Mutter und Kind darstellt. Kein Wunder, daß die Angst vor der Geburt wohl die häufigste Angst in der Schwangerschaft ist.

Zweifel, ambivalente Gefühle und Ängste treten glücklicherweise nicht alle zugleich auf. Denn wie der Körper, so durchläuft auch die Seele in der Schwangerschaft mehrere Phasen. Gabriele Gloger-Tippelt nennt in ihrem wissenschaftlichen Buch »Schwangerschaft und erste Geburt – Psychologische

Veränderungen bei den Eltern« folgende vier Phasen bis zur Geburt (Die Wochenangaben sind natürlich nur grobe Anhaltspunkte): Die Verunsicherungsphase (bis zur 12. Woche), die Anpassungsphase (bis zur 20. Woche), die Konkretisierungsphase (bis zur 32. Woche) und die Vorbereitungsphase (bis zur 40. Woche).

In der *Verunsicherungsphase* sind die Stimmungsschwankungen am stärksten ausgeprägt. Je nachdem, ob die Schwangerschaft geplant und erwünscht ist oder nicht, überwiegen Freude oder Schock, oft aber sind die Gefühle auch einfach gemischt. Die Bezeichnung für diese Phase ist passend, denn viele werdende Mütter fühlen sich in dieser Zeit wirklich besonders unsicher. Schließlich ist alles neu: die körperlichen Veränderungen, die Rolle als Schwangere, die Aussicht, bald mit einem Kind zu leben, die Verantwortung, die ja jetzt schon beginnt.

In der *Anpassungsphase* glätten sich die Wogen ein wenig. Die Schwangerschaftsbeschwerden wie etwa Übelkeit verschwinden oder sind zumindest nicht mehr so stark ausgeprägt, die werdenden Eltern, ihre Angehörigen und Freunde gewöhnen sich langsam an die neue Situation. Vielen Eltern hilft es auch, die Herztöne ihres Kindes zu hören und seine Gestalt im Ultraschall zu erkennen. So existiert das Kind für sie nicht nur in ihrer Phantasie.

Die Entscheidung für oder gegen das Kind muß aus gesetzlichen Gründen bis Ende der zwölften Woche gefallen sein. (Eine Ausnahme wird nur gemacht, wenn sich etwa später nach der Fruchtwasseruntersuchung herausstellt, daß das Kind schwere Fehlbildungen hat.) Das kann in dieser Phase zu mehr Ruhe führen. Manche Eltern, die mit dieser Entscheidung sehr gerungen haben, bedrängt aber jetzt das Gefühl, nicht mehr zurück zu können. Und diese Unausweichlichkeit kann sich auch als enormer Druck auf die Partnerschaft auswirken. Psychologinnen und Hebammen, mit denen wir gesprochen haben, lehnen es deshalb ab, das zweite Drittel der Schwangerschaft als »Zeit des Wohlbefindens« zu bezeichnen. Denn gerade in dieser Zeit wird das Leben der Frau immer mehr von ihren Empfindungen bestimmt: Sie sehnt sich nach mehr Zärtlichkeit und Unterstützung, als der Partner geben kann. Und viele Frauen berichten auch, daß schon die Bilder in der Tagesschau sie völlig aus der Fassung bringen, weil sie auf jedes auch noch so entfernte Leid mit Tränenausbrüchen reagieren. Dazu die Bremer Diplom-Psychologin und Geburtsvorbereiterin Ulrike Hauffe: »Diese Bezeichnung des ›Wohlbefindens‹ für das zweite Drittel der Schwangerschaft ist von Männern gemacht und bezieht sich in erster Linie auf das Wegfallen des körperlichen Unwohlseins. Nach meiner Erfahrung sind die Frauen aber jetzt seelisch besonders empfindsam, sowohl bei störenden als auch bei angenehmen Ereignissen. Das ist auch gut so, aber nur wenige Frauen können das heute noch so genießen. Es wird uns Frauen ja nicht erlaubt, so zu sein.«

Noch etwas wird im zweiten Drittel der Schwangerschaft besonders akut: die Angst vor der Geburt. Dazu die Hamburger Hebamme Irmtraut Borgert-Nicks: »Man könnte ja annehmen, daß die Angst vor der Geburt sich im Laufe der Schwangerschaft immer mehr steigert. Aber das ist nicht immer so! Wenn mich Frauen kurz vor der Geburt anrufen, dann geht es um verschiedene Probleme, zum Beispiel um Übertragung des Kindes, aber fast nie um Angst vor der Geburt. Wahrscheinlich sind die Frauen in dieser Zeit schon von ihren Hormonen so gut beschützt, daß sie voller Ruhe und Selbstvertrauen sind. Und im ersten Drittel, da ist es ja noch lange hin bis zur Geburt. Aber im zweiten Drittel, wenn es sicher ist, daß dieses Kind kommt, dann kommt auch die Angst vor der Geburt.«

Noch ins zweite Drittel fällt auch der Anfang der *Konkretisierungsphase.* Das Kind wird immer konkreter, denn die Mutter kann seine Bewegungen deutlich spüren, und auch ihr Bauch rundet sich. Spätestens jetzt erkennen auch Fremde, daß sie ein Kind erwartet und reagieren entsprechend darauf. Das kann sehr angenehm sein, wenn Kollegen, Familie und Freunde sich fürsorglich und unterstützend zeigen. Lehnen sie das Kind aber ab oder meinen sie, die Schwangere müßte sich unbedingt auf diese oder jene Weise verhalten, dann gerät die Frau dadurch ganz schön unter Druck. Nicht zuletzt wird die Schwangerschaft, und damit das Kind, jetzt auch dadurch konkret, daß der Vorbereitungskurs beginnt und die sogenannte »Umstandsmode« unumgänglich wird.

Um die 20. Woche herum wissen Frauen, die sich zur Fruchtwasseruntersuchung entschlossen haben, ob ihr Kind eine Chromosomenstörung hat. Wenn nicht, können sie sich jetzt endlich, wie andere Schwangere auch, auf ihr Kind freuen. Wenn ja, werden sie vor eine der schwersten Entscheidungen gestellt, die es für einen Menschen geben kann.

Der Bauch ist nicht mehr zu übersehen, die Mutterschutzfrist beginnt bald: Die letzten acht Wochen gelten als *Vorbereitungsphase*. Fast allen Frauen tut es gut, jetzt konkrete Vorbereitungsmaßnahmen treffen zu können: den Klinikkoffer packen, das Kinderzimmer ausstatten, die Babywäsche ordnen. Manche Frauen suchen alle Dinge fürs Baby im Geschäft aus, kaufen sie aber erst, wenn das Kind tatsächlich geboren ist.

Jetzt richten sich die Ängste nicht mehr nur auf die Geburt, die Gesundheit von Mutter und Kind und die Partnerschaft, sondern auch auf die Zeit danach: Wie wird es sein mit Kind? Ein Vater beschrieb dieses Gefühl so: »Es ist wie der Plan, in ein fernes Land auszuwandern: Man kann Bücher darüber lesen, sich Erfahrungen erzählen lassen und die Koffer packen. Aber wie es wirklich ist, das weiß man erst, wenn man dort ist.«

Diese Aufteilung der seelischen Phasen in der Schwangerschaft ist natürlich nur ein grober Raster. Nicht alle Schwangeren leiden überhaupt so sehr unter Ängsten. Und wenn sie es tun, dann können die Ängste auch zu ganz anderen Zeiten und mit ganz anderen Betonungen auftreten. Schließlich fühlen sich auch Eltern wieder anders, wenn sie das zweite, dritte oder vierte Kind erwarten. Dann steht nicht mehr die große Veränderung im Vordergrund, sondern mehr die realistische Erwartung der Beschwerlichkeit einer Schwangerschaft, der Schmerzen bei der Geburt und der anstrengenden ersten Zeit. Eines haben wir bei den Gesprächen mit Müttern und Vätern für dieses Buch vor allem festgestellt: Beim dritten Kind ist die Angst vor einer Behinderung ganz besonders groß. Das mag verschiedene Gründe haben. Das tatsächliche Risiko einer angeborenen Fehlbildung wächst zwar mit dem Alter der Eltern, aber nicht so stark, daß es eine große Angst rechtfertigen würde. Hier spielt wohl mehr der Gedanke eine Rolle, das Schicksal herauszufordern, wenn man nach zwei gesunden Kindern noch ein drittes möchte. (Dieser Gedanke geht einher mit der Vorstellung, zwei Kinder seien die Norm, das dritte sozusagen »Luxus«.) Außerdem kennen Eltern, die schon zwei Kinder haben, wesentlich mehr andere Familien mit kleinen Kindern als Paare, die noch kein Kind haben. In solch einem größeren Kreis ist aber eben auch die Wahrscheinlichkeit größer, Kinder mit Fehlbildung kennenzulernen und dadurch daran erinnert zu werden, daß auch das eigene Kind so geboren werden könnte.

Ängste in der Schwangerschaft sind aber nur normal, sie sind sogar sinnvoll, denn sie schützen vor Gefahren und zwingen zur Vorbereitung. Eine Frau, die Angst um die Gesundheit des Ungeborenen hat, wird auf Alkohol und Nikotin verzichten. Wenn sie sich um ihre eigene Gesundheit sorgt, wird sie bei Warnzeichen rechtzeitig zum Arzt gehen. Hat sie Angst vor dem Wehenschmerz, so wird sie sich nach einem Vorbereitungskurs umsehen.

Übrigens sind solche Ängste und Unsicherheiten nicht nur Frauensache – im Gefühlsleben der männlichen Partner geht es oft nicht minder turbulent zu als bei den Frauen. Nur dürfen sie ihre Zweifel und Ängste nicht zeigen: Schließlich sind sie ja nicht schwanger, sondern Männer – und noch dazu jetzt in der Rolle des beschützenden Familienvaters! Die Folge: Der eine Mann stürzt sich in seinen Beruf, der nächste flüchtet zu seinem Computer, der dritte entwickelt körperliche Symptome, die Schwangerschaftsbeschwerden verdächtig ähnlich sehen, und der vierte verleugnet seine eigenen Gefühle so sehr, daß er auch die Ängste seiner Partnerin nicht mehr verstehen kann. Wie gut täte es den Männern und ihren Partnerinnen, wenn sie sich mit ihren Gefühlen ein wenig anfreundeten!

Ängste sind also nützlich und wichtig – wenn sie nicht zu groß werden. Denn dann können sie den Menschen so lähmen, daß er sich selbst nicht mehr zu helfen weiß.

Wir möchten Ihnen mit diesem Buch keine Patentrezepte vorsetzen, sondern Ihnen alle Informationen geben, die Sie brauchen, um unbegründete Ängste abzubauen, lähmende Ängste zu überwinden und mit den unvermeidbaren Zweifeln und Unsicherheiten zu leben, damit Sie nicht nur ganz modern schwanger, sondern auch ganz altmodisch guter Hoffnung sein können.

Die große Veränderung – nichts bleibt, wie es war

Nehmen wir noch einmal die sanfte, glücklich verklärte Schwangere im Schaukelstuhl, die versonnen ihren Bauch streichelt: Ärgert sie sich, weil sie aussieht, als ob sie eine Wassermelone unter ihrem Pullover versteckt hat? Hat sie von ihrem Partner gerade erfahren, daß er trotz (oder wegen) dieser Schwangerschaft einen dringenden Auftrag angenommen hat, der ihn monatelang im Ausland festhalten wird? Oder macht ihr der Gedanke angst, daß sie vielleicht gar nicht mehr Fuß fassen wird in ihrem Beruf, weil sie jetzt nach einem halben Jahr Probezeit schon wieder aussetzen muß?

Nein, diese Schwangere wird von solchen Sorgen nicht geplagt. Aber fast jede Frau fühlt sich – trotz aller Freude – bei dem Gedanken an die bevorstehenden Veränderungen unsicher und oft ängstlich. Selbst wenn sich äußerlich erst einmal nichts ändert, ändert die Aussicht auf das Kind ja die Einstellung zu allen Lebensbereichen. Das gilt natürlich vor allem, wenn ein Paar das erste Kind bekommt. »Die Angst beim ersten Kind ist vor allem die Angst vor dem großen Neuen. Es hängt ja die Veränderung des ganzen Lebens an diesem ersten Kind!«, so die Psychologin Lieselotte Winkler.

In diesem Kapitel wollen wir uns mit den möglichen Veränderungen beschäftigen, die auf die werdenden Eltern zukommen: körperlich und seelisch, im Beruf und in der Partnerschaft.

Schwangerschaft: eine gute Gelegenheit, den eigenen Körper lieben zu lernen

Der Körper einer Schwangeren ist eine Provokation, war es immer schon. Früher fühlte sich vor allem die Umgebung provoziert, weil der dicke Bauch ja der sichtbare Beweis für eine sexuelle Beziehung ist, ein Thema, das stark tabuisiert war. Heute dürfen Schwangere ihren Bauch deutlich zeigen. Zwar gibt es immer noch diese Bonbonschleifen-Hängerchen, die aus einer erwachsenen Frau eine Mischung aus kleinem Mädchen und Praline machen. Aber zur Standardausstattung gehören heute genauso Busineß-Kostüme für die Karrierefrau und Umstands-Latzhosen, in denen Schwangere ihren Bauch stolz tragen können. Wenn sie stolz sind. Denn heute bedeuten die körperlichen Veränderungen eher eine Provokation für die Frau selbst. Nicht für alle – eine Frau, die sich schon lange nach der Schwangerschaft gesehnt hat, für die Frausein eng mit der Fruchtbarkeit verknüpft ist, wird kaum Schwierigkeiten damit haben, wenn von der Taille nichts mehr zu sehen ist und im siebten Monat plötzlich schon ein wenig Milch aus den Brüsten tropft. Aber es gibt heute eben noch mehr Weiblichkeits-Ideale als die der Mütterlichkeit. Frauen wollen (oder sollen) immer jung, schick und womöglich sexy wirken. Sie wollen (und sollen) im Beruf und im Privatleben alles schaffen, vielleicht auch noch ein bißchen mehr, und sie sollen dabei fröhlich-frisch wirken. Das alles ist zwar zeitweilig möglich, wenn Sie ein Kind erwarten. Aber Schwangerschaft bedeutet auch, seelisch und körperlich empfindlicher zu werden, sie bedeutet einen großen Busen und dicken Bauch, vielleicht Watschelgang und Rückenschmerzen, vorzeitige Wehen und Kindsbewegungen, wenn man sie gerade überhaupt nicht brauchen kann: etwa in einer wichtigen Besprechung oder beim Sex. Mit anderen Worten: Die hohen Ideale, die viele Frauen auch noch in der Schwangerschaft mitbringen, lassen sich gar nicht aufrechterhalten. Die Folge: Wut aufs Kind, Haß auf sich selbst, das Gefühl zu versagen und womöglich vorzeitige Wehen oder andere typische Symptome der Überforderung. Überforderung, vor allem durch sich selbst, ist das häufigste Leiden der modernen Schwangeren, so haben uns übereinstimmend Ärzte, Hebammen und Psychologen gesagt. Wenn Sie sich auch überfordert fühlen, wenn Sie Ihren Körper gerade jetzt nicht akzeptieren können oder wenn Sie Angst davor haben, daß Ihr Bauch immer dicker und runder wird, könnten die folgenden Anregungen für Sie vielleicht hilfreich sein:

- Nehmen Sie sich die Zeit, einmal in Ruhe zu überlegen: Was bedeutet es für Sie, eine Frau zu sein? Psychologen sprechen in diesem Zusammenhang von dem Rollenkonflikt als Mutter und als Geliebter. Gerade wenn Sie Ihr erstes Kind erwarten, ist Ihnen die Rolle der Geliebten, der Partnerin wahrscheinlich näher als die mütterliche. Fällt es Ihnen leicht, sich selbst auch als Mutter vorzustellen? Oder muß sich das Kind, das in Ihnen heranwächst, die Mutter erst erkämpfen? Die Sekretärin Ulla (33), Mutter zweier Kinder, berichtet: »Schon die erste Schwangerschaft war geplant und erwünscht. Trotzdem war ich in den ersten Wochen völlig durcheinander. Einmal kam ich vom Büro nach Hause, da durchschoß mich der Gedanke wie ein Blitz: Du wirst nie wieder die schlanke sexy Frau sein, die du bisher warst. Ein fremder Mensch macht sich in dir immer breiter, und du kannst nichts dagegen tun. Selbst nach der Geburt wirst du nicht mehr dieselbe sein. Diese Vorstellung fand ich schrecklich, und ich glaube, ich habe eine halbe Stunde hemmungslos geheult. Aber ich mochte niemandem von meiner Verzweiflung berichten, so albern fand ich mich selbst. Ein paar Tage später erkannte ich dann: Dieses Kind kann nur leben, wenn ich ihm den Raum dazu gebe, es braucht meinen Körper, er muß es beschützen. Von da an begann ich, mich mit meiner neuen Rolle auszusöhnen. Beim zweiten Kind kamen mir dann solche Gedanken gar nicht mehr. Und jetzt? Jetzt trage ich wieder Miniröcke wie früher.

Nur der Bauch ist natürlich nicht mehr so makellos. Aber was ist das schon gegen zwei Kinder?«

- Machen Sie sich in Ruhe klar (am besten schriftlich), welche Ansprüche Sie selber an sich stellen und welche die Umgebung. Fragen Sie sich bei jedem Anspruch, wer ihn eigentlich aufstellt und ob er überhaupt sinnvoll ist. Ob es eine Chance gibt, ihn zu erfüllen, ohne daß Sie oder Ihr Kind darunter leiden müssen. Und was eigentlich passieren würde, wenn Sie nicht mehr allen Ansprüchen genügen.
- Lernen Sie Ihren Körper und seine Bedürfnisse kennen. Nehmen Sie sich die Zeit, öfter in sich hineinzufühlen und gewöhnen Sie sich daran, auf bequemes Sitzen und Liegen zu achten. Beanspruchen Sie den Platz, den Sie und Ihr Kind brauchen – im wörtlichen wie im übertragenen Sinn. Pflegen Sie Ihren Körper liebevoll – das spürt auch Ihr Kind. Und informieren Sie sich, was genau im Körper geschieht, wenn ein Kind wächst. Manche sogenannten Schwangerschaftsbeschwerden haben nämlich bei aller Unbequemlichkeit einen sinnvollen Hintergrund. So sind es etwa dieselben Hormone, die für die typische Verstopfung zuständig sind, die auch die Gebärmutter »ruhigstellen«, damit es nicht zu einer Fehlgeburt kommt. Oder die Geruchsempfindlichkeit der Schwangeren: Sie stammt wahrscheinlich aus den Urzeiten, als immer aktuell geprüft werden mußte, ob Lebensmittel gesund oder verdorben waren. Die Nase einer Schwangeren erspürt schon den geringsten Hauch von Fäulnisgerüchen und schützt so Mutter und Kind vor Krankheiten. Wenn Ihnen Ihr Körper noch nie gefallen hat, und Ihnen dieses Gefühl auch die Freude an Ihrem schwangeren Körper nimmt, dann könnte Ihnen vielleicht folgendes Buch weiterhelfen: »Mit eigenen Augen sehen – Selbstliebe lernen, Körpergefühl verbessern« von Margaret Minker. Die Medizin-Journalistin erklärt ausführlich, weshalb so viele Frauen mit ihrem Körper nicht zufrieden sind und zeigt einen Weg auf, wie Frauen in zehn praktischen Lektionen lernen können, ihren Körper (wieder) zu mögen.

- »Schwangerschaft ist keine Krankheit« – dieser Satz ist zwar völlig zutreffend, er wird aber gerne als Argument dafür benutzt, daß eine Schwangere im Beruf oder in der Familie (oder in beiden) genauso schuften kann wie vorher. Ziehen Sie sich diesen Schuh nicht an! Wenn Ihnen danach ist, dann arbeiten Sie wie vorher. Aber wenn Ihnen Ihr Körper deutlich sagt, daß er mehr Schonung und Ruhe braucht, dann hören Sie auf ihn. Sonst wird aus der Schwangerschaft eine Krankheit!
- Wenn es Ihnen sehr schwer fällt, sich diese Schonung, diese Extrarolle als Schwangere zuzugestehen, dann denken Sie daran, daß Sie nicht nur sich selbst, sondern auch Ihrem Kind etwas gönnen sollen. Oder umgekehrt ausgedrückt: Wenn Sie von sich selbst erwarten, sich zusammenzureißen, erwarten Sie es dann auch von Ihrem ungeborenen Baby?
- Wenn Sie Wut oder Trauer über die körperlichen Veränderungen empfinden, dann stehen Sie dazu! Schwangerschaft ist immer ein Abschied von der kinderlosen Frau, die Sie waren – und jeder Abschied bedeutet Trauer und Verzicht.
- Andererseits ist es auch gut, sich klarzumachen, daß die körperlichen Veränderungen in der Schwangerschaft ja wirklich zeitlich begrenzt sind. Natürlich können ein paar Spuren sichtbar bleiben, aber: Auch kinderlose Frauen altern. Sprechen Sie doch einmal mit Müttern schon älterer Kinder. Sie werden Ihnen sagen, daß die Schwangerschaft nicht das Ende von Schönheit und erotischer Anziehungskraft ist.

Hallo Baby – tschüs Karriere?

In zwei Situationen begrüßen Frauen ihre Schwangerschaft auch aus dem beruflichen Blickwinkel. Zum einen, wenn einer Frau der Beruf ohnehin keinen Spaß macht, zum anderen, wenn sie in ihrem Beruf schon so gut Fuß gefaßt hat, daß sie getrost für einige Zeit aussetzen kann, ohne später den Anschluß zu verpassen. Leider halten sich aber Babys nicht an Karrierepläne, selbst bei sorgfältiger Verhütung nicht immer. So kann es sein, daß die Nachricht von der Schwangerschaft mitten in die Probezeit fällt, daß eine werdende Mutter gerade eine Umschulung angefangen hat oder arbeitslos ist und dringend etwas Neues sucht. Oder sie ist gerade dabei, sich in ihrem gewünschten Job einen Platz zu erkämpfen. Hinzu kommt, daß leider viele Chefs sehr unwirsch auf die Nachricht reagieren und in extremen Fällen sogar versuchen, die werdende Mutter hinauszuekeln, ihr widerrechtlich zu kündigen oder sie mit faulen Tricks zu überlisten. Lassen Sie sich von alldem nicht überrumpeln, sondern versuchen Sie auch jetzt, so konsequent wie möglich Ihren beruflichen Weg zu gehen.

Dazu einige Hinweise:

- Nehmen Sie im Beruf alle Rechte in Anspruch, die Sie brauchen. Das gilt natürlich vor allem im Konfliktfall, wenn Ihnen etwa gekündigt werden soll oder wenn Chef und Kollegen versuchen, Ihnen das Leben zur Hölle zu machen. Akzeptieren Sie keinen scheinbar noch so günstigen Auflösungsvertrag, keine Kündigung, und kündigen Sie auch nicht selbst, wenn Sie nicht den rechtlichen Hintergrund genau kennen. (Es ist zum Beispiel weitgehend unbekannt, daß auch bei geringfügiger Beschäftigung Kündigungsschutz besteht.) Sie können sich auf vielfältige Weise über Ihre Rechte informieren: In jedem Betrieb, der mehr als drei Frauen beschäftigt, muß das Mutterschutzgesetz aufliegen und einzusehen sein. Auch der Betriebsrat soll der werdenden Mutter für Informationen zur Verfügung stehen. Sie können sich natürlich auch eine kommentierte Ausgabe des Mutterschutzgesetzes im Buchhandel kaufen. Broschüren über dieses Gesetz verschickt außerdem das Bundesfamilienministerium, Postfach, 53123 Bonn. Schließlich können Sie auch im Gewerbeaufsichtsamt nachfragen.

Wenn Sie merken, daß die Konflikte am Arbeitsplatz Sie so belasten, daß Sie davon krank werden, sollten Sie sich nicht scheuen, Ihren Arzt darum zu bitten, Sie krank zu schreiben. Das ist keine Drückebergerei, sondern ein notwendiger Schutz für Sie und Ihr Kind. Eine gute Alternative ist auch das individuelle Beschäftigungsverbot, das ebenfalls der Arzt aussprechen kann. (Leider kennen viele Ärzte diese Regelung nicht, verweisen Sie in diesem Fall auf das Mutterschutzgesetz.) Dieses Beschäftigungsverbot kann sinnvoll sein, wenn am Arbeitsplatz so große seelische und körperliche Belastungen drohen, daß Mutter oder Kind dadurch zu Schaden kommen könnten. Es muß nicht für die gesamte Beschäftigung gelten, sondern kann auch die tägliche Arbeitszeit begrenzen oder nur bestimmte Tätigkeiten ausschließen.

- Daran schließt sich gleich der zweite Hinweis an: Lassen Sie sich kein schlechtes Gewissen machen, und spielen Sie nicht die Heldin. Kein Betrieb geht pleite, weil eine Mitarbeiterin schwanger wird. Dafür sorgt schon das Lohnausgleichsverfahren, das die besonderen finanziellen Belastungen der Betriebe mit weniger als 20 Mitarbeitern durch die Schwangerschaft über eine Umlage bei allen Betrieben ausgleicht. Und niemandem nützt es, wenn Sie sich überlasten, nur um zu zeigen, daß Sie trotz Schwangerschaft noch leistungsfähig sind. Auch wenn dieses Vorurteil nicht auszurotten ist: Es sind ja nur ganz wenige Frauen, die ihre Schwangerschaft zum Vorwand nehmen, sich vor ihrer Arbeit zu drücken. Die meisten Schwangeren meinen, so arbeiten zu müssen, als seien sie nicht schwanger. Wenn das gutgeht und sie sich dabei wohlfühlen, ist dagegen nichts zu sagen. Aber wenn die Schwangerschaft Ihre Arbeitskraft schmälert, brauchen Sie sich deshalb nicht zu schämen. Schließlich ist Kinderkriegen kein privates Hobby, das es zu verstecken gilt, sondern eine der wichtigsten Aufgaben, die ein Mensch erfüllen kann – auch für die Gesellschaft. Im übrigen wird ein guter Chef Ihre Leistungen ohnehin zu schätzen wissen. Und ein schlechter Chef wird nie zufrieden sein, ganz gleich, wie Sie sich abmühen.

- Neben dem beruflichen Alltag sollten Sie auch an die weitere Planung denken. Natürlich ist es vor der Geburt schwierig, sich das Leben mit Kind (und die Berufstätigkeit mit Kind!) realistisch vorzustellen. Legen Sie sich deshalb nicht zu früh fest, ob und wie lange Sie Erziehungsurlaub nehmen wollen. (Rechtlich gesehen müssen Sie Ihrem Arbeitgeber erst vier Wochen nach der Entbindung mitteilen, wie lange Sie Erziehungsurlaub nehmen wollen. Auch wenn Sie sich ziemlich sicher sind, daß Sie mit Kind nicht mehr berufstätig sein wollen, sollten Sie sich gut überlegen, gleich nach Ablauf der Mutterschutzfrist zu kündigen. Nehmen Sie lieber den dreijährigen Erziehungsurlaub in Anspruch, der Ihnen eine Rückkehr an Ihren alten Arbeitsplatz garantiert. So muß Ihr Arbeitgeber mit Ihnen rechnen, und Sie haben die Freiheit der Entscheidung, wenn Ihnen nach drei Jahren Haushalt doch der Sinn nach Berufstätigkeit steht. Wichtig ist aber auch die Überlegung, wie Sie Ihre Berufstätigkeit langfristig planen wollen. Ein gutes Hilfsmittel dafür ist ein Phantasiespiel: Stellen Sie sich vor, wie Sie in fünf und in zehn Jahren leben wollen, welchen Stellenwert dann Ihr Beruf haben soll. Lassen Sie sich nicht gleich von den wahrscheinlichen Realitäten bremsen, sondern träumen Sie erst einmal. Wenn Sie ein fertiges Traumbild haben, können Sie wieder auf den Boden der Tatsachen zurückschweben, indem Sie sich überlegen: Wie kann ich dieses Traumbild erreichen, welche Schritte sind von jetzt an dazu nötig – und wieviel Glück? Solch eine langfristige Planung kann auch etwas von dem Karrieredruck nehmen. Susanne (33), Rundfunkredakteurin: »Zur Zeit bin ich noch im Erziehungsurlaub. Und ich genieße diese Zeit, auch wenn mir manchmal die Decke auf den Kopf fällt. In anderthalb Jahren, wenn mein Sohn Ruben drei ist, will ich zumindest frei wieder einsteigen. Noch in der Schwangerschaft hatte ich ziemliche Ängste, daß ich dann mit Kind beruflich weg vom

Fenster bin. Aber dann habe ich mal bei älteren – und erfolgreichen – Kolleginnen nachgefragt, wie sie ihre Kinder großgekriegt haben. Und ich stellte fest: Manche haben ganz schön lange pausiert, und doch sind sie jetzt wieder Profis. Das hat mir viel Mut gemacht, die Zeit jetzt zu genießen und den Beruf schrittweise wieder aufzunehmen.«

- Lassen Sie sich in der Berufsplanung von niemandem dreinreden. Ganz gleich, was Sie tun, es wird immer jemanden geben, der Ihnen sagt, daß Sie es falsch machen: Bleiben Sie zu Hause, dann sind Sie das Dummchen am Herd, schöpfen Sie den Erziehungsurlaub nicht aus, sind Sie die karrieresüchtige Rabenmutter. Und versuchen Sie es mit einer der raren Teilzeitstellen, werden Sie in beiden ideologischen Lagern schief angesehen. Der einzig richtige Schluß, den Sie aus diesem Dilemma ziehen können: Tun Sie das, womit Sie am besten zurechtkommen. Und denken Sie immer an den Leitsatz, den jede Mutter beherzigen sollte: Nur eine zufriedene Mutter ist eine gute Mutter!
- Und was ist mit den Vätern? Sie sollten es nicht zu leicht haben, sich aus dem Konflikt zwischen Beruf und Kindern zu stehlen. Wenn Ihr Mann für diesen Gedanken gar nicht offen ist, können Sie ihn einmal ganz nebenbei und ernsthaft fragen: Wie willst du das eigentlich unter einen Hut bringen, das Kind und den Beruf? Vielleicht wird er die Frage gar nicht verstehen, aber vielleicht können Sie mit diesem Knalleffekt auch ein Gespräch darüber einleiten, wie Ihre gemeinsame Berufsplanung aussehen könnte. Lassen Sie sich dabei nicht zu schnell mit dem Argument abweisen, er verdiene ja viel mehr Geld als Sie, deshalb brauche – und dürfe – er keine Abstriche machen. Erinnern Sie ihn daran, daß sich Kinder von dem mehr verdienten Geld auch keinen Vater kaufen können...

Die Probleme der Mütter, die auf ihren Beruf nicht (auf Dauer) verzichten wollen, reichen von der Kinderbetreuung bis zur Weiterbildung und sind so zahlreich und vielschichtig, daß sie den Rahmen dieses Buches sprengen würden. Es gibt aber inzwischen einige gute Bücher zu diesem Thema (siehe auch Literaturverzeichnis Seite 265). Hier eine kleine Auswahl:

Suse Weidenbach-Janositz: Die berufstätige Mutter und ihre Probleme im Alltag.

Ute Ehrhardt/Wilhelm Johnen: Frauen steigen wieder ein.

Julia Scharnhorst: Zurück in den Beruf.

Die Hausfrau: lebendig begraben im glücklichen Heim?

»Wohl ihr, wenn sie sich daran gewöhnt, daß kein Weg ihr zu sauer wird und die Stunden der Nacht ihr sind wie die Stunden des Tages... Daß sie sich ganz vergißt und leben mag nur in anderen« (Johann Wolfgang von Goethe).

Selbst Frauen, die aus Überzeugung zu Hause bleiben wollen, wenn das Kind erst da ist, fürchten sich vor der Rolle als Hausfrau und Mutter. Und das nicht ganz zu Unrecht. Denn aus dem Blickwinkel eines berufstätigen Menschen betrachtet (und das sind ja praktisch alle Frauen vor dem ersten Kind noch), ist die Tätigkeit der Hausfrau der mieseste Job, den man sich denken kann: Die Arbeit ist unbezahlt und gilt damit gar nichts. (Typisches Männer-Zitat: »Nein, meine Frau arbeitet nicht, sie ist Hausfrau.« – Leider sprechen sogar viele Frauen von sich selbst so abfällig!) Die Hausfrau hat das üble Image des Dummchens am Herd. Es gibt weder feste Arbeitszeiten noch geregelte Freizeit, Nachtschichten bleiben selbstverständlich ohne jeden Ausgleich. Besonders fatal dabei ist: In den Augen Unbeteiligter wirken manche Tätigkeiten der Hausfrau wie Freizeitbeschäftigungen (zum Beispiel Spielplatzbesuche), sind aber keine. Hausfrauen arbeiten allein, ohne den Rückhalt von Kolleginnen. Sie hören kaum Anerkennung oder Dank, und ein fertiges Produkt sehen sie auch nur sehr selten. Ihre Leistungen werden als selbstverständlich angesehen, was sie leistet, wird oft erst offenbar, wenn die Hausfrau ausfällt.

Die Folge: Hausfrauen mit kleinen Kindern überlasten sich und fühlen sich trotzdem schuldig. Aber wer sich schuldig fühlt, kann seine Rechte nicht mehr einfordern und verliert sein letztes bißchen Selbstbewußtsein.

Um in diesen Teufelskreis gar nicht erst hineinzugeraten, sollten Sie früh, schon in der Schwangerschaft, die Weichen stellen.

1. Weiche: Wer kein eigenes Geld mehr verdient, traut sich nicht mehr, etwas für sich selbst auszugeben, fühlt sich womöglich als Schmarotzerin. Das gilt natürlich verschärft, wenn plötzlich nicht mehr zwei Menschen von zwei Gehältern, sondern drei Personen von einem Gehalt leben sollen. Solche Gefühle bekämpfen Sie bei sich selbst (und wenn nötig auch bei Ihrem Partner) am besten dadurch, daß Sie sich klarmachen, welcher Verdienst Ihnen zustände, wenn Sie die gleiche Tätigkeit als Haushälterin bei einer anderen Familie leisten würden. Ein Bruttogehalt zwischen 3000 und 4000 Mark wäre Ihnen sicher, dazu geregelte Arbeitszeit und mindestens vier Wochen Urlaub. Um nächtliches Kommen würde Sie niemand zu bitten wagen… Mit diesem Bewußtsein sollten Sie noch in der Schwangerschaft besprechen, wie Sie und Ihr Partner die Finanzen regeln wollen, wenn das Baby da ist.

2. Weiche: Lassen Sie sich von niemandem einreden, Sie würden verdummen oder versauern, sobald Sie Ihren Beruf nicht aktiv ausüben. Denken Sie immer wieder daran, wie qualifiziert eine Mutter und Hausfrau zu sein hat: Psychotherapeutin, Säuglingsschwester und Steuerberaterin sind nur drei der zahlreichen Berufe, die Sie ganz nebenbei ausüben. Versuchen Sie bei den Themen, die Sie interessieren, geistig auf dem laufenden zu bleiben. Und mischen Sie sich weiterhin ins Gespräch – warum sollten Sie das plötzlich verlernt haben?

3. Weiche: Es läßt sich nicht ändern, daß zumindest Mütter kleiner Kinder keine geregelte Arbeitszeit haben. Aber geregelte Freizeit ist möglich. Bestehen Sie auf einen freien Abend pro Woche, sobald der Abstand zwischen zwei Stillmahlzeiten es zuläßt. Oder pumpen Sie Milch vorher ab. (Hier haben es die

Mütter, die nicht stillen, entschieden einfacher.) Wenn Ihr Mann das Baby nicht versorgen kann oder will, suchen Sie sich einen Babysitter. Übrigens: Genau betrachtet, ersetzt ein Babysitter am Abend nicht Sie, sondern Ihren Mann, denn der sollte ja eigentlich da sein! Wichtig ist außerdem, nicht der Versuchung zu erliegen, in dieser freien Zeit »wichtige« Dinge zu erledigen. Das Wichtigste sind jetzt Sie selbst und Ihre Gefühle. Tun Sie also das, was Ihnen guttut, sei es ein Kinobesuch oder ein Treff mit Freundinnen.

4. Weiche: Schaffen Sie sich Kolleginnen! Es ist schon eigenartig: Wenn Männer sich untereinander treffen, dann führen sie natürlich wichtige Gespräche. Wenn Frauen (und noch dazu junge Mütter) sich treffen, dann nennt man das Hausfrauentratsch. Lassen Sie sich davon nicht beirren: Sie brauchen jetzt Kontakt zu Kolleginnen ganz notwendig! Zur gegenseitigen Kinderbetreuung, um auch tagsüber einmal mit erwachsenen Menschen zu sprechen – und damit Sie merken, daß Sie mit Ihren Gefühlen nicht allein sind. Es gibt kaum etwas Entspannenderes als einen Abend im Restaurant nur unter jungen Müttern! Wenn Sie nicht ohnehin schon Frauen in der gleichen Situation kennen, dann suchen Sie aktiv, sei es im Vorbereitungskurs, per Kleinanzeige oder in der nächsten Mütterberatungsstelle.

Und wenn Ihr Partner zu der leider noch verbreiteten Gattung von Männern gehört, die es zwar für ungemein wichtig hält, daß die Frau beim Kind bleibt, gleichzeitig aber auf die damit verbundene Arbeit herabschaut, dann bleibt nur die Radikalkur: Überlassen Sie Ihrem Partner so oft wie möglich das Kind. Lassen Sie ihn nicht »helfen«, sondern seine eigenen Erfahrungen machen. Nichts wirkt nachhaltiger auf einen Mütterarbeits-Verächter als ein Wochenende mit Kind allein – aber bitte ohne vorgekochtes Essen!

Psychische Veränderungen: Auch die Seele ist schwanger

Der dicke Bauch ist sicher die augenfälligste Veränderung in der Schwangerschaft. Und doch ist der Wandel, den die Seele durchmacht, genauso gravierend. Manche Frauen sind in der Schwangerschaft ganz besonders schön, und oft strahlen sie dabei eine innere Schönheit aus, weil es ihnen so gutgeht: »Die Schwangerschaften waren die schönsten Zeiten in meinem Leben« ist ein ganz typisches Zitat. Viele andere aber fühlen sich, als würde ihnen der Boden unter der Seele weggezogen, besonders in den ersten Monaten: »Himmelhoch jauchzend – zu Tode betrübt: Ich kam mir vor, als sei ich wieder in der Pubertät«, so beschreibt es eine Mutter. Eine andere: »Als ich mein erstes Kind erwartete, wußte ich, daß ich schwanger war, noch ehe ich einen Test gemacht hatte: Dieses Gefühl, zugleich weinen und lachen zu müssen, das hatte ich vorher noch nie gehabt.«

Tränen begleiten die werdende Mutter in den folgenden Monaten, auch wenn es »eigentlich« keinen Grund zum Weinen gibt.

Denn selbst hartgesottene Frauen können jetzt außergewöhnlich empfindlich reagieren: Es kommen ihnen die Tränen, wenn sie Kriegsopfer in den Nachrichten sehen. Bücher, Filme oder andere Geschichten, in denen Kinder leiden, meiden sie. Und sogar Kitschfilme lösen unerwartet starke Reaktionen aus.

Diese gravierenden gefühlsmäßigen Veränderungen entstehen zum einen durch die starken hormonellen Veränderungen gerade in den ersten Monaten. Sie sind aber auch ein Zeichen dafür, daß die Schwangere eine typische Entwicklung durchmacht. Ihre seelische Verfassung nähert sich der eines Kindes an. Das hat einen sehr wichtigen Sinn: Nur wenn die werdende Mutter wieder lernt, wie ein Kind zu fühlen, fällt es ihr leicht, sich in ihr Kind einzufühlen. Ein praktisches Beispiel: Auch als Erwachsene wissen wir genau, wie es ist, zu frieren oder Hunger zu haben. Eine Mutter wird also schnell darauf kommen, beide Bedürfnisse bei ihrem Kind zu befriedigen, wenn es schreit. Aber ein Erwachsener, der keine Erfahrung mit Kindern hat, wird sich kaum vorstellen können, wie grenzenlos verlassen sich ein Baby fühlt, wenn es in der Nacht schreit, und kein Mensch ist bei ihm. Eine Frau, die durch die Schwangerschaft gelernt hat, wie ein Kind zu fühlen, wird diese Bedürfnisse ebenfalls verstehen und – meistens – erfüllen können. (Hierzu eine Randbemerkung: Die Regression, wie Psychologen diese Entwicklung nennen, bedeutet nicht, daß ausschließlich die leibliche Mutter in der Lage ist, die Bedürfnisse des Babys so gut zu erkennen. Der Vater und zum Beispiel eine Adoptivmutter können das auch – vorausgesetzt, sie können diese Entwicklung der Regression bei sich selbst zulassen.)

Die regressive Entwicklung hat für die Schwangere – zumindest was den Alltag angeht – aber auch negative Aspekte. So viel Empfindsamkeit ist in einer Welt, in der täglich in den Massenmedien alle Greuel der Menschheit vorgeführt werden und kein Detail schrecklicher Verbrechen ungenannt bleibt, nicht gefragt. Auch im Berufsalltag sollen Männer wie Frauen sachlich, nie gefühlsbetont auftreten. Und schließlich bringen so intensive Gefühle auch die Partnerschaft aus dem Gleichgewicht. Denn die werdende Mutter möchte jetzt meist selbst bemuttert werden. Aber gerade das können viele Männer nicht leisten, weil sie selber jemanden bräuchten, der sie bemuttert. (Mehr darüber im Abschnitt über die Ängste der Männer.)

In solch einer labilen Zeit haben auch alte Ängste eher eine Chance, wieder hochzukommen. Zum Beispiel die Angst, verlassen zu werden, oder die Angst, nicht perfekt zu funktionieren. Wir alle tragen ja eine Menge Ängste mit uns, die zum großen Teil noch aus der Kindheit stammen. Und normalerweise sind wir in der Lage, sie in ein Hinterzimmerchen unserer Seele wegzusperren. »Aber in der Schwangerschaft ist die Abwehr so aufgelockert, daß die Ängste, die man sonst im Keller halten kann, wieder hochkommen«, so die Psychologin Lieselotte Winkler. »Ganz weit verbreitet ist zum Beispiel die Angst, nicht mehr geliebt zu werden, wenn man Beruf und Haushalt nicht mehr ›optimal‹ im Griff hat. Viele Frauen haben in ihrer Kindheit erlebt, daß sie mit ihrer großen Bedürftigkeit nach Zuwendung und Liebe an der Mutter abgeprallt sind. Denn die war selbst viel zu bedürftig. Jetzt haben sie – oft unbewußt – die Angst, die gleiche Erfahrung noch einmal zu machen. Ich habe einmal eine Krankenschwester betreut, die ihr Leben lang immer nur die Starke und Helfende gewesen war. Aber in der Schwangerschaft mußte sie viele Wochen liegen, durfte auf keinen Fall aufstehen. Jetzt Hilfe selbst anzunehmen war ihr praktisch unmöglich. Sie war ganz verzweifelt und brach in sich zusammen, weil sie meinte, so schwach und hilfsbedürftig würde sie niemand mehr lieben. Sie meinte, sie sei jetzt nichts mehr wert. Erst nach langen, täglichen Gesprächen konnte sie ihre Angst verstehen und lernen, mit der Hilflosigkeit, die sie so schreckte, besser umzugehen.«

Die nächste Stufe dieser seelischen Veränderung ist nur folgerichtig: Die werdende Mutter überprüft die Beziehung zu ihrer eigenen Mutter. Wenn sie nicht gerade mit ihrer Mutter unter einem Dach lebt, hat eine erwachsene Tochter es ja relativ leicht, noch nicht gelösten Konflikten mit ihrer Mutter aus dem Weg zu gehen. Aber eine Schwangerschaft kann schwelende Gefühle wieder zu brennenden Problemen werden lassen. Hat die Tochter ihre Mutter schon immer als bevormundend empfunden, so kann schon eine Bemerkung wie »Du solltest jetzt aber gesünder essen!« zum Tränenausbruch führen. Wenn eine Tochter darunter gelitten hat, daß ihre Mutter sich nie genug für sie interessiert hat, dann reicht schon ein knappes »Ach ja? Wie schön!« als Reaktion auf die gute Neuigkeit, um die Tochter wieder in altes Leid zu stürzen. Und Eltern, die ihrer Tochter noch nie viel zugetraut haben, können ihr natürlich das Gefühl geben, auch als Mutter sicher nie gut genug zu sein.

Aber selbst wenn die Mutter nicht mehr lebt oder wenn sie gar keine problematischen Bemerkungen macht, setzen viele Schwangere sich mit ihrer Mutter in Gedanken auseinander: Wie hat sie sich gefühlt, als sie mit mir schwanger war? Hat sie sich auf mich gefreut? Will ich eine Mutter werden wie sie? Was will ich anders machen? Solche Fragen können bedrohliche Gefühle wieder ans Tageslicht bringen.

Es gibt kein Patentrezept, wie Sie mit wieder auftauchenden seelischen Konflikten in der Schwangerschaft am besten umgehen können. Wichtig ist sicherlich zu wissen: Diese Konflikte sind weit verbreitet und ein Teil einer völlig normalen seelischen Entwicklung. Dazu noch einmal Lieselotte Winkler: »Daß diese Themen in der Schwangerschaft ganz von selbst ins Bewußtsein treten, ist ein Gesundungsprozeß. Die verdrängten, unerfüllten Wünsche und Sehnsüchte, die unausgelebten Wut- und Hilflosigkeitsgefühle wollen irgendwann im Laufe des Lebens wahrgenommen werden, nachdem sie so lange im verborgenen bleiben mußten. Ich ermutige die Frauen, ihren Gefühlen die Chance zu geben, wieder ein Stückchen zu ihnen gehören zu dürfen. Sie sollten sie als wertvolle Informationen über ihre Kindheit nehmen und sich freuen, daß mit dieser Erinnerung der Gesundungsprozeß schon im Gange ist. Wenn eine Frau die Gelegenheit dazu hat, ist es gut, diese Erfahrungen mit einer Freundin zu besprechen oder mit einem anderen Menschen, der wirklich interessiert ist. Der Ehemann ist in diesem Fall nicht unbedingt der beste Ansprechpartner, eben weil er in der Schwangerschaft Schwierigkeiten hat, den Gefühlen seiner Frau zu folgen.«

Im guten Fall können die seelischen Veränderungen in der Schwangerschaft dazu führen, daß die Schwangere ihrer Mutter viel selbstbewußter gegenübertritt als zuvor, sozusagen jetzt von Mutter zu Mutter. Dazu Britta (32), Hausfrau und Mutter von drei Kindern: »Von meiner Pubertät ab hatte ich meiner Mutter vorgeworfen, daß sie mich nie erwachsen werden lassen wollte, daß sie sich dauernd in meine Angelegenheiten mischte und gleichzeitig sehr jähzornig war. Ich warf ihr auch vor, daß sie die Schuld an der Scheidung meiner Eltern trug. Da sie nie bereit war, mit mir darüber zu reden, habe ich mich dann von ihr zumindest innerlich ziemlich distanziert. Wir hatten ein freundliches, aber unpersönliches Verhältnis. Bis ich zum ersten Mal schwanger wurde. Da brach der ganze Groll wieder aus und merkwürdig, plötzlich hatte ich viel mehr Kraft, ihr zu sagen, worunter ich als Kind gelitten hatte. Sie sagte nicht viel zu meinen Vorwürfen, aber ich merkte in den Monaten danach, daß sie immerhin versucht hat, sich ein bißchen zu ändern. Aber ich habe auch gelernt: Mit jeder Schwangerschaft und jedem Kind wurde mir klarer, daß auch ich das tolle, perfekte Mutterbild (an dem ich meine Mutter insgeheim gemessen hatte) nicht ausfüllen konnte. Heute fühle ich mich nicht mehr als das Opfer meiner Mutter, sondern als erwachsene Frau, die selbst Mutter ist und habe mehr Verständnis für das, was in meiner Kindheit geschah.«

Wenn Sie es schaffen, sich nicht dem Idealbild der perfekten Mutter zu unterwerfen, dann wird die Angst vor der Verantwortung, die viele Frauen in der Schwangerschaft bedrückt, auch nicht so groß.

Natürlich ist es eine große Verantwortung, Mutter zu sein. Aber drei Dinge machen den Ausblick darauf leichter:

- Sie können und brauchen keine perfekte Mutter zu sein. Keine Mutter, kein Vater ist perfekt, auch wenn es vielleicht von außen bei manchen so aussieht.
- Sie tragen nicht alle Verantwortung zur gleichen Zeit. Oder wie es die Mutter von drei großen Söhnen einmal ausdrückte: »Zum Glück kommen nicht alle Schwierigkeiten gleichzeitig: Ein Kind hat nicht zugleich Dreimonatskoliken, Trotzanfälle und eine Fünf in Mathe. Eines kommt nach dem anderen – und damit wird man fertig.«
- Die Verantwortung schafft auch Rechte. Das Recht, den Vater im wahrsten Sinne des Wortes mit zur Verantwortung zu ziehen und andere Hilfen in Anspruch zu nehmen, vom Babysitter bis zur Erziehungsberatung.

Schwangere: zur Heiligkeit verurteilt?

Die Frauen, mit denen wir für dieses Buch sprachen, nannten immer wieder einen Umstand besonders ärgerlich und nervenaufreibend: Die Schwangerschaft ist anscheinend eine öffentliche Angelegenheit. Eine Frau kann aussehen und sich benehmen, wie sie will – sobald ihre Schwangerschaft bekannt oder ihr Bauch sichtbar wird, hat sie sich in eine Heilige zu verwandeln. Vorbei ist es mit schicken Klamotten, selbst wenn sie noch passen – jetzt müssen unförmige Latzhosen oder niedliche Hängerchen her. Vorbei die Punkfrisur oder ein deutliches Schimpfwort, wenn es angebracht ist – jetzt muß die Frau angepaßt und sanft sein. Vorbei Ehrgeiz und harte Gehaltsverhandlungen – jetzt wird die Frau ja auf ihre wahre Bestimmung zurückgeführt. Das schlimmste: Offenbar die ganze Umgebung – von der Verwandtschaft bis zu den Wildfremden im Bus – ist als Wächter darüber bestellt, daß die Schwangere wirklich zur Heiligen wird. Und damit die Mutterfalle endgültig zuschnappt, ziehen sehr viele Paare noch schnell um, bevor sie das erste Kind kriegen. Solche Umzüge haben natürlich gute Gründe: die größere Wohnung, bessere Luft, mehr Spielraum für Kleinkinder. Aber für das Seelenleben der Mutter ist solch ein Ortswechsel gerade in dieser Zeit Gift. Denn hier wird sie ihrer letzten Abwehrmaßnahmen gegen diese übergestülpten Mutternormen beraubt, die sie noch hatte: die vertraute Umgebung und der Kontakt zu Freunden, Kollegen und Verwandten, die sie – hoffentlich – nicht nur als Schwangere sehen. Ein Erfahrungsbericht von Dorothea (32), Lehrerin: »Wir zogen um, von Lörrach in eine kleine Stadt im Saarland, als ich im siebten Monat war. Als wir eingezogen waren, kriegte ich schon die helle Panik: Was für ein schreckliches Kaff – wie soll ich hier je Freunde finden? Mein Mann war mir keine Hilfe, konnte es gar nicht sein. Er ging morgens um vier aus dem Haus und kam abends um zehn erst wieder, weil er eine Filiale des Familienbetriebes aufbauen sollte. Nebenbei bereitete er sich noch auf das zweite juristische Staatsexamen vor. An die Nächte erinnere ich mich noch gut – mit dem dicken Bauch konnte ich sowieso nicht mehr schlafen, aber außerdem mußte ich auch immer weinen vor lauter Verlassenheit … Und sonst hing ich natürlich oft am Telefon, um mit Freunden in Lörrach zu telefonieren. Die Geburt von Maximilian verlief dann zum Glück sehr gut, und auch im Krankenhaus fühlte ich mich sehr gut aufgehoben. Um so größer war der Schock, als ich wieder zu Hause war. Maximilian schrie vor allem nachts fast ununterbrochen, und wir waren völlig ratlos. Mein Mann hat sich dann bald wieder ins Geschäft abgesetzt, ich war allein. Es war Winter, draußen konnte ich also keine Kontakte schließen. Und aus den Nachbarwohnungen hörte ich so oft Streit und wüste Beschimpfungen, daß ich dort auch nicht klingeln mochte – obwohl ich eigentlich sehr kontaktfreudig bin. Abends konnte ich auch nicht weg: Auf meinen Mann war kein Verlaß, nie war sicher, wann er kommen würde. Und einem Babysitter traute ich nicht zu, Maximilian richtig zu versorgen. Noch nicht mal mit den alten Freunden konnte ich mehr telefonieren, denn dann fing das Kind garantiert gleich an zu schreien. Auf dem Höhepunkt dieser Krise bin ich einmal zu meinem Mann ins Geschäft gelaufen und habe ihn angebrüllt: Wir brauchen dich nicht, du bist eh nie da, und dein Geld ist mir egal. Aber gegangen bin ich dann natürlich doch nicht. Später haben wir über diesen Auftritt gelacht, aber damals war es schrecklich. Zwei Jahre später, während der zweiten Schwangerschaft, sind wir wieder umgezogen, um die nächste Filiale aufzubauen. Diesmal allerdings nach Hamburg. Da Maximilian mich schon pausenlos auf Trab hielt, war meine große Angst, wie ich denn überhaupt mit zwei Kindern über die Runden kommen würde. Aber eines wußte ich: Diese Einsamkeit wollte ich nicht noch einmal erleben. Als wir eine Wohnung hatten, habe ich dann gleich im Anzeigenblättchen eine Anzeige gefunden: Eine andere Mutter wollte eine Krabbelgruppe gründen. Auf diese Weise hatte ich dann gleich nach dem Umzug schon Kontakte, die mir sehr gut taten. Und Maximilian hatte gleich Spielkameraden. Außerdem habe ich meinem Mann großen Druck gemacht, daß er mehr zu Hause ist. Und siehe da: Einen Vormittag in der Woche konnte er durchaus erübrigen. Um diese Zeit muß ich allerdings bis heute immer wieder kämpfen. Es fällt mir aber auch nicht mehr so schwer, die Kinder mal einem Babysitter zu überlassen.«

Partnerschaft: vom flotten Paar zu Mami und Papi?

Selbst heute, im Zeitalter der Pille, ist nur etwa ein Drittel aller Schwangerschaften gewünscht oder geplant. Von den übrigen, ungeplanten Schwangerschaften sind immerhin die Hälfte dann doch noch erwünscht. Aber es ist kein Wunder bei diesen Zahlen, daß die Nachricht, Mutter und Vater zu werden, oft eine Menge Turbulenzen auslöst. Das gilt natürlich besonders, wenn die Beziehung ohnehin schon konfliktbeladen ist, wenn sie vielleicht gerade erst im Entstehen ist oder wenn die Partner ihre bisherige Harmonie dadurch erkauft haben, daß sie ihre Probleme unter den Teppich kehrten. Im Gegensatz zu der landläufigen Meinung, daß ein Kind die Ehe retten kann, wird eine Schwangerschaft zum Prüfstein für die Beziehung. Dazu Susanne Davies-Osterkamp in ihrem Aufsatz »Psychologie der Schwangerschaft«*: »Die wichtigste Veränderung im interpersonalen Bereich – und auch hier insbesondere bei der ersten Schwangerschaft – ist die Veränderung der Partnerschaft. Die Frau ist nun nicht mehr ausschließlich Ehefrau und Geliebte, der Mann nicht nur Ehemann und Geliebter. Die dyadische Beziehung wandelt sich in eine triadische. Schwangerschaft und Geburt verändern auch die Qualität der Paarbeziehung; sie können einerseits die

* Davies-Osterkamp, Susanne: Psychologie der Schwangerschaft. In: Dies. (Hg.): Psychologie und Gynäkologie. Weinheim 1991, S. 91.

Paarbeziehung vertiefen, andererseits Auslöser für Krisen in Partnerschaft und Ehe sein.«

Wird er bleiben? Diese bittere Frage müssen sich zum Teil auch Frauen stellen, die meinen, in einer gesicherten Beziehung zu leben. Denn nicht wenige Männer machen sich feige aus dem Staub, wenn sie erfahren, daß sie ein Kind gezeugt haben. (Etwas über mögliche Gründe lesen Sie im Kapitel über Männergefühle.) Aber auch Männer, die äußerlich bei ihren Frauen bleiben, setzen sich zum Teil innerlich ab, gehen auf Distanz. Oder sie tun so, als ginge sie das Ganze gar nichts an. Dazu die Diplompsychologin und Geburtsvorbereiterin Ulrike Hauffe: »In der Anfangsphase der Schwangerschaft findet eine erste Überprüfung der Partnerschaft über diese Frage statt. Steht er zu dem Kind oder nicht? Im zweiten Drittel der Schwangerschaft kommen diese Ängste wieder und damit eine wirkliche Überprüfung. Denn jetzt verändert sich die Frau, ihr Mann aber kann ihr oft nicht folgen. Er versteht sie nicht recht, und doch wünscht sie seine Unterstützung. Die Folge: Beide fühlen sich mißverstanden, vielleicht alleingelassen und fragen sich: Wenn wir das jetzt nicht hinkriegen, wie soll es dann erst werden, wenn das Baby da ist? – Ein typisches Beispiel für solch eine Spaltung des Paares ist das Rauchen. In unseren Vorbereitungskursen fragen oft Frauen, ob es denn reiche, wenn sie statt zwanzig oder vierzig Zigaretten am Tage nur noch vier rauchen würden. Wenn ich dann aber nachfrage, stellt sich heraus, daß die Männer munter weiterrauchen, auch zu Hause. Und hinter der Frage der Frauen steht eigentlich der unausgesprochene Vorwurf: Was tust du denn für unser Kind?«

Wird er mich auch als Mami noch lieben? Liebespartner, die ein Kind erwarten, kommen nicht umhin, auch die neue Elternrolle bei sich selbst und beim anderen zu sehen und möglichst zu akzeptieren. Das stürzt vor allem die Frauen in Ängste, die schon in ihrer Kindheit gelernt haben, daß sie nur geliebt werden, wenn sie hübsch und begehrenswert sind. Und deren Partnerschaft bisher vor allem die Beziehung zweier

»Geliebter«, nicht die zweier Menschen mit allen Stärken und Schwächen war. Hier liegt zugleich eine Bedrohung und eine Chance für die Beziehung: die Gefahr, daß die Beziehung unter diesen realen Belastungen auseinanderbricht. Aber auch die Chance, daß beide neue Dimensionen für ihre Partnerschaft erschließen.

Hier noch ein kurzes, aber offenes Wort zum Sex in der Schwangerschaft: Auch wenn immer wieder darüber geschrieben wird, wie toll jetzt die »sanfte Liebe« sei – sehr viele Frauen haben jetzt einfach keine Lust mehr auf Sex. Sei es, weil sie körperlich erschöpft sind, sei es, weil sie innerlich mit ihrem mütterlichen Gefühl schon so »gesättigt« sind, sei es, weil sie sich mit dickem Bauch häßlich fühlen und mit sich selbst noch nicht im reinen sind. Lassen Sie beide sich deshalb von keinen äußeren Normen unter Druck setzen, versuchen Sie, zu Ihrer Unlust zu stehen. (Nichts ist der Lust abträglicher als Zwang!) Machen Sie – wenn es Ihnen so geht – sich selbst und Ihrem Partner klar, daß dies ein vorübergehender Zustand ist, der allerdings auch noch einige Zeit nach der Geburt anhalten kann. Folgendes Zitat einer Mutter ist sicher kein Einzelfall: »Schon während der ersten Schwangerschaft hatte ich gar keine Lust mehr, und es dauerte auch nach der Entbindung lange, bis sie wieder kam. Jetzt erwarten wir unser zweites Kind. Und die erste Reaktion meines Mannes war: Wenn das jetzt wieder zwei Jahre dauert, bis du wieder Lust hast... Das ist *seine* große Angst.«

Wird aus unserer Zweierbeziehung ein Dreiecksverhältnis? Ja, und in einem Dreiecksverhältnis fühlt sich immer einer etwas ausgeschlossen. In diesem Fall ist es meist der Mann, der, je nach Vorgeschichte und Temperament, verschieden reagiert: Er versucht, sich mit einzubeziehen, indem er zum Experten für Schwangerschaft und Geburt wird. Er ist so eifersüchtig und verletzt, daß er sich zurückzieht. Oder er schafft sich selbst ein »Kind«, um das er sich intensiv kümmert, sei es ein neuer Job, eines neues Hobby (Computer!) oder im Extremfall eine Krankheit.

Bin ich jetzt mein Leben lang gebunden? Diese Frage stellen sich vor allem die Männer, aber auch manche Frauen beschleicht das Gruseln bei der Vorstellung: Selbst wenn wir uns trennen, werden wir als Eltern eines gemeinsamen Kindes auf eine Weise immer miteinander verbunden bleiben. Während die Männer hier eher ihre »Männerfreiheit« bedroht sehen, fühlen Frauen sich eher abhängig und ausgeliefert. Und das mit Recht. Denn nach einer Trennung kann ja fast immer der Mann sein Leben gestalten, ohne vom Kinderalltag eingeschränkt zu sein. Eine Schwangere: »Wenn wir uns bisher mal gestritten haben, konnte ich irgendwann noch immer sagen (oder zumindest denken): Bitte, dann geh doch! Aber was mache ich jetzt? Ich brauche ihn ja jetzt nicht mehr nur für mich, sondern auch als Vater meines Kindes und als Geldgeber!« Diese Gefühle der Abhängigkeit und des Ausgeliefertseins sind für die Frauen eng verbunden mit der nächsten Frage.

Wird jetzt die alte Rollenteilung zementiert? Dazu W. F. Fthenakis vom Münchner Staatsinstitut für Frühpädagogik in seinem Buch »Zur Psychologie der Vater-Kind-Beziehung«*: »Traditionelle Paare mit stärkerer religiöser Bindung und einer ausgeprägten geschlechtsspezifischen Rollenaufteilung der häuslichen Pflichten (...) genießen normalerweise die Schwangerschaft als besonderes, sozial befürwortetes Ereignis. Moderne, stärker gleichberechtigte Partner hingegen zeigen keine gleichgeartete Befriedigung.« Praktisch gesagt: Wenn Frau und Mann schon immer die Hausfrauenehe als Ziel hatten und auch ihre Umgebung das gutheißt, dann wird die Frau keine Schwierigkeiten haben, sich der neuen Rolle anzupassen. Anders bei Paaren, die beide berufstätig sind und versucht haben, den Haushalt untereinander aufzuteilen. Es gehört schon eine außerordentliche Bereitschaft des Mannes dazu, der Frau zu helfen, daß sie nicht in die traditionelle Rolle fällt. Er müßte zumindest einen Teil des Erziehungsurlaubes

* Fthenakis, W. F.: Zur Psychologie der Vater-Kind-Beziehung. Väter, Band 1, München 1985, S. 111.

nehmen. Tut er das nicht, geht die Entwicklung ganz schnell. Zuerst einmal hat es schon keinen Sinn mehr für eine Frau, im Beruf vorwärtszupreschen, wenn sie doch bald in den Erziehungsurlaub geht. Ja und wenn sie dann im Mutterschutz ist, hat sie eben viel mehr Zeit als der Mann, die Hemden zu bügeln, die Überweisungen zur Bank zu bringen und das Abendessen vorzubereiten. Und wenn sie schon so viel Zeit dazu hat, dann soll natürlich auch alles besonders schön gemacht sein, schließlich fehlen ja jetzt die Erfolgserlebnisse im Beruf. So kommt eines zum anderen, und schon findet sich die Frau in der Rolle wieder, die sie gar nicht anstrebte. Vielleicht gefällt ihr diese Rolle wider Erwarten gut, dann ist es ja prima. Und wenn nicht? Dann hilft wohl nur, diese Rolle als zeitlich begrenzt zu sehen und immer wieder darauf zu bestehen, daß der Mann nicht zu abhängig von der ihn treu umsorgenden Hausfrau wird – sprich: nicht verlernt, seine Hemden zu bügeln.

All diese Veränderungen sind schon belastend genug für die Partnerschaft. Verschärfend kommt aber noch die Erwartung vieler Männer und Frauen hinzu, daß es jetzt in der Paarbeziehung ja ganz besonders harmonisch zugehen muß, weil aus dem Paar eine »richtige« Familie wird. Versuchen Sie, diese unrealistische Erwartung abzuschütteln. Große Veränderungen laufen nie ganz glatt ab, die Schwierigkeiten, die Sie jetzt vielleicht kennenlernen, sind also völlig normal und weit verbreitet. So weit verbreitet, daß Sie nur einmal andere Paare anzusprechen brauchen – und ähnliche Probleme hören werden. (Meist ist es allerdings am besten, wenn jeweils die Frauen und die Männer miteinander sprechen, zu viert versuchen alle zu leicht, die Fassade des rundum glücklichen Paares aufrechtzuerhalten.) Wenn die Probleme so groß werden, daß sie die Partnerschaft ernsthaft belasten, sollten Sie sich nicht scheuen, Hilfe von außen in Anspruch zu nehmen. Wie Sie die richtige Hilfe finden, erfahren Sie auf Seite 190.

Gesund leben und bleiben in der Schwangerschaft

Gerade beim ersten Kind fühlen sich viele Frauen unsicher, ob sie wirklich alles richtig machen. Das hat nicht zuletzt mit den vielen widersprüchlichen Ratschlägen zum »richtigen« Verhalten während der Schwangerschaft zu tun und vor allem mit dem mißverständlichen Satz »Schwangerschaft ist keine Krankheit«. Obwohl die Plazenta als Schranke oder Filter das Kind im Mutterleib vor schädlichen (Umwelt-)Einflüssen schützt, ist es leider nicht vor allen Gefahren sicher. Alkohol, Nikotin, falsche Ernährung, Medikamente und bestimmte Erkrankungen der Mutter, aber auch andauernde seelische Belastungen können die Gesundheit des Kindes gefährden. In diesem Kapitel erfahren Sie, was Sie selbst und die Medizin dafür tun können, daß es Ihnen und Ihrem Kind gutgeht.*

Bevor wir in die Details gehen, möchten wir noch kurz auf einen Begriff eingehen, der vielen Schwangeren Angst und Schrecken einjagt: die Risikoschwangerschaft.** Risiko-

* Wir werden in diesem Kapitel auch eine Vielzahl von Krankheiten besprechen. Lassen Sie sich dadurch nicht verunsichern. Diese Krankheiten können zwar Mutter und Kind gefährlich werden, erfreulicherweise treten sie aber gewöhnlich sehr selten auf. Dennoch sollten Sie über Frühwarnsymptome informiert sein.

** Die Begriffe Risikofaktoren und daraus abgeleitet Risikoschwangerschaft und Risikogeburt wurden in den fünfziger Jahren geprägt, als die deutsche Gynäkologie und Geburtshilfe die Einführung einer systematischen Schwangerenvorsorge zur Verringerung der damals noch sehr hohen Mütter- und Säuglingssterblichkeit vorbereitete. So ist etwa der rapide Rückgang der Müttersterblichkeit von 240 (jeweils bezogen auf 100000 Lebendgeborene) im Jahre 1950, 100 (1960), 50 (1970, 25 (1980) auf derzeit 8 Todesfälle nicht zuletzt auch der besseren Betreuung der Frauen während der Schwangerschaft zu verdanken.

schwangerschaft bedeutet nicht, daß sich Mutter oder Kind in akuter Gefahr befinden oder die Schwangerschaft für die Mutter ein akutes Gesundheitsrisiko mit sich bringt. Der Ausdruck besagt nur, daß bei der Frau bestimmte Faktoren vorliegen, die den Verlauf der Schwangerschaft belasten können, aber nicht müssen. Und daß daher die Schwangere einer besonders aufmerksamen Begleitung und Beratung durch Arzt und Hebamme bedarf. Zu diesen Faktoren zählen zum Beispiel vorangegangene Fehlgeburten und Komplikationen während der Geburt, Kaiserschnittentbindungen, chronische Erkrankungen wie Diabetes und Bluthochdruck, besondere Belastungen in Familie oder Beruf, aber auch das Alter der Schwangeren (unter 17/über 35 Jahre).* Derzeit stellen die Ärzte bei fast jeder dritten Schwangeren einen oder mehrere Risikofaktoren fest.**

Die Diagnose von Risikofaktoren hat aber nicht nur das Ziel, die Aufmerksamkeit der Ärzte zu schärfen, sondern sie soll auch das Gesundheitsbewußtsein der Frauen selbst fördern. Das kann zum Beispiel bedeuten, notwendige Medikamente zur Behandlung eines Diabetes sorgfältig einzunehmen oder Diätvorschriften einzuhalten, sich schädlichem Streß etwa am Arbeitsplatz konsequent zu entziehen oder familiäre Probleme eventuell mit Hilfe professioneller Berater zu lösen. Dazu ist allerdings ein ausführliches Beratungsgespräch mit dem Arzt oder der Hebamme notwendig. Für verantwortungs-

* Über die Aufnahme des Alters in den Katalog der Risikofaktoren läßt sich streiten und wird gestritten. Zwar ist nachgewiesen, daß bei sehr jungen wie auch bei älteren Schwangeren bestimmte Beschwerden und Komplikationen häufiger auftreten. Das hat aber nicht unbedingt ursächlich mit dem biologischen Alter zu tun, sondern vor allem mit besonders belastenden Lebenssituationen, in denen diese Frauen sich häufig befinden.

** Auch die Ausdehnung des Katalogs der Risikofaktoren und damit die zunehmende Anzahl von Risikoschwangerschaften wird heftig kritisiert. Damit verliere, so argumentieren vor allem Kritikerinnen, die Schwangerschaft ihren naturgegebenen und auch schicksalhaften Charakter und werde zur Krankheit umdefiniert. Wir meinen: Es kommt darauf an, ob sich die Frauen dieser Sichtweise unterordnen oder nicht.

volle Geburtshelfer ist das auch überhaupt keine Frage. Falls aber Ihr Arzt (was nicht vorkommen sollte) Sie im Mutterpaß als Risikoschwangerschaft einstuft, ohne Ihnen das zu sagen, dann bitten Sie ihn unmißverständlich um eine ausführliche Erläuterung. Und scheuen Sie sich nicht, immer dann, wenn Ihnen irgend etwas unklar ist, ohne Umschweife nachzufragen. Ein kleiner Zettel, auf dem Sie sich alles notieren, was Sie beim nächsten Vorsorgetermin wissen wollen, kann hier eine sehr gute Hilfe sein.

Die kindliche Organentwicklung

Um zu verstehen, warum Schwangere bestimmte Vorsichtsmaßregeln einhalten sollen, müssen wir uns etwas mit der Entwicklung des ungeborenen Kindes beschäftigen. Die ersten zwölf Wochen nach der Empfängnis sind die wichtigsten Wochen der Schwangerschaft. Warum? Weil in dieser Zeit alle Organe des Kindes angelegt und zum Teil auch ausgebildet werden, um anschließend nur noch zu wachsen. Zu Beginn der 13. Schwangerschaftswoche sind die Anlage- und Ausbildungsphasen mit Ausnahme des zentralen Nervensystems (Gehirn und Rückenmark), das erst nach der Geburt endgültig ausreift, weitgehend abgeschlossen.

Anlage, Ausbildung und Wachstum der Organe erfolgen durch Zellteilung. Der Bauplan für diese Zellteilung ist in der Erbinformation festgelegt, die sich in den Chromosomen befindet. Die Chromosomen bestimmen auch, welche Zelle welche Funktion übernehmen soll, ob sie zum Beispiel Leberzelle oder Gehirnzelle wird. Fehler bei der Zellteilung können anlagebedingt auftreten, wenn der Fehler bereits in den Chromosomen programmiert ist. Sie können sich rein zufällig (spontan) ergeben. Und sie können durch äußere schädliche (med.: teratogene) Einflüsse wie Alkohol, Medikamente und andere Schadstoffe sowie durch Erkrankungen (Viren, Bakterien) und Röntgenstrahlen hervorgerufen werden. Mit diesen teratogenen Faktoren wollen wir uns im folgenden näher beschäftigen.

Die größte Gefahr für die Organentwicklung des Kindes (med.: Embryo) durch teratogene Einflüsse besteht zwischen dem 14. und 55. Tag nach der Empfängnis, also vom Beginn der Einnistung der befruchteten Eizelle in der Gebärmutter. Ab diesem Zeitpunkt ist der Embryo mit dem mütterlichen Körper fest verbunden, teratogene Stoffe im mütterlichen Blut können dann die Schranke der Plazenta überwinden, die Organentwicklung stören und damit das Kind schädigen.

Ob teratogene Stoffe die befruchtete Eizelle auch vor der Einnistung erreichen können, ist nicht eindeutig geklärt. Nachgewiesen ist jedoch, daß bis zur Einnistung das Alles-oder-Nichts-Gesetz gilt. Das bedeutet bei etwaigen Schäden durch Chromosomenfehler oder äußere Einflüsse: Entweder gehen die embryonalen Zellen zugrunde, oder die beschädigten Zellen werden vollständig ersetzt, so daß sich ein gesundes Kind entwickeln kann.

Nach der Einnistung gilt das Alles-oder-Nichts-Gesetz nicht mehr in dieser strengen Form. Bei schweren Entwicklungsstörungen kommt es zwar auch hier automatisch zur Fehlgeburt. Bei leichteren* Störungen, vor allem wenn sie nur wenige Organe betreffen, entwickelt sich der Embryo aber weiter. Das Kind kommt dann mit angeborenen Fehlbildungen oder Krankheiten zur Welt.

Mit Abschluß der Anlage- und Ausbildungsphase, also mit der 13. Schwangerschaftswoche, sind aber bei weitem nicht alle Gefahren für das Kind gebannt. Zwar kann es jetzt nicht mehr zu Störungen der Organanlage und -ausbildung (mit Aus-

---

* Der Begriff leichter ergibt sich hier aus dem Vergleich mit Schäden, die die Entwicklung eines lebensfähigen Kindes nicht zulassen. Tatsächlich können diese vergleichsweise leichteren Schäden starke und dauerhafte gesundheitliche Beeinträchtigungen des Kindes nach sich ziehen. In seltenen Fällen können Störungen der Organentwicklung auch in späteren Schwangerschaftsmonaten noch zu einer Fehlgeburt führen. Noch seltener stirbt das Kind kurz oder wenige Wochen nach der Geburt.

nahme des zentralen Nervensystems) kommen, wohl aber zu Wachstums- und Funktionsstörungen. An erster Stelle steht hier die sogenannte intrauterine Mangelentwicklung, das heißt: Das Kind wird nicht ausreichend mit Nährstoffen einschließlich Sauerstoff versorgt, so daß es nicht richtig wachsen und an Gewicht zunehmen kann. Die Folge sind Frühgeburten, erhöhte Infektionsanfälligkeit und bestimmte Störungen einzelner Organfunktionen wie minimale zerebrale Dysfunktionen, die sich zum Beispiel später durch Störungen der Feinmotorik oder Lernschwächen bemerkbar machen.

Vorgeburtliche Schäden durch teratogene Einflüsse sind heute nur selten wirklich schicksalhaft. Die meisten lassen sich durch entsprechende Vorsorge und/oder rechtzeitige Behandlung der Mutter vermeiden. Wie, das wollen wir Ihnen in den nächsten Abschnitten erläutern.

Finger weg von Alkohol und Nikotin

Ein Gläschen in Ehren? Die Antwort lautet eindeutig: Nein. »Alkohol ist heutzutage der häufigste und bedeutsamste hirnschädigende Schadstoff und für die intrauterine Entwicklung des Kindes geradezu eine gefährliche Chemikalie«*, warnt der Münsteraner Kinderarzt Professor Hermann Löser, einer der profiliertesten Experten über die Wirkung von Alkohol in der Schwangerschaft. Schon ein Glas Wein kann zuviel sein und Ihrem Kind Schaden zufügen. Dazu noch einmal Löser: »Zu wenig ist bekannt, daß es für die Schädigung durch Alkohol in der Schwangerschaft keine eindeutige Schwellendosis gibt und daß die Alkoholverträglichkeit bei Mutter und Kind sehr unterschiedlich ist.«** Mit anderen Worten: Wie der menschliche Stoffwechsel auf Alkohol reagiert, wie schnell er ihn

---

* Löser, Hermann: Geistige und seelische Störungen bei Kindern mit Alkoholembryopathie, in: Der Frauenarzt, 30. Jahrgang 8/1989, S. 815.

** Ebenda.

in den Griff bekommt und abbaut, ist – vermutlich anlagebedingt – individuell verschieden. Das bedeutet: Schon die geringsten Mengen Alkohol können dem ungeborenen Kind einen Schaden zufügen, an dem es lebenslang zu tragen hat.

Alkohol ist ein hochwirksames Zellgift, das nicht nur die Entwicklung von Organzellen schädigt, sondern auch bereits gebildete Zellen wieder zerstören kann. Und das bedeutet: Alkohol kann nicht nur in den ersten zwölf Schwangerschaftswochen verheerendes Unheil anrichten, sondern während der gesamten Schwangerschaft. So stört er in den ersten zwölf Wochen vor allem die Organentwicklung und -ausbildung, was zu – um nur einige zu nennen – schweren und typischen Fehlbildungen im Bereich der Harnwege und Geschlechtsorgane, des Herzens und der Herzmuskelzellen, des Skeletts und des zentralen Nervensystems führt. In späteren Schwangerschaftsmonaten, wenn viele Frauen glauben, nun sei die Gefahr vorüber, schädigt Alkohol vor allem die verschiedenen Gehirnzellen und verhindert deren Ausreifung. Die Folge sind Hirnleistungsstörungen, das heißt Beeinträchtigungen der Denk-, Merk- und Konzentrationsfähigkeit, Verhaltensstörungen und Stimmungsschwankungen, besonders hyperaktives Verhalten, aus denen auch soziale Entwicklungsprobleme erwachsen, und eine erhöhte Suchtgefährdung im späteren Leben. Überdies kann Alkohol auch Frühgeburten verursachen. Wollen Sie das Risiko für Ihr Kind eingehen?

Daher: Lassen Sie während der gesamten Schwangerschaft die Finger vom Alkohol und genehmigen Sie sich auch keine »kleine Ausnahme«. Selbst wenn das eine Glas Wein nicht schaden sollte, was Ihnen aber kein Wissenschaftler im voraus sagen kann, besteht die Gefahr, daß aus dem einen Gläschen, »denn einmal ist keinmal«, noch eins und noch eins wird.*

* Und lassen Sie sich nicht von Freundinnen verunsichern, die stolz ihren gesunden Nachwuchs präsentieren, obwohl sie auf Alkohol nicht verzichtet haben. Geben Sie doch einfach zurück: »Und wie toll wäre dein Kind, wenn du überhaupt keinen Tropfen getrunken hättest.«

Ähnliches gilt fürs Rauchen. Kinder rauchender Mütter sind bei der Geburt durchschnittlich 360 Gramm leichter als der Nachwuchs nichtrauchender Mütter. Der Grund: Nikotin verengt die Blutgefäße und beeinträchtigt dadurch die Sauerstoff- und in der Folge auch die Nährstoffversorgung der Plazenta und damit auch die des Kindes. Aber nicht nur das geringere Geburtsgewicht, das nach Meinung vieler Experten vor allem zu Lasten der kindlichen Gehirnentwicklung geht, macht das Rauchen vor und während der Schwangerschaft so gefährlich. Burckhard Junge vom Institut für Sozialmedizin und Epidemiologie des Bundesgesundheitsamts hat aufgelistet, was Nikotin und die übrigen Inhaltsstoffe des Tabakrauchs sonst noch anrichten können:* Tabakrauch schädigt das Erbgut des Kindes. Er ist für das bei Raucherinnen um bis zu 40 Prozent erhöhte Risiko einer Eileiterschwangerschaft verantwortlich sowie für ein erhöhtes Vorkommen von falschen Plazentalagen (Plazenta praevia). Ferner steht er im Verdacht, für das im Vergleich zu Nichtraucherinnen erhöhte Risiko von Fehl-, Früh- und Totgeburten verantwortlich zu sein. Außerdem ist die perinatale (nachgeburtliche) Sterblichkeit bei Neugeborenen von Raucherinnen erhöht, auch sterben die Kinder häufiger den Plötzlichen Kindstod. Sie leiden häufiger an Magen-Darm-Koliken, Atemwegserkrankungen und Mittelohrentzündungen, ihre Lungenfunktion ist lebenslang beeinträchtigt. Und nicht zuletzt leiden Töchter rauchender Mütter später häufiger an Fruchtbarkeitsstörungen. Diese Risiken nehmen zu, wenn auch der Vater raucht. Rauchen die Eltern nach der Geburt weiter und ist das Kind in der Wohnung dem Tabakrauch ausgesetzt, dann steigt nach einer britischen Studie die Anfälligkeit für Allergien um das 4,7fache, für Asthma sogar um das 11fache.

Beim Rauchen ist es wie mit dem Alkohol: Sofort Schluß machen. Obwohl vermutlich eine einzige Zigarette nicht

---

* Junge, Burckhard: Kinder als Passivraucher, in: Der Allgemeinarzt, 14/1992, S. 22–30.

schadet, wird aus einer leicht doch ein halbes Päckchen – und das immer wieder.

Medikamente: nur nach Absprache mit dem Frauenarzt

Seit der Contergan-Katastrophe wissen wir alle, was scheinbar harmlose Medikamente dem Ungeborenen zufügen können. Und dennoch: Immer noch schlucken Schwangere zu viele Medikamente. Im Durchschnitt, so eine Studie des Bundesgesundheitsamtes, bekommt jede Frau während der Schwangerschaft 8,8 verschiedene Arzneimittel von ihrem Arzt verordnet. Dazu kommen noch die Mittel, die sich die Frau eigenmächtig besorgt und einnimmt. Aber selbst von den ärztlich verordneten Medikamenten, so stellten die Autoren der Studie, Mechthild von Henke und Wilhelm F. Schräder fest, sind zudem viele unnötig: So erhält jede zweite Schwangere etwas gegen Erbrechen, Übelkeit und Schwindel, jede dritte ein Schmerz- oder Fiebermittel bzw. ein Mittel gegen seelische Beschwerden oder Schlafstörungen. Es kommt noch schlimmer: »Fast in jeder fünften Schwangerschaft wurde ein Arzneimittel verordnet, bei dem der begründete Verdacht einer schädigenden Wirkung auf das Kind besteht.« Und: »1,8 mal pro Schwangerschaft wurde ein Medikament verordnet, bei dem aufgrund mangelnder Forschungsergebnisse keine Aussage über das Risiko möglich ist.«*

Häufig, so bestätigt die Fachliteratur, sind es nicht die betreuenden Frauenärzte, sondern die Hausärzte, vor allem Praktiker, Allgemeinmediziner und Internisten, die bei den typischen Schwangerschaftsbeschwerden schnell zum Rezeptblock greifen. Dabei gibt es ganz einfache, unschädliche Hausmittel, um diese lästigen, aber nicht besorgniserregenden Beschwerden zu lindern. Eine medikamentöse Behandlung ist

* Vorsorge-Initiative (Hg): Schwangere schlucken zu viele Medikamente, Januar 1987.

nur bei schweren Erkrankungen angezeigt, die die Gesundheit von Mutter und Kind gefährden. Das kann zum Beispiel beim unstillbaren Erbrechen der Fall sein. Aber auch hier wird ein verantwortungsvoller Arzt zunächst einmal gemeinsam mit der Frau prüfen, ob sich diese Beschwerden nicht vielleicht auch auf andere Weise beheben lassen, etwa durch die Lösung eines länger bestehenden Konflikts in Partnerschaft oder Beruf. Oft hilft es schon, wenn die Frau krankgeschrieben wird. Zu Medikamenten wird er nur im äußersten Notfall greifen.

Und selbst wenn Sie etwa eine schwere fieberhafte Erkältung haben und deswegen von Ihrem Hausarzt Medikamente bekommen: Fragen Sie ausdrücklich nach, ob sie wirklich notwendig und unbedenklich sind. Lesen Sie auch den Beipackzettel unter dem Stichwort »Gegenanzeigen«. Wenn dort zum Beispiel steht: »nicht im 1. Trimenon« (= erste zwölf Schwangerschaftswochen) oder »unter strenger Indikationsstellung«, dann bitten Sie den Arzt um eine Alternative. In jedem Falle müssen Sie auch Ihren betreuenden Frauenarzt informieren, wenn Sie Arzneimittel einnehmen. Am besten vorher. Oft genügt ein Anruf, um abzuklären, ob die Einnahme wirklich unbedenklich ist oder der Frauenarzt nicht ein anderes Medikament empfiehlt.

Genauso eindringlich, wie wir vor der eigenmächtigen Medikamenteneinnahme warnen, möchten wir aber auch vor dem eigenmächtigen Absetzen ärztlich verordneter Arzneimittel warnen. Gerade bei schweren chronischen Erkrankungen wie etwa Herzrhythmusstörungen, Schilddrüsen- oder Nierenfunktionsstörungen, Asthma, Rheuma, Epilepsie oder Diabetes kann der eigenmächtige Verzicht auf die verordneten Medikamente die Gesundheit von Mutter und Kind in große Gefahr bringen. Nach Möglichkeit sollten Frauenarzt und behandelnder Facharzt schon vor der Schwangerschaft gemeinsam entscheiden, welche Medikamente die Frau künftig nehmen soll. Leider stehen bei einigen schweren Erkrankungen nicht immer völlig unbedenkliche Medikamente zur Verfügung. In seltenen Fällen, etwa bei Epilepsie, müssen die Ärzte zwischen einzelnen Risiken abwägen: dem Risiko der Nichtbehandlung, die Mutter und Kind in Lebensgefahr bringen kann, und dem Risiko, daß die lebensrettenden Medikamente dem ungeborenen Kind Schaden zufügen. Hier kommt es sehr auf den Einzelfall an. Wenn Sie irgend etwas nicht verstehen oder Sie sich unsicher fühlen: Fragen Sie direkt nach und sorgen Sie dafür, daß Ihre behandelnden Ärzte, also Ihr Frauenarzt und Ihr Haus- oder Facharzt, die Therapie gemeinsam festlegen.

Vorsicht vor einseitiger Ernährung

Einseitige Ernährung sollte eigentlich in unserer reichen Gesellschaft kein Thema mehr sein. Sie ist es aber leider doch. So ernähren sich viele Menschen heutzutage außerordentlich schlecht. Nicht aus Not, sondern weil es einfach so praktisch ist, leben sie von Fast food und Fertiggerichten aus der Mikrowelle. Gerade Frauen mit Kindern sind hier recht anfällig. Andere achten zwar sehr auf ihre Ernährung, essen aber wie Makrobiotikerinnen oder strenge Vegetarierinnen aus weltanschaulichen Gründen einseitig. Und nicht zuletzt leiden auch immer mehr Menschen, vor allem junge Frauen, an schweren Eßstörungen (Magersucht, Eß-Brech-Sucht), die ebenfalls zu einer schwerwiegenden Unterversorgung mit lebenswichtigen Nähr- und Mineralstoffen sowie Vitaminen führen.

Wir wollen Ihnen hier nicht einen ausführlichen Ernährungsplan für die Schwangerschaft präsentieren. Den bekommen Sie bei Ihrem Arzt. An dieser Stelle wollen wir Sie »nur« auf die häufigsten Ernährungsfehler während der Schwangerschaft aufmerksam machen und Ihnen zeigen, wie Sie sie vermeiden können. Dabei orientieren wir uns an den »sieben Todsünden«, von denen die Vorsorge-Initiative der Aktion Sorgenkind* erst im Herbst 1992 warnte.

---

* Vorsorge-Initiative: Ernährung in der Schwangerschaft – die sieben Todsünden, September 1992.

1. Für zwei essen
Eine ebenso hartnäckige wie falsche Empfehlung: Zu Beginn der Schwangerschaft braucht die Frau höchstens 300 Kalorien, in der zweiten Schwangerschaftshälfte bis zur Geburt nur 500 Kalorien mehr als vor der Schwangerschaft.

2. Zu wenig essen
Kaum zu glauben, aber wahr: Nicht wenige Frauen machen auch in der Schwangerschaft Schlankheitsdiäten. Zwar geht das weniger zu Lasten des Babys, das sich holt, was es braucht, sondern eher zu Lasten der Gesundheit der Mutter. Bei schwerer Mangelernährung kann aber auch das Wachstum des Babys zurückbleiben, weil es nicht mehr richtig versorgt wird. Als Faustregel gilt: Wer vor der Schwangerschaft sehr schlank war, darf mehr als die empfohlenen zehn bis zwölf Kilo zunehmen; auch 15 Kilo sind überhaupt kein Anlaß zur Sorge.

3. Zu wenig Eiweiß
Das gilt vor allem für Frauen, die sich bewußt vegetarisch ernähren oder Fleisch nicht mögen. Eiweiß ist aber der Lebensbaustein Nummer eins und vor allem für das Wachstum des kindlichen Gehirns unverzichtbar. Wenn Sie schon kein rotes Fleisch mögen, dann essen Sie Fisch, Geflügel und Käse. Wenn Sie wirklich nur pflanzliche Produkte essen, dann bitte viel Erbsen, Bohnen, Linsen, Nüsse und Vollkorngetreide.

4. Falsche Zubereitung
Was lange lagert oder gekocht wird, womöglich noch in viel Wasser, verliert nicht nur seinen Geschmack, sondern auch seine Vitamine und mit dem abgegossenen Kochwasser auch seine Mineralstoffe. Auch zuviel Fett ist schädlich. Daher: Gemüse in wenig Fett und Wasser im Römertopf, in Alufolie oder im Dampfkochtopf dünsten oder dämpfen, Fleisch am besten grillen oder in Bratfolie dünsten.

5. Zuwenig Kalzium, Eisen und Folsäure

Schwangere brauchen doppelt soviel Eisen und in der zweiten Schwangerschaftshälfte auch doppelt soviel Kalzium wie vorher. Eisen ist wie Kalzium ein Zellbaustein: Während Kalzium vor allem dem Aufbau der Knochen und der Zähne des Babys dient, wird Eisen für den Aufbau der Gewebezellen gebraucht und natürlich für den Sauerstofftransport im Blut. Kalzium ist vor allem in Milch(produkten) enthalten: ein Liter Milch oder eine entsprechende Menge Käse, Joghurt oder Quark deckt den Tagesbedarf. Gute Eisenlieferanten sind Salat, Vollkornbrot, Knäckebrot, Trockenfrüchte und Fleisch (zusätzlich Zitronensaft oder Vitamin C in anderer Form einnehmen, um die Eisenaufnahme des Körpers zu unterstützen). Leider sind die besten Eisenspender, Schweine- und Kalbsleber, derzeit nicht für Schwangere empfohlen, da diese Produkte zuviel Vitamin A (aus Futterzusatz oder Tierarzneimitteln) enthalten können. Vitamin A gilt in hohen Dosen als teratogen.*

Folsäure gehört zu den Vitaminen und spielt bei der Zellteilung eine wichtige Rolle. Einige Studien weisen darauf hin, daß eine künstliche Zufuhr von Folsäure das Risiko einer vorzeitigen Plazentaablösung, von Fehlgeburten sowie Neuralrohr-Verschlußstörungen beim Baby senken kann. Folsäure ist sehr hitze- und lichtempfindlich. Gute Folsäurelieferanten sind Tomaten, Spinat, rote Bete, Kartoffeln, Vollkornprodukte, Eier und Fleisch.

6. Zuwenig Ballaststoffe

Das Schwangerschaftshormon Progesteron (Gelbkörperhormon) ist dafür verantwortlich, daß Schwangere zu Verstopfung neigen. Also ballaststoffreich essen: reichlich Vollkornprodukte, Gemüse, Obst und Salat. Auch zwei bis vier Eßlöffel Weizenkleie im Müsli oder als Gel helfen dem Darm auf die

---

* Bundesgesundheitsamt (Hg): BGA weist Schwangere auf Risiko beim Verzehr von Leber hin, bga-Pressemitteilung 41/1992 vom 23. September 1992.

Sprünge. Das funktioniert aber nur, wenn Sie ausreichend trinken (zwei Liter täglich!), am besten ein stilles Mineralwasser. Ansonsten quellen die Ballaststoffe nicht richtig auf, sondern verschlimmern die Beschwerden. Wichtig: Keine Abführmittel, auch nicht aus der Hausapotheke (Früchtewürfel oder gar Rhizinusöl) ohne Erlaubnis des Arztes einnehmen, sie können eine Fehl- oder Frühgeburt auslösen!

7. Zuviel Süßes

Kohlenhydrate sind die schnellen Energielieferanten. Wählen Sie die richtigen: Nicht Sahnetorte, Schokolade oder Pralinen, sondern dunkle Brotsorten, Obst, Gemüse, Salat, Kartoffeln, Naturreis und Vollkornnudeln.

Nur wenige Frauen und Ärzte wissen, daß auch übermäßiger Kaffeegenuß (mehr als drei Tassen täglich) für Mutter und Kind ungesund sind. Zuviel Kaffee verengt die Gefäße und beeinträchtigt ähnlich wie Nikotin die Sauerstoff- und Nährstoffversorgung der Plazenta und damit des Babys. Wachstumsverzögerungen und Untergewicht sind die Folge. Außerdem sollten Sie bedenken: Jede Tasse Kaffee entzieht dem Körper etwa 100 Milligramm Kalzium, das über den Urin ausgeschieden und ersetzt werden muß.

Achten Sie zudem darauf, daß Sie genügend Magnesium, Zink und Jod zu sich nehmen: Magnesium ist leider vor allem in den fetthaltigen Nüssen enthalten, aber auch in Hülsenfrüchten und Vollkorngetreide. Gute Zinklieferanten sind Fleisch, Fisch, besonders Schalentiere und Milchprodukte. Jod ist ebenfalls in Seefischen enthalten. Um sicherzugehen, sollten Sie nur noch jodiertes Speisesalz verwenden (aber sparsam!).

Übrigens: Diese Ernährungstips sollten Sie nicht nur in der Schwangerschaft und Stillzeit beherzigen, sondern zur Leitlinie für Ihre Ernährung und die Ihrer Familie machen. Denn damit beugen Sie auch typischen Verschleiß- und Zivilisationskrankheiten wie etwa der Osteoporose (= Knochenschwund) oder der koronaren Herzkrankheit vor.

Infektionskrankheiten der Mutter

Daß die ansonsten harmlose Rötelinfektion für ein ungeborenes Kind eine große Gefahr bedeutet, wissen die meisten. Aber auch andere Infektionskrankheiten der Mutter können die Gesundheit des Kindes bedrohen, wenn auch viel seltener. Dabei unterscheidet die Medizin zwischen Infektionen bzw. deren Erregern, die in der Frühschwangerschaft, also den ersten zwölf Wochen gefährlich werden können, und Krankheiten, die in der Spätschwangerschaft oder nach der Geburt die Gesundheit des Kindes beeinträchtigen können.

Die sogenannten Kinderkrankheiten

Die gefährlichste Infektionskrankheit in der Schwangerschaft ist, wie gesagt, die *Rötelinfektion*. Innerhalb der ersten zwölf Schwangerschaftswochen verursacht sie mit hoher Wahrscheinlichkeit (bis zu 80 Prozent) beim Kind schwerste Organschäden. Dazu gehören Wachstumsstörungen, Taubheit/Schwerhörigkeit, Herzfehler, Augenschäden bis hin zu Erblindung, Leberschäden, Bluterkrankungen und Störungen des zentralen Nervensystems, um nur die häufigsten zu nennen. Aber auch im weiteren Verlauf der Schwangerschaft kann eine Rötelinfektion bleibende Schäden verursachen, wie etwa Immundefekte, Hörprobleme und Zurückbleiben der körperlichen Entwicklung.

Der beste Schutz gegen eine Rötelinfektion ist natürlich die Impfung. Daher sollten sich alle Frauen mit Kinderwunsch, die noch keine Röteln gehabt haben oder sich dessen unsicher sind, impfen lassen. Allerdings ist eine Impfung nur möglich, solange die Frau noch nicht schwanger ist. Andernfalls bleibt ihr nur übrig, sich möglichst sorgfältig gegen eine Infektion zu schützen. Besonders gefährdet sind Frauen, die viel mit Kindern zu tun haben. Dazu gehören Lehrerinnen, Kindergärtnerinnen, Krankenschwestern und Verkäuferinnen sowie Frauen, deren Kinder die Röteln noch nicht durchgemacht haben oder nicht geimpft sind. Hier muß der Arzt im Einzelfall entscheiden, ob spezielle Immunglobuline zur Vorbeugung angezeigt sind. Bei Epidemien wird der Arzt ein vorübergehendes Beschäftigungsverbot aussprechen.

Ob eine Frau gegen Röteln immun ist, wird bereits beim ersten Vorsorgetermin anhand einer Blutuntersuchung kontrolliert. Denn trotz aller Impfkampagnen: 1990 waren noch 5,5 Prozent aller Frauen im gebärfähigen Alter nicht gegen Röteln immun. Das bedeutet nicht nur jährlich etwa 30 000 Schwangere ohne Rötelnschutz, sondern auch jährlich zwischen 100 und 200 Babys mit schwersten Schäden aufgrund der sogenannten Rötelnembryopathie – Schäden, die den Kindern durch eine rechtzeitige Impfung der Mutter hätten leicht erspart werden können.

Auch die *Ringelröteln*, eine relativ neu entdeckte Infektionskrankheit, die durch das Parvovirus B 19 ausgelöst wird, kann dem Baby Schaden zufügen, wenn auch wesentlich seltener als die echten Röteln. Ringelröteln-Infektionen werden für Fehl- und Totgeburten verantwortlich gemacht. So kann die Infektion das Knochenmark des Babys schädigen und damit die Blutbildung stören. Es kommt ähnlich wie bei einer Blutgruppenunverträglichkeit zu einer schleichenden Zersetzung des Blutes (Hämolyse) und zu Wassereinlagerungen im gesamten Körper (Hydrops fetalis). Ohne Behandlung (Bluttransfusionen im Mutterleib oder vorzeitige Kaiserschnittentbindung mit anschließendem Blutaustausch) führen beide meist zum Tod.

Allerdings gelten Ringelröteln nicht als sehr ansteckend. Zudem haben etwa 60 Prozent aller Schwangeren schon eine Ringelröteln-Infektion durchgemacht und sind daher weitgehend geschützt. Dennoch: Wenn Sie den Verdacht haben, an Ringelröteln erkrankt zu sein oder wenn Sie eine erhöhte Ansteckungsgefahr befürchten: Wenden Sie sich an Ihren Frauenarzt, um mögliche Vorsichtsmaßnahmen zu besprechen.

Das gilt auch bei allen anderen sogenannten Kinderkrankheiten wie *Masern, Mumps, Keuchhusten und Windpocken.* Bei erhöhter Ansteckungsgefahr, etwa weil gerade eine Epidemie umgeht oder Ihre Kinder erkrankt sind, Sie aber unsicher sind, ob Sie wirklich immun sind, sollten Sie umgehend Ihren Arzt aufsuchen. Er wird zunächst mit einem Bluttest Ihren Immunstatus abklären und dann entscheiden, ob spezielle Immunglobuline, zum Beispiel Mumps- oder Masern-Immunglobuline, angezeigt sind. Steht die Geburt wenige Tage bevor, dann werden gewöhnlich auch die Neugeborenen mit diesen Immunglobulinen behandelt.

Das ist besonders wichtig bei einer *Windpockeninfektion*, die während der Schwangerschaft allerdings sehr selten auftritt. Nur sieben Prozent aller Frauen im gebärfähigen Alter sind nicht gegen das Varizellen-Zoster-Virus (Varizellen = Windpocken, Zoster = Gürtelrose) immun. Zwar kann eine Varizellen-Zoster-Infektion auch in der Frühschwangerschaft die Organentwicklung stören und bleibende Fehlbildungen verursachen, das Risiko ist jedoch äußerst gering. Problematischer ist eine solche Infektion in den letzten vier Tagen vor der Geburt, weil das Neugeborene ebenfalls infiziert ist und mit Windpocken zur Welt kommt. Windpocken bei Neugeborenen sind eine sehr schwere Krankheit, die unbedingt sofort nach der Geburt mit konzentrierten (med.: hochtittrigen) Immunglobulinen behandelt werden muß. Dennoch können bleibende Schäden entstehen.

Die späte Reaktionsform auf eine Varizellen-Zoster-Infektion, der sogenannte Herpes zoster (= Gürtelrose), gilt in allen Schwangerschaftsstadien als ungefährlich. Allerdings darf das Baby nach der Geburt nicht mit dem Ausschlag in Berührung kommen.

Toxoplasmose und Listeriose

Zumindest die *Toxoplasmose* ist den meisten Schwangeren ein Begriff. Für das Baby kann die Toxoplasmoseinfektion nur dann gefährlich werden, wenn die (Erst-)Infektion in der Frühschwangerschaft auftritt. Allerdings haben heute zwischen 60 und 80 Prozent (je nach Herkunftsland) aller Schwangeren bereits vor der Schwangerschaft eine solche Infektion durchgemacht und sind daher geschützt. Aber selbst bei einer Erstinfektion in der Frühschwangerschaft liegt das Risiko für das Kind nur bei 0,5 bis 1 Prozent. Frühsymptome nach der Geburt sind Schlaffheit, Trinkunlust, Augenzittern sowie eine vergrößerte Leber und Milz. Häufiger zeigen sich die Schäden jedoch erst im Verlaufe der ersten Lebensjahre etwa durch Entwicklungsverzögerung, Seh- und Hörstörungen sowie Leberentzündungen.

Bei der Mutter verläuft die Toxoplasmoseinfektion meist ohne spezifische Symptome, allenfalls eine Schwellung der Nackenlymphknoten ist ein typischer Hinweis. Die Infektion läßt sich durch einen Bluttest, den Sabin-Feldman-Test, sicher nachweisen.

Die Toxoplasmose-Erreger (Einzeller mit dem Namen Toxoplasma gondii) vermehren sich im Darm von Katzen, gelangen über den Kot in die Luft und werden dort von Mensch und Tier eingeatmet. Ein hoher Prozentsatz von Haus- und Schlachttieren ist deshalb infiziert. Daher der unbedingte Rat für die Schwangere: Kein rohes oder halbdurchgebratenes Fleisch, auch kein Tartar, essen, Gemüse aus dem Garten, Bioladen oder Supermarkt ganz sorgfältig waschen und das Reinigen der Katzentoilette anderen überlassen.

Besondere Vorsicht ist bei Fleisch, Gemüse sowie Milchprodukten auch wegen der *Listeriose-Erreger* angezeigt. Die Listeriose brachte es vor einigen Jahren in den Zeitungen zu einiger Bekanntheit, nachdem in der Schweiz und in Frankreich bestimmte Rohmilchkäse wegen Verseuchung auf behördliche Anordnung aus dem Handel genommen werden mußten. Genaue Zahlen über die nicht sehr weit verbreitete Infektion fehlen. Allerdings ist die Infektion sehr gefährlich. Etwa 40 Prozent der infizierten Neugeborenen sterben bald nach der Geburt, in der Frühschwangerschaft kommt es gehäuft zu Fehlgeburten. Wird die Infektion frühzeitig entdeckt – sie macht sich bei der Mutter durch grippeähnliche Symptome bemerkbar –, kann eine Antibiotika-Therapie bleibende Schäden verhindern.

Die Listeriose-Erreger (Listeria monocytogenes) sind wie die Toxoplasmose-Erreger vor allem in rohem Fleisch und Innereien und Rohmilchprodukten einschließlich Rohmilchkäse enthalten. Sie können aber auch im Garten vorkommen und sich auf Gemüse festsetzen. Daher gilt auch hier: kein rohes oder halbdurchgebratenes Fleisch, Milch(produkte) nur in pasteurisierter Form oder Hartkäse ohne Rinde. Gemüse stets sorgfältigst waschen.

Genitalinfektionen und Herpes-Infektionen

Zu den Verursachern einer Genitalinfektion gehören neben dem *Lues-Erreger,* nach dem bereits beim ersten Vorsorgetermin gefahndet wird, vor allem die *Chlamydien, Trichomonaden, Gardenerellen, Mycoplasmen und Hefepilze, aber auch Streptokokken und Staphylokokken.* Sie alle werden beim Geschlechtsverkehr übertragen. Einige wandern auch von den Harnwegen, etwa bei einer Blasenentzündung, in die Vagina.

Während die Lues-Erreger über den Blutkreislauf und die Plazenta auf das Kind übertragen werden, bleiben die übrigen Erreger meist auf die Geburtswege beschränkt bzw. steigen von dort aus in die Gebärmutter auf. Daher auch die Bezeichnung aufsteigende Genitalinfektionen.

Lues-Infektionen, ihre Häufigkeit liegt zwischen 0,1 bis 1 Prozent bei Schwangeren, können, wenn sie unentdeckt bleiben, beim Kind schwere bleibende Schäden verursachen oder zu Fehl- und Totgeburten führen. Bei rechtzeitiger Behandlung mit hochdosiertem Penicillin läßt sich die Infektionsgefahr für das Kind jedoch völlig beseitigen.

Die weitverbreiteten aufsteigenden Genitalinfektionen gelten heute als eine wichtige Ursache für Frühgeburten. So können sie die Reißfestigkeit der Eihäute beeinträchtigen und dadurch einen vorzeitigen Blasensprung verursachen. Außerdem können ihre Abbauprodukte die körpereigene Prostaglandinproduktion anregen und damit vorzeitige Wehen bewirken. Zur frühzeitigen Diagnose empfiehlt daher der Berliner Geburtshelfer Professor Erich Saling schon in der Frühschwangerschaft regelmäßige Messungen des Säuregrades in der Vagina. Bei auffälligem Befund kann dann der Frauenarzt gezielt nach Erregern fahnden und die entsprechende medikamentöse Behandlung beginnen.*

Im Gegensatz zu vielen anderen Infektionskrankheiten gibt es für die *Zytomegalie*, die als die häufigste vorgeburtliche Infektionskrankheit gilt, keinerlei Früherkennungsmethode oder gar einen Impfstoff. Allerdings ist die Virusinfektion, sie gehört zu den Herpes-Infektionen, nicht sehr gefährlich, solange die Abwehr der Mutter intakt ist: Etwa 90 Prozent aller Babys infizierter Mütter kommen völlig gesund zur Welt. Da eine von hundert Schwangeren an einer Zytomegalie-Infektion erkrankt, ist nur eines von eintausend Neugeborenen durch die Infektion geschädigt. Meist sind die Schäden nur leicht ausgeprägt. Dazu gehören körperliche und mentale Entwicklungsrückstände, die sich aber meist aufholen lassen, sowie Hörschwächen.

Weitaus gefährlicher für das Kind kann eine *Herpes-genitalis-Infektion* werden. Das gilt weniger während der Schwangerschaft (hier sind eventuell frühe Fehlgeburten möglich) als

* Ein Berliner Modellprojekt, an dem Saling und 14 niedergelassene Frauenärzte von Januar 1989 bis Oktober 1990 teilnahmen, beweist den Erfolg dieser Früherkennung: Die erfahrungsgemäß zu erwartende Zahl von Frühgeborenen mit einem Geburtsgewicht von unter 1500 Gramm konnte um 33 Prozent gesenkt werden.

vielmehr für die Geburt. Zwar sind weniger als ein Prozent aller Schwangeren mit diesem zur Gruppe der Herpes-simplex-Viren gehörenden Erreger infiziert, die Ansteckungsgefahr für das Neugeborene ist bei vaginaler Geburt jedoch relativ hoch. Entwickelt sich nur eine lokale Herpes-Infektion, sind die Heilungsaussichten für das Kind gut, befällt das Virus jedoch den gesamten Körper, dann liegt die Sterblichkeit bei 50 Prozent. Daher rieten die Ärzte früher bei einer Herpes-genitalis-Infektion, die sich durch den charakteristischen Bläschenausschlag und Juckreiz im Genitalbereich bemerkbar macht, durchweg zur Kaiserschnittentbindung. Inzwischen steht jedoch mit dem Wirkstoff Aciclovir ein Mittel zur Verfügung, um die Geburtswege virusfrei zu bekommen, was allerdings laut einer schwedischen Studie nicht bei allen Frauen gelingt.

Sonstige Infektionen

Auch die verschiedenen *Hepatitis-Infektionen* bedeuten während der Schwangerschaft eine weniger große Gefahr als während der Geburt, obwohl es bei schweren Verlaufsformen zu Fehlgeburten kommen kann. Ob eine Frau Virusträgerin ist, läßt sich durch einen Bluttest abklären. Wenn ja, erhält das Neugeborene direkt nach der Geburt spezielle Immunglobuline. Über eventuelle Impfungen muß der behandelnde Kinderarzt im Einzelfall entscheiden.

Neben den genannten können auch noch andere Virus- und bakterielle Infektionen der Mutter den Verlauf der Schwangerschaft und die Gesundheit des Kindes beeinträchtigen. Dazu gehören etwa die echte Grippe und die von Zecken übertragene Borreliose (Symptom: Wanderröte). Daher gilt immer: Wenn Sie sich nicht gesund fühlen oder unerklärliche Symptome an sich bemerken, wenden Sie sich umgehend an Ihren behandelnden Arzt, um eine mögliche Erkrankung frühzeitig abzuklären und rechtzeitig zu behandeln. Fragen Sie lieber einmal zuviel als einmal zuwenig nach, auch wenn insgesamt gesehen die Risiken nicht sehr hoch sind.

Auf das Thema HIV-Infektion wollen wir an dieser Stelle nicht ausführlich eingehen, da hier eine Gefährdung des Kindes von unzähligen Faktoren abhängt und nicht zuletzt auch die medizinische Forschung fortwährend zu neuen Erkenntnissen gelangt. Zudem brauchen Schwangere mit einer HIV-Infektion oder Frauen, die eine HIV-Infektion befürchten, die Beratung und Betreuung durch besonders dafür qualifizierte Ärzte. Wir möchten uns daher auf die Angabe weiterführender Literatur sowie einiger Adressen im Anhang beschränken.

Schwangerschaftsbedingte Beschwerden und Erkrankungen

Die meisten Frauen haben irgendwann einmal in der Schwangerschaft mit den sogenannten Schwangerschaftswehwehchen zu kämpfen. Das sind zwar unangenehme, aber zumeist völlig harmlose und vorübergehende Beschwerden wie ungewöhnliche Gelüste, Widerwillen gegen bestimmte Gerüche, Übelkeit und Erbrechen, später Sodbrennen, Rücken- oder Kreuzschmerzen, Krampfadern und Hämorrhoiden. Hier helfen Geduld und einfache Hausmittel. Aber es gibt auch schwerwiegende Erkrankungen, die unbedingt ärztlich behandelt werden müssen: Dazu gehören vor allem der Schwangerschaftsdiabetes und die hypertensiven Erkrankungen (Bluthochdruck) einschließlich Gestose und HELLP-Syndrom. Aber auch eine ausgeprägte Hypotonie (niedriger Blutdruck) oder eine Eisenmangelanämie können die Gesundheit von Mutter und Kind beeinträchtigen. Im folgenden werden wir die Frühwarnsignale der einzelnen Erkrankungen beschreiben und erläutern, was Sie selbst und was die Medizin für Sie und Ihr Kind tun können.

Der Schwangerschaftsdiabetes

Bis zu zehn von tausend Frauen werden während der Schwangerschaft plötzlich zuckerkrank. Die Ursachen dafür sind bislang ungeklärt. In manchen Fällen scheint jedoch eine anlagebedingte Bereitschaft zu bestehen, die durch die körperliche Belastung der Schwangerschaft zum Auftreten eines Diabetes führt. Ein solcher Schwangerschaftsdiabetes unterscheidet sich nur wenig von einem »normalen« Diabetes. Strenge Diätvorschriften und medikamentöse Therapie, einschließlich Insulin-Gabe, entsprechen der üblichen Diabetesbehandlung. Allerdings: Häufig verschwindet die Erkrankung nach der Geburt wieder.

Früher bedeutete ein Schwangerschaftsdiabetes, wie auch eine schon vorher bestehende Zuckerkrankheit, eine große Gefahr für Mutter und Kind. Heute läßt sich diese dank ausgefeilter Früherkennungsmethoden und moderner Medikamente auf ein Minimum reduzieren. Ein Schwangerschaftsdiabetes kann sich praktisch in jedem Schwangerschaftsstadium entwickeln, häufig tritt er jedoch im zweiten Schwangerschaftsdrittel auf. Zu den Frühsymptomen gehören: heftiger Durst, starkes Verlangen nach Süßigkeiten, schnelle Gewichtszunahme und starke Ermüdbarkeit. Zwar wird heute bei den vierwöchigen Vorsorgeterminen auch routinemäßig nach Zucker im Urin gefahndet, ein Diabetes kann sich aber sehr schnell entwickeln. Daher sollten Sie im Falle eines Falles die genannten Symptome unbedingt außer der Reihe vom Arzt abklären lassen.

Zucker im Urin ist allerdings kein eindeutiger Hinweis auf einen beginnenden Schwangerschaftsdiabetes. Erst wenn ein Zucker-Belastungstest zeigt, daß der Körper den Zucker nicht mehr richtig verwerten kann, weil die Bauchspeicheldrüse zuwenig Insulin produziert, ist die Diagnose gesichert. Da sich ein Schwangerschaftsdiabetes aber auch ohne die typischen Frühsymptome schleichend entwickeln kann, haben Ärzte der

Frauenklinik der Städtischen Kliniken Offenbach eine Checkliste zur Früherkennung entwickelt. Danach ist ein Zucker-Belastungstest angezeigt, wenn auch nur einer der folgenden Faktoren* zutrifft:

- Übergewicht
- Alter über 30 Jahre
- Gestose
- wiederholte Harnwegsinfektionen (Blasenentzündung)
- wiederholt Zucker im Urin
- zuviel Fruchtwasser
- zu großes Baby (Makrosomie) oder zu große Plazenta laut Ultraschallbefund
- vorangegangene Totgeburt, wiederholte Fehlgeburten
- mehrere Frühgeburten
- Fehlbildungen eines früheren Kindes
- Geburtsgewicht eines früheren Kindes über 4 000 Gramm
- Diabetes bei Verwandten 1. Grades.

Die Therapie eines Schwangerschaftsdiabetes richtet sich nach dem Schweregrad dieser Stoffwechselstörung. Bei leichter Ausprägung reicht oft eine strenge Diät mit Verzicht auf Zucker, bei schwerer Ausprägung muß die Frau lernen, sich selbst Insulin zu spritzen, da eine Behandlung mit Insulin-Tabletten in der Schwangerschaft nicht möglich ist. Die medikamentöse Einstellung des Diabetes erfolgt gewöhnlich im Krankenhaus. Sie muß mehrfach angepaßt werden, was mehrere stationäre Aufenthalte notwendig macht. Alle Diabetikerinnen müssen häufiger als andere Schwangere zur Vorsorge, um eine eventuelle Verschlimmerung des Diabetes rechtzeitig erkennen und behandeln zu können.

Ein Schwangerschaftsdiabetes bedeutet aber nicht notwendigerweise eine Kaiserschnittentbindung. Heute bekommen mehr als die Hälfte der Diabetikerinnen ihr Kind auf natür-

---

* Übernommen aus: Ärztliche Praxis, Nr. 57 vom 16. Juli 1991, S. 3.

lichem Wege. Allerdings werden sie gewöhnlich zwischen der 32. und 36. Schwangerschaftswoche bis zur Geburt stationär aufgenommen, da das schnelle Wachstum des Kindes in den letzten Wochen vor der Geburt große Anforderungen an den mütterlichen Stoffwechsel stellt und eine genaue medikamentöse Einstellung erfordert, die unter Umständen täglich angepaßt werden muß. Doch trotz aller sorgfältigen Überwachung und Behandlung kann in manchen Fällen der mütterliche Stoffwechsel entgleisen. Dann werden die Ärzte zum Kaiserschnitt raten.

Kinder von Diabetikerinnen gelten grundsätzlich als unreif, obwohl sie meistens ein überdurchschnittlich hohes Geburtsgewicht haben. Das liegt aber an dem gestörten Zuckerstoffwechsel der Mutter, der ihnen mehr Kalorien zur Verfügung stellt, als sie brauchen. Eine zu schnelle und damit zu starke Gewichtszunahme kann zu Lasten der Entwicklung der Organfunktionen gehen. Daher ist bei jeder Geburt einer Diabetikerin immer auch ein Kinderarzt im Kreißsaal, der das Baby in Empfang nimmt und überprüft, ob es bei seinem Start ins Leben medizinische Unterstützung braucht.

Gestose und HELLP-Syndrom

Die Gestose (Schwangerschaftsvergiftung) gehört mit dem Schwangerschaftsdiabetes zu den häufigsten schweren schwangerschaftsbedingten Erkrankungen der Mutter. Sie kann zu schweren Krampfanfällen (med.: Eklampsie) führen, die tödlich verlaufen, wenn sie nicht sofort behandelt werden. Wie beim Schwangerschaftsdiabetes kommt es auch bei der Gestose auf die frühzeitige und damit rechtzeitige Diagnose an.

Bis zu sechs Prozent aller Schwangeren müssen mit einer Gestose rechnen. Aber nicht jede Gestose nimmt auch einen schweren Verlauf. Heute zählt die Medizin die Gestose zu den hypertensiven Erkrankungen, weil das Leitsymptom der Bluthochdruck* (med.: Hypertonie) ist. Hinzu kommen aber meistens zwei weitere Symptome, wie die frühere Bezeichnung EPH-Gestose anschaulich machte: Ödeme (*E*dema = Wassereinlagerungen), *P*roteinurie (= Eiweiß im Urin) und eben die *H*ypertonie (= Bluthochdruck).**

Bei der Gestose gerät, ebenfalls aus bislang ungeklärter Ursache, der Stoffwechsel, vermutlich der Natriumstoffwechsel, durcheinander. Überschüssige Flüssigkeit wird nicht mehr über die Nieren und Harnwege ausgeschieden, sondern versickert im Gewebe und bildet Ödeme. Dadurch verdickt das Blut, fließt langsamer und versorgt die Plazenta nicht mehr richtig. Um diese Mangelversorgung auszugleichen, dem Blut sozusagen Beine zu machen, schüttet die Nebenniere gefäßverengende Hormone aus, der Blutdruck steigt. Das überfordert die Niere, sie kommt nicht mehr nach, das schneller fließende, verdickte Blut zu filtern und dabei auch die lebenswichtigen Eiweißmoleküle wieder in den Blutkreislauf zurückzugeben. Sie werden mit dem Urin ausgeschieden. Dadurch setzt sich eine Spirale in Gang: Weniger Eiweiß bindet weniger Flüssigkeit, weniger Flüssigkeit bedeutet dickeres Blut und so weiter. Letztendlich läuft die Versorgung der Plazenta nur noch auf äußerster Sparflamme, das Kind erhält nicht mehr genügend Sauerstoff und Nährstoffe. Daher sind die Kinder gestosekranker Frauen häufig stark untergewichtig. Im schlimmsten Falle stirbt das Kind in der Gebärmutter.

Aber auch für die Mutter kann eine schwere Gestose Lebensgefahr bedeuten: Die extreme Gefäßverengung, die den Blutdruck in die Höhe treibt, kann zu einer Mangeldurchblutung von Gehirn, Niere und Leber führen und dadurch

---

* Bei einer leichten Hypertonie liegt der Blutdruck über 140/90 mmHG. Steigt er jedoch über 160/110 mmHG, spricht die Medizin von einer schweren Hypertonie, die unbedingt behandelt werden muß.

** Entwickelt sich die Gestose aus einer bereits bestehenden Erkrankung, etwa einem essentiellen Bluthochdruck oder einem Diabetes, spricht die Medizin von einer Pfropfgestose: Die Gestose ist dieser Erkrankung aufgepfropft.

schwere Krampfanfälle verursachen, die ohne ärztliche Hilfe schnell tödlich verlaufen.

Glücklicherweise werden heute die meisten Gestosen bereits im Frühstadium entdeckt und können so frühzeitig behandelt werden. Allerdings beschränkt sich die Therapie bislang nur auf die Symptome, da die genaue Ursache der Gestose, wie gesagt, nicht bekannt ist. Und das bedeutet: Die Krankheit kann nicht geheilt, sondern nur in bestimmten Bahnen gehalten werden. Deswegen sind auch trotz Therapie so viele Kinder noch untergewichtig oder müssen vor dem errechneten Geburtstermin per Kaiserschnitt geholt werden.

Zur konventionellen Therapie einer Gestose gehören zunächst körperliche Schonung und Bettruhe in Seitenlage, um die Durchblutung der Plazenta zu erhöhen. Bei schweren Gestosen ist eine Krankenhausbehandlung notwendig. Die Frau erhält neben Infusionen mit Plasmaexpandern (= Blutverdünner), Mineralstoffen und Eiweiß auch blutdrucksenkende sowie magnesiumhaltige Mittel, um den gefürchteten Krampfanfällen vorzubeugen. Viele Ärzte raten auch heute noch zu einer salzarmen Diät, möglichst geringer Flüssigkeitszufuhr und zu entwässernden Medikamenten, um die Wassereinlagerungen in den Griff zu bekommen. Genau das Gegenteil empfiehlt jedoch die Selbsthilfegruppe der Gestosefrauen, die sich dabei auf Studien aus dem In- und Ausland beruft: So rät die Selbsthilfegruppe (Adresse im Anhang), bei den ersten Ödemen sofort auf eine eiweißreiche Kost mit viel Flüssigkeit und etwa sieben Gramm Salz am Tag, in Wasser aufgelöst, umzuschalten, um die Funktion der Niere wieder in Gang zu bringen. Denn nach Ansicht der Selbsthilfegruppe ist die Gestose nicht auf etwaige Immunprobleme oder hormonelle Störungen, wie von vielen Medizinern angenommen, zurückzuführen, sondern auf Ernährungsfehler sowie eine mangelhafte Flüssigkeits- und Salzzufuhr in der Frühschwangerschaft. Die Erfolge scheinen der Gruppe recht zu geben. Allerdings sollten Sie niemals eigenmächtig herumexperimentieren, sondern sich zunächst die Unterlagen der Selbsthilfegruppe besorgen und die Therapie unter ärztlicher Kontrolle beginnen.

Aus einer schweren Gestose kann sich binnen kürzester Zeit ein sogenanntes HELLP-Syndrom* entwickeln, das akute Lebensgefahr für Mutter und Kind bedeutet. Das Kind muß dann umgehend geholt werden, auch wenn es eigentlich noch zu früh dafür ist. Beim HELLP-Syndrom kommt es plötzlich zum Zusammenbruch der Leberfunktionen mit Zersetzung des Blutes (Hämolyse) und schwerer Störung der Blutgerinnung (Trombozytopenie). Nachweisen läßt sich diese Erkrankung durch Blutuntersuchungen. Allerdings kann sich das HELLP-Syndrom in seltenen Fällen auch ohne vorherige Gestose entwickeln, ein schwerer Bluthochdruck ist nach derzeitigem medizinischen Kenntnisstand jedoch fast immer beteiligt.

Die Frühwarnsignale im Überblick:

Beginnende Gestose
- Wassereinlagerungen, besonders stark am Morgen
- evtl. Heiserkeit

Umgehend Blutdruck und Urin vom Arzt untersuchen lassen.
Selbsthilfebroschüre anfordern.

Schwere Gestose mit drohender Eklampsie (Krampfanfälle)
- plötzliche schwere Kopfschmerzen
- heftige Übelkeit
- Sehstörungen, Augenflimmern
- starke Unruhe

Sofort den (Not-)Arzt rufen oder Transport ins Krankenhaus.

HELLP-Syndrom
- Symptome der schweren Gestose
  und/oder

---

* HELLP steht für: *h*emolysis, *e*levated *l*iver function test und *l*ow *p*latelet counts.

– plötzliche stechende Schmerzen im Oberbauch auf der rechten Seite.

Sofort den (Not-)Arzt rufen oder Transport ins Krankenhaus.

Niedriger Blutdruck und Eisenmangelanämie

Auch ein zu niedriger Blutdruck kann der Gesundheit von Mutter und Kind schaden. Von einer Hypotonie spricht die Medizin, wenn der systolische Blutdruck konstant unter 110 mmHG liegt. Das ist bei über acht Prozent der Schwangeren der Fall. Die Ursache: In der Schwangerschaft läßt der Widerstand der Blutgefäße nach, um das in der Schwangerschaft gewöhnlich um etwa 1,5 Liter erhöhte Blutvolumen hindurchzulassen. Andernfalls würde sich ein Bluthochdruck ergeben. Weiten sich die Gefäße aber zu stark, dann läßt auch der Blutdruck nach, er wird zu niedrig. Außerdem kann das Blut dann leicht in den Beinen versacken. Dadurch werden die Sauerstoff- und die Nährstoffversorgung der Plazenta und damit des Babys eingeschränkt. Die mögliche Folge: Wachstumsrückstände beim Baby, vorzeitige Wehen und Frühgeburten.

Eine Hypotonie macht sich vor allem durch leichte Ermüdbarkeit, Kälte- und Taubheitsgefühle in Händen und Füßen, Schwindel und Ohnmachtsanfälle, Reizbarkeit, Kopfschmerzen, Ohrensausen sowie Angstgefühle bemerkbar. Viele Frauen verspüren auch einen regelrechten Zwang zum Gähnen. Gewöhnlich helfen Hausmittel dem Blutdruck wieder auf die Sprünge. Dazu gehören: Morgens vor dem Aufstehen erst mal recken und strecken und mit den Beinen eine Runde Fahrrad fahren, kalt bzw. wechselwarm duschen (nicht bei vorzeitigen Wehen), Wassertreten, kalte Wassergüsse nach Kneipp, kräftige Trockenbürstenmassagen sowie Saunabesuche (nur für Geübte, kaltes Tauchbad nur nach Absprache mit dem Arzt). Außerdem: Viel spazierengehen, treppensteigen und ganz viel schwimmen. Wenn das alles nichts hilft, muß der Arzt blutdrucksteigernde Medikamente verschreiben.

Leichte Ermüdbarkeit, Konzentrationsschwäche, Kurzatmigkeit, Kopfschmerzen und Schwindel sowie eine blasse Gesichtsfarbe können auch auf eine (beginnende) Eisenmangelanämie hinweisen. In der Schwangerschaft ist der Eisenbedarf verdoppelt, aber nicht jede Schwangere nimmt auch genug Eisen mit der Nahrung auf. Da aber Eisen nicht nur für den Sauerstofftransport im Blut, sondern auch für die Blutbildung zuständig ist, kann ein Eisenmangel die Versorgung der Plazenta und damit des Kindes beeinträchtigen. Die Folgen sind weitgehend mit denen einer Hypotonie identisch, hinzu kommen noch Wundheilungsstörungen. Bei einem Hämoglobinwert von unter 12 g/dl muß die Frau zusätzlich Eisen in Tablettenform zu sich nehmen.

Ein Eisenmangel entwickelt sich immer schleichend. Zunächst versucht der Körper, seinen zusätzlichen Eisenbedarf aus dem Knochenmark zu decken. In diesem Stadium liegen die Hämoglobinwerte noch im Normalbereich, obwohl bereits eine Mangelversorgung besteht. Das bedeutet: Falls die typischen Symptome einer Eisenmangelanämie anhalten, obwohl die Hämoglobinwerte im Normalbereich liegen, sollte der Arzt durch einen Eisen-Belastungstest kontrollieren, ob die Eisenversorgung wirklich noch ausreicht. Etwa 30 Prozent aller Frauen leiden in der zweiten Schwangerschaftshälfte unter einem behandlungsbedürftigen Eisenmangel.

Blasenentzündung

Eine Blasenentzündung (med.: Zystitis) ist nicht nur lästig und unangenehm, sie kann auch zu Infektionen der Geburtswege führen und die Reißfestigkeit der Fruchtblase beeinträchtigen, einen vorzeitigen Blasensprung oder vorzeitige Wehen verursachen (siehe Abschnitt »Genitalinfektionen«). Zwar wird der Urin beim Vorsorgetermin immer auch auf Bakterien untersucht, das Beste ist jedoch die Vorbeugung: viel trinken, zum Beispiel milde Kräutertees, um eventuell vorhandene Bakterien aus den Nieren und Harnwegen herauszuspülen,* die Blase regelmäßig entleeren, ja nicht den Urin einhalten, die Genitalregion nach dem Waschen immer gut abtrocknen, keine undurchlässigen Slipeinlagen mit Plastikrückseite benutzen und sich natürlich immer warm anziehen, vor allem auf warme Füße achten. Falls sich trotz aller Vorsorge doch einmal eine heftigere Blasenentzündung entwickelt hat, wird der Arzt ein Antibiotikum verschreiben. Manchmal hilft aber auch schon ein einfacher Hausarzttrick: Mehrmals täglich einen Teelöffel Ascorbinsäure (Vitamin C) pur mit einem Schluck Wasser herunterspülen. Dadurch wird der Urin so sauer, daß Bakterien nur schwer überleben können.

Vorzeitige Wehen

In Deutschland kommen etwa sechs Prozent aller Babys zu früh zur Welt. Zu früh bedeutet: Sie werden vor Ende der 37. Schwangerschaftswoche geboren. Zwar können auch schwere Erkrankungen der Mutter eine vorzeitige Entbindung, meist per Kaiserschnitt notwendig machen, ohne daß zuvor Wehen aufgetreten sind. In den meisten Fällen sind es jedoch vorzeitige Wehen, die zu einer Geburt mitunter weit vor dem errechneten Geburtstermin führen.

Obwohl die moderne Neonatologie (eine Spezialdisziplin der Kinderheilkunde, die sich auf Neugeborene konzentriert) mit ihren intensivmedizinischen Methoden heute auch schon sehr kleine Frühgeborene mit einem Geburtsgewicht von deutlich unter 1000 Gramm durchbringen kann, bedeutet eine Frühgeburt immer eine Gefahr für die Gesundheit des Babys. Je früher die Frühgeburt, desto größer das Risiko bleibender Behinderungen. Daher setzen Ärzte und Hebammen alles daran, in Zusammenarbeit mit der Mutter die vorzeitigen Wehen zum Stillstand zu bringen. Denn jeder Tag, den das Baby län-

* Schwangere sollten ohnehin viel trinken, auch zur Gestosevorbeugung

ger im Mutterleib bleiben kann, verbessert seine Chancen auf einen gesunden Start ins Leben.

Zu den vorzeitigen Wehen gehören aber nicht die sogenannten Schwangerschaftswehen, die jede Frau in der zweiten Schwangerschaftshälfte mehr oder minder kräfig spürt. Diese Wehen, die sehr unregelmäßig auftreten, manchmal mit tagelangen Pausen, sind eine völlig normale Reaktion der Gebärmuttermuskulatur auf das Wachstum des Babys. Zudem »übt« die Muskulatur für die Geburt. Später kommen noch die sogenannten Senkwehen hinzu, wenn das Baby seine Geburtsposition einnimmt und sich der Bauch dadurch eben nach unten senkt. Das ist gewöhnlich in den letzten vier Schwangerschaftswochen der Fall, kann aber durchaus auch schon früher vorkommen. Als normal gelten zwei Wehen pro Stunde bis zur 25. Schwangerschaftswoche, vier Wehen bis zur 31. und höchstens sieben Wehen bis zum Ende der 37. Woche. Wichtig ist: Sie dürfen nicht regelmäßig und nicht rhythmisch auftreten. Diese Schwangerschaftswehen haben gewöhnlich keinen Einfluß auf den Gebärmutterhals (Cervix) und den Muttermund: Der Gebärmutterhals weitet sich nicht, der Muttermund wird weder weich, noch öffnet er sich. Und das ist *der* Unterschied zu »richtigen« vorzeitigen Wehen.

Unter vorzeitigen Wehen versteht die Geburtshilfe Kontraktionen der Gebärmuttermuskulatur, die den Gebärmutterhals und den Muttermund »erweichen« und öffnen und damit zu einer Frühgeburt führen (können). Im Gegensatz zu den Übungswehen kommen vorzeitige Wehen häufiger, kräftiger und vor allem regelmäßig. Dennoch: Ob vorzeitige Wehen auch wirklich vorzeitige Wehen sind, läßt sich meist nur durch wiederholte CTG-Kontrolle (Herzton-Wehen-Schreiber) und Überprüfung des Muttermundes und des Gebärmutterhalses abklären.

Vorzeitige Wehen sind fast immer eine große Belastung für die Schwangere (und ihren Partner/ihre Familie). Denn zu der Sorge um die Gesundheit des Kindes kommen die Schuldgefühle und Selbstvorwürfe, als Mutter zu versagen. Wie uns etwa Doris (30), selbständige Geschäftsfrau sagte, die ab der 24. Schwangerschaftswoche vorzeitige Wehen hatte: »Das Baby ist noch nicht mal auf der Welt, und ich bin ihm schon eine schlechte Mutter.« Bevor wir aber auf die Selbsthilfe- und medizinischen Behandlungsmöglichkeiten bei vorzeitigen Wehen eingehen, müssen wir uns mit ihren Ursachen beschäftigen.

Organische Ursachen für vorzeitige Wehen

In diesem Kapitel haben wir bereits etliche Faktoren erläutert, die vorzeitige Wehen auslösen können. Sie reichen von Alkohol- und Nikotinkonsum über Infektionen einschließlich aufsteigender Genitalinfektionen bis zu den genannten schwangerschaftsbedingten Erkrankungen wie Diabetes, Bluthochdruck oder Gestose. Hinzu kommen noch verschiedene chronische Erkrankungen der Mutter, wie bestimmte Schilddrüsen- und Nierenfunktionsstörungen, aber auch Fehlbildungen der Gebärmutter, Verwachsungen und Narben nach vorausgegangenen Unterleibsoperationen sowie eine anlagebedingte Muttermund- und Cervixschwäche. Und nicht zuletzt verursachen auch Mehrlingsschwangerschaften (auch Zwillingsschwangerschaften) schon allein aufgrund der erhöhten Gewichtsbelastung häufig vorzeitige Wehen.

Eine Sonderrolle nehmen die Rhesus- und andere Blutgruppenunverträglichkeiten zwischen Mutter und Kind ein. Sie können ebenfalls vorzeitige Wehen verursachen, machen aber, falls ein Blutaustausch im Mutterleib nicht möglich ist, eine vorzeitige (Kaiserschnitt-)Entbindung des Babys mit anschließendem Blutaustausch notwendig. Erfreulicherweise sind diese Unverträglichkeiten heute selten, die Rhesusunverträglichkeit vor allem dank der modernen Anti-D-Prophylaxe, die etwaige mütterliche Antikörper gegen das Baby beseitigt.

Die seelischen Ursachen für vorzeitige Wehen

Außer den organischen Ursachen sind auch seelische Faktoren am Zustandekommen vorzeitiger Wehen beteiligt – und zwar nach übereinstimmender Beobachtung der Geburtshelfer in zunehmendem Maße. Mehr noch: Während die Medizin die rein organischen Ursachen immer besser in den Griff bekommt, werden jetzt die seelisch bedingten vorzeitigen Wehen zum Hauptproblem.

Über die seelischen Faktoren, die die Schwangere so belasten können, daß schließlich vorzeitige Wehen einsetzen, haben wir bereits im Kapitel »Die große Veränderung – nichts bleibt, wie es war« ausführlich gesprochen. Dazu gehören, um sie kurz zu wiederholen: Partnerschaftskonflikte, Probleme mit der eigenen neuen Rolle als Mutter und dem neuen Beruf der Hausfrau, Wiederaufbrechen alter verschütteter Konflikte mit den eigenen Eltern, besonders der eigenen Mutter, Wohnungs- oder Ortswechsel mit Verlust der vertrauten Umgebung und, damit häufig auch verbunden, das Auseinandergehen langjähriger Freundschaften (siehe auch Kapitel »Erschöpfung und Depressionen nach der Geburt«, S. 224 ff.) sowie nicht zuletzt auch finanzielle Sorgen. Zu diesen Belastungsfaktoren kommt ein weiterer hinzu bzw. ist teilweise auch direkt mit ihnen verbunden: Die Neigung der Frauen von heute zur restlosen Selbstüberforderung.

»Schwanger schafft.« Treffender als diese Überschrift zum Vorwort einer Schwangerschaftsbroschüre der Vorsorge-Initiative können wir es auch nicht formulieren. Höchstens noch: »Schwanger schafft doppelt.« Denn Schwangere müssen nicht nur mit der immensen körperlichen und seelischen Veränderung fertig werden, sondern auch mit der widersprüchlichen Einstellung unserer Gesellschaft zu schwangeren Frauen. Für Schwangere gelten nämlich vor allem zwei ungeschriebene Gesetze: Eine werdende Mutter hat stets vor Glück zu strahlen. Und: Eine werdende Mutter ist am Arbeitsplatz ein unberechenbarer Risikofaktor. Aber statt sich gegen diese falschen Einstellungen zu wehren, versuchen viele Schwangere, es allen recht zu machen: Ihre Sorgen behalten sie für sich, am Arbeitsplatz wirbeln sie mehr als je zuvor, halten abends noch den Haushalt tiptop in Ordnung und lassen dem Partner zuliebe die langgeplante Urlaubsreise in ferne Länder oder den anstrengenden Segeltörn nicht sausen, obwohl sie jetzt viel lieber in den Bayerischen Wald oder an die Nordsee fahren würden.

Damit wir uns nicht falsch verstehen: Körperlich können Schwangere eine Menge aushalten, meist mehr, als sie selbst annehmen (das ist aber jetzt keine Aufforderung, den Garten mit einer Spitzhacke umzupflügen). Es ist vor allem der ständige Druck, unter den sich Schwangere selbst setzen, weil sie beweisen wollen, daß sie so leistungsfähig wie immer sind. Hinzu kommen auf den ersten Blick oft noch merkwürdige Zufälle nach dem Motto: Das hat gerade noch gefehlt. Jeder kennt solche Situationen: Da stecken wir gerade im allergrößten Streß, weil wir im Büro einen wichtigen Auftrag übernommen haben. Und dann holt sich der Nachwuchs Keuchhusten im Kindergarten, entdecken wir einen Schwarm Mehlmotten im Küchenschrank und brummt uns das Finanzamt noch eine saftige Steuernachzahlung auf. Schwangere Frauen erleben solche Ereignisse recht häufig, oft mit einer geradezu mystischen Dimension: Plötzlich flattert die Wohnungskündigung wegen Eigenbedarfs ins Haus, oder die versprochene neue Wohnung wird doch nicht frei, die langjährige Hilfe im Familienbetrieb kündigt, der unangenehme Kollege wird zum Vorgesetzten befördert, und die beste Kollegin und Freundin im Büro wechselt in die Hauptverwaltung. Nichts bleibt, wie es war.

Außerdem wird mit wachsendem Bauchumfang die Schwangerschaft immer realer. Spätestens jetzt müssen viele Frauen damit fertig werden, daß sie, zumindest zeitweise, von einem zentralen Ideal Abschied nehmen müssen: der finanziellen Autonomie. Denn von 600 Mark Erziehungsgeld kann kein Mensch leben. Doris: »Als mir das klar wurde, war von meinem bisherigen Leben überhaupt nichts mehr übrig. Ich hatte das Gefühl: Jetzt mußt du ganz von vorne anfangen und bist auch noch abhängig von einem Mann. Und davor hatte ich ziemlich Angst.«

Nicht umsonst bekommen in den allseits bekannten Streßtests Faktoren wie Heirat, Partnerschaftskonflikte, Sorgen um den Arbeitsplatz und die Finanzen, Umzug und Geburt eines Kindes reichlich Streßpunkte. Wer aber unter Streß steht, verkrampft sich seelisch und körperlich: Die Wahrnehmungs-, Denk- und Konzentrationsfähigkeit ist eingeschränkt, die Muskulatur spannt sich an, sie verkrampft. Und damit wären wir bei den vorzeitigen Wehen: Denn Wehen sind ja nichts anderes als Muskelkontraktionen.

Die Behandlung: Bettruhe, Gespräche und Medikamente

Genauso wie uns etwa Spannungskopfschmerzen die rote Karte zeigen, sind auch vorzeitige Wehen ein eindeutiges Stoppsignal: »Halt, aufhören, kümmere dich um dich und dein Kind.« Aber das ist oft gar nicht so einfach. Und deswegen reicht zum Beispiel die häufigste Therapie bei berufstätigen Müttern, das Krankschreiben und Verordnen von Schonung und Bettruhe, überhaupt nicht aus. Zwar bleibt die Frau dann zu Hause, liegt vielleicht auch folgsam auf dem Sofa, doch die ängstlichen Gedanken quälen sie weiter, die Wehen werden nicht weniger. Schnell entsteht daraus ein Teufelskreis. Denn weil die Wehen nicht nachlassen, fürchten die Frauen, es könne etwas mit dem Kind nicht stimmen. Doris: »Jetzt geb ich doch schon Ruhe, aber mein Bauch nicht. Vielleicht hab ich dem Kind doch schon zuviel geschadet, und es geht ihm nicht gut.« Doris wandte sich schließlich an eine niedergelassene Hebamme, die sich auf die Betreuung von Frauen mit vorzeitigen Wehen spezialisiert hat.

Daß Frauen mit vorzeitigen Wehen, aber auch alle anderen Schwangeren, die Möglichkeit brauchen, sich einfach mal auszusprechen, erkennen auch immer mehr Frauenärzte. Nicht selten arbeiten sie deswegen mit Hebammen, Psychologinnen und Geburtsvorbereiterinnen zusammen, da es sich von Frau zu Frau doch erheblich leichter reden läßt. Auch Mütter- und Elternschulen bieten Beratungen für Frauen mit vorzeitigen Wehen an. Wie Sie das für Ihre Situation passende Angebot finden, erfahren Sie im Anschluß an das Kapitel »Wenn die Angst übermächtig wird«.

Leider reichen offene Gespräche nicht immer aus, um vorzeitige Wehen zum Stillstand zu bringen und eine Frühgeburt zu verhindern. Und manchmal wollen die Frauen auch gar nicht über bestimmte Belastungen sprechen, weil sie instinktiv spüren, daß sie die Konfrontation mit schwerwiegenden Konflikten zumindest im Moment nicht bewältigen würden. Oft leben diese Frauen auch in einer sehr angespannten häuslichen Situation. Hier kann die Einweisung ins Krankenhaus helfen, um Abstand zu gewinnen und die Wehen durch Medikamente zu kontrollieren. Ein Krankenhausaufenthalt ist auch meist dann nicht zu vermeiden, wenn der Gebärmutterhals weich geworden ist oder sich bereits der Muttermund etwas geöffnet hat und eine Cerclage (=Verschluß der Cervix oder des Muttermundes mit einem Faden oder einem Ring, der kurz vor dem Geburtstermin wieder entfernt wird) keine Hilfe mehr verspricht.

Zur Kontrolle vorzeitiger Wehen verordnen die Ärzte meist zunächst magnesiumhaltige Medikamente, die die Kontraktionsbereitschaft der Muskulatur verringern. Magnesium, das auch zur Behandlung von Wadenkrämpfen in der Schwangerschaft gegeben wird, kann selbst in hoher Dosierung dem Kind nicht schaden. Reicht das nicht aus und ist die Frau sehr angespannt, ängstlich oder aufgeregt, dann erhält sie häufig Beruhigungsmittel wie etwa Valium. Erst wenn das alles nicht hilft, greifen die Ärzte zur Tokolyse, das heißt zur Verordnung wehenhemmender Medikamente. Leider haben diese hochwirksamen Medikamente recht heftige Nebenwirkungen wie zum Beispiel Herzrasen und Beklemmungsgefühle, die wiederum mit Medikamenten behandelt werden müssen.

Eine Tokolyse, so der medizinische Fachausdruck für die medikamentöse Wehenhemmung, bedeutet für die Frau eine sehr anstrengende und häufig auch langwierige Behandlung. Die Frau muß manchmal wochenlang auf Infusionen angewiesen in der Klinik liegen. Haben die vorzeitigen Wehen organische Ursachen, dann ist die Tokolyse jedoch meist die einzige Chance, dem Baby einen guten Start ins Leben zu ermöglichen. Sind die Ursachen dagegen eher seelischer Natur, dann ließe sich eine Tokolyse häufig vermeiden, wenn die Frau frühzeitig Hilfe und Unterstützung suchen würde. Daher unser Rat: Wenn Sie das Gefühl haben, daß Ihnen alles über den Kopf wächst, Sie sich überfordert fühlen oder wohlmeinende Mitmenschen Sie mit Horrorstories verunsichern und Sie mit Ihrem Arzt nicht darüber sprechen wollen oder können: Wenden Sie sich an eine niedergelassene Hebamme, die sich auf Schwangerschaftsberatung spezialisiert hat. Auch während der Schwangerschaft haben Sie das Recht, sich auf Krankenschein von einer Hebamme beraten zu lassen. Doris: »Schon nach dem ersten Gespräch ging's mir besser. Jetzt nach fünf Terminen ist der Druck von mir abgefallen. Ich weiß, daß ich mich einigen Problemen stellen muß, ich weiß jetzt aber auch, daß ich dazu Zeit habe. Zum ersten Mal kann ich meine Schwangerschaft richtig genießen.«

Alarmsignale

Vorzeitige Wehen können, wenn auch sehr selten, schwerwiegende Komplikationen ankündigen: Sie beginnen dann meist urplötzlich ohne Vorwarnung, häufig verbunden mit ziehenden Rücken- oder Unterleibsschmerzen oder leichten (Schmier-)Blutungen. Ursache dafür kann zum Beispiel eine vorzeitige Plazentaablösung sein, das Kind muß dann umgehend geholt werden. Auch nur bei einem dieser Symptome sollten Sie sofort Ihren Arzt oder in der Klinik anrufen. Bei starken Blutungen oder starken Schmerzen lassen Sie sich sofort mit dem Rettungswagen in die nächste Frauenklinik bringen!

Was dem Kind nicht schaden kann

Wenn Sie bislang gesund gelebt und sich nicht dauernd überfordert haben, dann können Sie fast so weitermachen wie bisher. Sie müssen sich nur einige kleine Einschränkungen auferlegen, mit denen wir Sie jetzt vertraut machen wollen.

Wir haben schon darüber gesprochen. Nicht wenige Frauen haben in der Schwangerschaft kaum oder gar keine Lust mehr auf Sex. Andere würden zwar gerne, fürchten aber, daß sie damit ihrem Baby schaden könnten. Für diese Besorgnis gibt es jedoch keinen Grund. Im Gegenteil: Viele Ärzte raten sogar zur Liebe, denn die körperliche und seelische Entspannung dabei kann eine gute Vorbereitung auf die Geburt sein.

Werdende Eltern empfinden Sex oft intensiver als vorher. Das hat seelische und körperliche Gründe: Die gemeinsame Freude über das Baby schafft eine starke Nähe zwischen den Partnern. Ihre Zuneigung ist unbelastet von Sorgen über die Verhütung oder der bangen Frage, »ob es wohl diesmal endlich klappt«. Außerdem ist der Vaginalbereich der Frau während der Schwangerschaft stärker durchblutet und daher viel empfindsamer. Und nicht zuletzt finden auch manche Männer ihre schwangere Partnerin einfach attraktiver als sonst.

Doch viele Frauen können das kaum glauben. Sie fühlen sich müde und unattraktiv, wenn der Bauch dicker wird, sogar richtig häßlich und ziehen sich zurück. Hat der Partner kein Verständnis dafür, lassen Probleme meist nicht lange auf sich warten. Er fühlt sich ausgeschlossen. Das Baby wird für ihn zum Konkurrenten. Und zum Schluß fühlen sich beide unverstanden. Deswegen: Sprechen Sie auch über diese Ängste miteinander, selbst wenn es am Anfang schwerfällt.

Nur in wenigen Situationen wird der Arzt zum Verzicht auf

Sex raten, zum Beispiel bei Blutungen, Schmerzen oder vorzeitigen Wehen. Ansonsten gilt: Erlaubt ist, was gefällt.

Auch das Thema *Berufstätigkeit* haben wir schon ausführlich behandelt. Deswegen hier nur ganz kurz: Grundsätzlich schadet Berufstätigkeit nicht, eher gilt sogar das Gegenteil. Das haben inzwischen mehrere Studien ergeben.

Einige Vorsichtsmaßregeln sollten Sie trotzdem einhalten: nicht schwer heben und vor allem nicht ständig stehen. Wer dagegen vorwiegend im Sitzen arbeitet, etwa am Bildschirm, muß für regelmäßige Bewegung sorgen und für einen ergonomisch gestalteten Arbeitsplatz, um Muskelverkrampfungen und Überanstrengung der Augen zu verhindern (detaillierte Informationen über Ergonomie am Arbeitsplatz erhalten Sie beim zuständigen Gewerbeaufsichtsamt). Der Bildschirm selbst, zumindest die modernen Geräte, bedeuten nach derzeitigem medizinischen Kenntnisstand keine Gefahr für Mutter und Kind. Eine große Hilfe ist übrigens auch ein verstellbares Fußbänkchen, mit dem Sie nebenbei Wadengymnastik treiben können. Wenn das Ihr Arbeitgeber nicht einsieht, kaufen Sie sich selbst eines im Büromöbelgeschäft. Die Investition lohnt sich, Sie können das Fußbänkchen auch später beim Stillen prima gebrauchen.

Tätigkeiten, bei denen Sie ständig unter Termindruck oder anderem Dauerstreß stehen, Arbeiten mit bestimmten Chemikalien und gesundheitsgefährdenden Substanzen (zum Beispiel im Fotolabor, in medizinischen Labors oder Arztpraxen) oder fortwährende Überstunden sind für Schwangere verboten. Zwar enthält das Mutterschutzgesetz hier ganz eindeutige Vorschriften, doch im Betrieb werden sie oft nicht eingehalten. Daher: Machen Sie sich selbst schlau und bestehen Sie auf Ihren Rechten. Wenn es Schwierigkeiten geben sollte: den Betriebsrat oder das Gewerbeaufsichtsamt einschalten.

Gerade beim ersten Kind ist *Reisen* für viele Paare ein sehr wichtiges Thema. Denn sie wissen: Mit Kind ist die Auswahl der Urlaubsziele erst einmal ziemlich begrenzt. Daher möchten viele Paare jetzt noch schnell in die Ferne schweifen und ferne Länder sehen. Ein sehr verständlicher Wunsch, doch leider nicht so ohne weiteres realisierbar. Zwar ist *Fliegen* in der Schwangerschaft die beste Art, weite Strecken zu bewältigen, auch die vor einiger Zeit erhobene Warnung vor einer zu hohen natürlichen Strahlenbelastung bei hohen Reiseflughöhen hat sich inzwischen als unzutreffend herausgestellt. Dennoch sollten Sie Ihre Reiseziele sorgfältig auswählen.

- Entscheiden Sie sich für ein Land mit einer guten, möglichst unserem Standard entsprechenden medizinischen Versorgung (West-, Nord- und Mitteleuropa, USA, Kanada, Ostküste Australiens, Neuseeland, mit Einschränkungen Südafrika).
- Unterbringung in einem Hotel oder Club mit mitteleuropäischem Standard.
- Keine radikalen klimatischen Veränderungen, also keine Tropen oder Subtropen, aber auch keine sibirischen Eiswüsten.
- Keine Länder, in denen die Malaria wütet.
- Keine Länder, die Impfungen gegen Cholera, Typhus und Gelbfieber verlangen. Diese Impfungen sind während der Schwangerschaft nicht oder nur sehr eingeschränkt erlaubt.
- Kein Abenteuerprogramm wie Trekking im Himalaya, Free climbing in den Rocky Mountains oder Wildwasserfahrten in der Ardèche, aber auch kein Rundreise-Streßprogramm wie die gotischen Kirchen Englands in drei Tagen.

Die beste Zeit für Reisen in der Schwangerschaft ist das zweite Schwangerschaftsdrittel. Wenn Sie aus geschäftlichen oder privaten Gründen auf das Flugzeug angewiesen sind, können Sie selbstverständlich auch noch später fliegen. Aber: Nicht alle Fluggesellschaften nehmen Hochschwangere auch mit, daher vorher fragen.

Wer nicht fliegen will, sollte bei weiteren Strecken am besten den *Zug (Schlafwagen)* nehmen. Damit ersparen Sie sich nicht nur Autobahnstreß und Stau, sondern haben viel mehr

Bewegungsfreiheit. Bei Kurzstrecken dürfen Sie natürlich ins *Auto* steigen. Aber: Immer anschnallen und zwar richtig: den Beckengurt *unter*, nicht über den Bauch! Und falls Sie doch einmal mit dem Auto über Land müssen: mindestens alle zwei Stunden eine ordentliche Pause einlegen.

Und welcher *Sport* ist geeignet? Ohne Einschränkung sind erlaubt: Joggen und Wandern (aber kein Höhentraining über 2000 Meter ü. d. Meeresspiegel), Radfahren, Gymnastik, Tanzen, Schwimmen (besonders empfehlenswert) und Sauna (maximal zehn bis zwölf Minuten). Mit großer Vorsicht zu genießen sind: Laufen, Rudern, Bodenturnen, Tennis, Federball und Badminton, Tischtennis, Segeln und Skilanglauf (nicht über 1500 Metern). Strikt verboten sind dagegen alle Sportarten mit erhöhtem Sturz- und anderem Verletzungsrisiko wie Squash, Reiten, Aerobic(!), alle Mannschafts- und Kampfsportarten (Basket- und Handball, Judo, Karate, Fechten, Taekwondo), Marathonlauf, Tauchen und Bodybuilding. Bei allen erlaubten Sportarten gilt: Sie müssen darin wirklich *gut* geübt sein. Wenn Sie erst in der Schwangerschaft Ihre Liebe zum Sport entdecken, dann beschränken Sie sich bitte aufs Schwimmen, Spazierengehen und Wandern sowie auf Gymnastik- und Yoga-Kurse für Schwangere.

Zum Schluß noch ein Wort zu *»schlechten«* Gedanken. Die moderne Forschung über das vorgeburtliche (Seelen-)Leben des Kindes mit ihren zum Teil beeindruckenden Ergebnissen hat auch ihre Kehrseite: Fast alle Frauen hängen in der Schwangerschaft dann und wann düsteren Gedanken nach und empfinden ihr Kind als Störenfried. Solche ambivalenten Gefühle sind völlig normal, wir haben bereits ausführlich darüber gesprochen. Dennoch fühlen sich immer mehr Frauen schuldig und fürchten, ihrem Kind mit diesen schlechten Gedanken seelischen Schaden zuzufügen. Für diese Sorge besteht aber überhaupt kein Anlaß: Auch das Seelenleben von Ungeborenen ist schon sehr robust. Mehr noch: Die ganz normalen Stimmungsschwankungen, die ein Kind im Mutterleib miterlebt, können bereits eine gute Vorbereitung für das Leben draußen sein, denn dort herrscht auch nicht immer eitel Sonnenschein. Nur wenn die Mutter das Kind grundsätzlich ablehnt, besteht die Gefahr, daß es Schaden nimmt. Doch bevor es dazu kommt, sollten Sie schon um Ihrer selbst willen Hilfe und Unterstützung suchen (mehr darüber auf Seite 204).

Was die Ärzte schon vor der Geburt sehen können

Noch zu Beginn der sechziger Jahre waren Hebammen und Ärzte auf das Hörrohr angewiesen, um die Herztöne des ungeborenen Kindes aufzuspüren und zu beurteilen, wie es ihm geht. Und um anhand der Herztöne in Zweifelsfällen überhaupt erst die Diagnose Schwangerschaft zu bestätigen. Erfahrene Geburtshelfer konnten auch mit den Händen und durch die Kindsbewegungen mit gewisser Sicherheit feststellen, ob es dem Kind im Bauch gutging. Ansonsten aber vollzog sich die Entwicklung des Kindes im wahrsten Sinne des Wortes im verborgenen.

Heute dagegen steht den Geburtshelfern eine Vielzahl technischer Möglichkeiten zur Verfügung: Sie können eine Schwangerschaft, kaum daß sie überhaupt begonnen hat, bereits anhand von Bluttests nachweisen. Sie können mit Ultraschall die Gebärmutter mit dem Ungeborenen sichtbar machen und damit den Verlauf der Schwangerschaft sowie die Entwicklung des Kindes nahezu lückenlos überwachen und etwaige Komplikationen und Fehlbildungen beim Kind frühzeitig feststellen. Sie können mit Blutuntersuchungen überprüfen, ob beispielsweise die Plazenta noch richtig arbeitet und das Kind ausreichend versorgt. Sie können in Zusammenarbeit mit Genetikern anhand von Fruchtwasser- und Chorionanalysen feststellen, ob beim Kind eine Chromosomenveränderung vorliegt oder eine angeborene Stoffwechselstörung. Und sie können sogar schon Blut- und Gewebeproben beim Kind entnehmen, um die eventuelle Übertragung von Infektionen von der Mutter auf das Baby abzuklären.

In diesem Kapitel wollen wir die vier derzeit am häufigsten

verwendeten Verfahren der pränatalen Diagnostik darstellen, sowie ihre Möglichkeiten und ihre Grenzen aufzeigen. Dabei beginnen wir mit der Ultraschalldiagnostik, die jede Schwangere, wenn sie die Vorsorgetermine sorgfältig einhält, kennenlernt. Anschließend folgen die Chorion- und die Fruchtwasseruntersuchung sowie die Alpha-Fetoprotein-Analyse, die alle drei fast ausschließlich zur Diagnose von kindlichen Chromosomenstörungen, Fehlbildungen sowie angeborenen Stoffwechselstörungen eingesetzt werden.

Die Ultraschalluntersuchung

Ursprünglich wurde Ultraschall (med.: Sonographie) nur zur Überwachung der Fruchtwasserentnahme durch die Bauchdecke verwendet. In den siebziger Jahren entwickelte sich diese Technik dann zu einem eigenständigen Instrument der Schwangerschaftsüberwachung. Seit 1979 sehen die Mutterschaftsrichtlinien* zwei Ultraschalluntersuchungen jeweils zwischen der 16. und der 20. und zwischen der 32. und 36. Schwangerschaftswoche vor. Auch Österreich hat sich 1987 zu einem solchen Ultraschallscreening entschlossen (16. bis 20., 30. bis 34. Woche). Inzwischen fordern deutsche Geburtshelfer einen weiteren Screeningtermin zwischen der 8. und der 14. Schwangerschaftswoche, um zum Beispiel die Schwangerschaftsdauer genau bestimmen zu können. Derzeit werden zusätzliche Ultraschalluntersuchungen nur bei besonderer Indikation von den Krankenkassen bezahlt.

Bei der Ultraschalluntersuchung bewegt der Arzt einen sogenannten Schallkopf auf der Bauchdecke der Frau hin und her. Dieser Kopf ist Sender und Empfänger zugleich: Er sendet

* Genaue Bezeichnung: Richtlinien des Bundesausschusses der Ärzte und Krankenkassen über die ärztliche Betreuung während der Schwangerschaft und nach der Entbindung (Mutterschaftsrichtlinien). Derzeit gültige Fassung vom 10. Dezember 1985.

nicht hörbare, hochfrequente Schwallwellen aus, die vom Gewebe, nicht aber von Flüssigkeit reflektiert werden, denn Wasser hat kein Echo. Diese Echowellen treffen auf den Empfängerteil im Schallkopf, werden in einen Computer geleitet und von dort auf einem Bildschirm sichtbar gemacht. Je dichter das Gewebe, desto stärker das Echo und um so heller die Darstellung auf dem Bildschirm. Deswegen ist zum Beispiel das Skelett des Kindes sehr gut sichtbar, die Organe sowie das übrige Gewebe erscheinen als dunklere Flächen und das Fruchtwasser bleibt schwarz.

Größere Kliniken und spezialisierte Arztpraxen verwenden inzwischen auch den sogenannten vaginalen Ultraschall, der noch bessere Bilder ergibt. Nach dem derzeitigen wissenschaftlichen Kenntnisstand können Ultraschalluntersuchungen mit den eigens für die medizinische Praxis entwickelten modernen Geräten Mutter und Kind nicht schaden.

Im folgenden erfahren Sie, welche Informationen die Ärzte durch Ultraschalluntersuchungen gewinnen können:

Zwischen der 8. und 14. Schwangerschaftswoche:

- Exakte Bestimmung der bisherigen Schwangerschaftsdauer, Errechnung des Geburtstermins.
- Daten über das kindliche Wachstum als Vergleichsbasis für spätere Untersuchungen und die Diagnose möglicher Wachstumsrückstände.
- Ausschluß schwerster anatomischer Fehlbildungen.
- Diagnose von Mehrlingsschwangerschaften und damit frühzeitige Aufklärung der Frau über besondere Vorsorgemaßnahmen zur Verhinderung von Frühgeburten.*
- Abklärung möglicher Komplikationen wie Eileiterschwangerschaft.

---

* Ob die frühe Diagnose einer Mehrlingsschwangerschaft für die werdenden Eltern wirklich eine Hilfe darstellt, ist umstritten. Sie kann auch zu einer Belastung werden, vor allem dann, wenn ein Embryo doch noch abstirbt, was nicht selten vorkommt (das sogenannte Rätsel des verschwundenen Zwillings).

Zwischen der 16. und 20. Schwangerschaftswoche:

- O Bestimmung des altersgemäßen Wachstums.
- O Sicherer Ausschluß schwerer Fehlbildungen.
- O Bestimmung des voraussichtlichen Geburtstermins (wenn nicht schon früher berechnet).
- O Lage der Plazenta, Ausschluß einer Plazenta praevia.
- O Kontrolle des Gebärmutterhalses auf eventuelle Verkürzung.
- O Geschlecht des Kindes (nur nach Absprache).

Zwischen der 32. und 36. Schwangerschaftswoche:

- O Bestimmung des altersgemäßen Wachstums.
- O Überprüfung der Fruchtwassermenge.
- O Kontrolle der Herzfunktionen, Atemfrequenz und Bewegungen des Kindes.
- O Lage der Plazenta und Kontrolle der Plazentafunktion.
- O Erfassung erst spät erkennbarer Entwicklungsstörungen.
- O Kontrolle des Gebärmutterhalses auf eventuelle Verkürzung.

Für zusätzliche Ultraschalluntersuchungen wird sich der Arzt immer dann entscheiden, wenn er einen aktuellen Anlaß dafür sieht. Das können zum Beispiel Blutungen sein oder vorzeitige Wehen. Auch wenn die Mutter während der Schwangerschaft erkrankt oder einen Unfall erleidet, etwa stürzt, kann eine Ultraschallkontrolle hilfreich sein. Ultraschalluntersuchungen können sogar einen direkten therapeutischen Effekt haben: Zum Beispiel bei Frauen, die auf Alkohol oder Nikotin nicht verzichten oder sonst einem ungesunden Lebensstil frönen. Viele von ihnen stellen ihr Leben nach dem ersten »Blickkontakt« mit dem Kind radikal um. Und auch Frauen, die ihre Schwangerschaft zunächst nur schwer annehmen können, fühlen sich häufig nach einer Ultraschalluntersuchung erleichtert und entwickeln eine intensive Bindung zu ihrem Kind. Manche Frauen würden sogar am liebsten bei jedem Vorsorgetermin ihr Baby sehen. Ein reines Babyfernsehen sollte die Ultraschalluntersuchung aber schon allein aus Kostengründen nicht sein.

Einige Frauen empfinden die Ultraschallkontrolle allerdings auch als entfremdend, kalt und zu technisch. Falls es Ihnen auch so geht, sprechen Sie mit Ihrem Arzt darüber. Vielleicht hilft es Ihnen, einfach nicht auf den Monitor zu sehen. Verzichten Sie aber der Gesundheit Ihres Kindes zuliebe niemals auf notwendige Untersuchungen.

Die Chorionuntersuchung

Bei diesem Verfahren, auf das die Medizin Mitte der achtziger Jahre große Hoffnungen setzte, werden Zellen aus den sogenannten Chorionzotten entnommen und untersucht. Das Chorion ist ein Gewebekranz um den Fruchtsack, in dem sich der Embryo befindet. An seiner Außenseite befinden sich bis etwa Ende der 12. Schwangerschaftswoche zottenartige Gebilde, aus denen sich in der 14. Schwangerschaftswoche die Plazenta entwickelt. Da sich Chorion und Embryo aus der befruchteten Eizelle entwickeln, so nahm die Medizin an, müßten beide auch denselben Chromosomensatz haben. Das bedeutet: Aus der Analyse der Chromosomen in den späteren Plazentazellen läßt sich auf die Chromosomen des Kindes schließen. Inzwischen hat sich jedoch herausgestellt, daß das nicht immer der Fall ist (dazu unten mehr).

Der beste Zeitpunkt für eine Entnahme der Chorionzellen (= Chorionzotenbiopsie) liegt zwischen der 9. und der 11. Schwangerschaftswoche. Dazu gibt es zwei Möglichkeiten: Entweder werden die Zellen über die Vagina (= transvaginal) mit einer Katheterspritze abgesaugt. Oder sie werden durch die Bauchdecke (= transabdominal) per Punktion unter Ultraschallkontrolle entnommen. Anschließend werden sie sofort untersucht. Nach der Biopsie sollte sich die Frau sicherheitshalber einige Tage schonen, Bettruhe ist jedoch nicht erforderlich.

Als Vorteile der Chorionzottenbiopsie gelten:

- Das Ergebnis der Chorionzottenanalyse liegt im Gegensatz zur Fruchtwasseranalyse innerhalb von Stunden, höchstens eines Tages vor. Damit verkürzt sich die extrem belastende Wartezeit auf ein Minimum.*
- Ein eventueller Schwangerschaftsabbruch, etwa wegen einer schweren Chromosomenstörung, ist für die Frau in diesem frühen Schwangerschaftsstadium körperlich und seelisch weniger belastend als zu einem späteren Zeitpunkt.
- Der Eingriff erfordert nur eine lokale Betäubung und kann ambulant erfolgen.

  Doch leider werden diese Vorteile durch eine Reihe von Nachteilen, die sich erst im Laufe der Zeit herausstellten, zumindest zum Teil aufgewogen:
- Die Ergebnisse sind nicht immer zuverlässig. Wie uns Professor Sabine Stengel-Rutkowski, Leiterin der Genetischen Diagnostik- und Beratungsstelle des Regierungsbezirks Oberbayern in München, erläuterte, stimmt der Chromosomensatz der Plazentazellen aus dem Chorion nicht immer mit dem des Embryos überein. So kommt es vor, daß zwar in den Plazentazellen Chromosomenstörungen vorhanden sind, in den Embryozellen dagegen nicht und umgekehrt. Die Wahrscheinlichkeit dafür liegt nach derzeitigem wissenschaftlichen Kenntnisstand unter einem Prozent. Der Grund: Spontane Chromosomenveränderungen im Zuge der Zellteilung bleiben auf eine Zelle und ihre Nachkommen beschränkt. Handelt es sich zum Beispiel bei dieser »mutierten« Zelle und ihren Nachkommen um spätere Plazen-

* Bei der Chorion- wie auch bei der Fruchtwasseruntersuchung können die Genetiker auch das Geschlecht des Kindes erkennen. Dieses Ergebnis wird den Eltern gewöhnlich aber erst nach der 14. Schwangerschaftswoche auf Anfrage mitgeteilt. Damit wollen die Ärzte verhindern, daß die Eltern die Schwangerschaft abbrechen lassen, nur weil das Kind das »falsche« Geschlecht hat.

tazellen, dann hat nur die Plazenta einen veränderten Chromosomensatz, der Embryo nicht.

- Bei der transvaginalen Entnahme von Chorionzottenzellen besteht grundsätzlich wegen der normalerweise dichten Besiedlung der Vagina mit verschiedensten Keimen Infektionsgefahr, die eine sorgfältige medikamentöse Desinfektion der Vagina erfordert. Inzwischen tendiert die Medizin daher zur Bauchdeckenpunktion.
- Das Risiko von Komplikationen infolge von Chorionzottenentnahme ist noch nicht genau bekannt. Zwar haben sich Horrorzahlen von bis zu 27 Prozent Fehlgeburten inzwischen als völlig überhöht herausgestellt, statistisch eindeutige Werte lassen sich jedoch im Gegensatz zur Fruchtwasserentnahme (unter 1 Prozent) noch nicht angeben, weil die Datenanalyse noch nicht abgeschlossen ist. Nach Angaben von Stengel-Rutkowski liegt die gesamte Fehlgeburtsrate nach Chorionzottenentnahme bei etwa 5 Prozent im Vergleich zu 2,4 Prozent nach Amniozentese. Diese Zahlen enthalten jedoch auch die natürliche Fehlgeburtsrate, die im ersten Schwangerschaftsdrittel (Chorionbiopsie) höher ist als im zweiten (Amniozentese).

  Schwerer wiegt jedoch die Unsicherheit der Analyseergebnisse. So kann bei nicht eindeutigen Ergebnissen doch noch eine Fruchtwasseruntersuchung notwendig werden, was für die Eltern eine weitere Belastung bedeutet und den Zeitgewinn zumindest teilweise wieder zunichte macht. Damit bleibt die Fruchtwasseruntersuchung bis auf weiteres das klassische und bewährte Verfahren zur Diagnose von Chromosomenstörungen, so die Münchner Genetikerin.

Die Fruchtwasseruntersuchung

Der Begriff Fruchtwasseruntersuchung (= Amniozentese) ist etwas irreführend, nicht das Fruchtwasser wird in erster Linie untersucht, sondern die im Fruchtwasser schwebenden kindlichen Haut- und Schleimhautzellen. Die Fruchtwasseranalyse ist das älteste Verfahren zur vorgeburtlichen Diagnostik: Erstmals gelang 1966 der Nachweis einer Chromosomenveränderung (Down Syndrom*), 1968 der Nachweis einer genetischen Stoffwechselerkrankung aus dem Fruchtwasser. Heute ist die Amniozentese aus methodischer Sicht ein Routineeingriff.

Die Entnahme des Fruchtwassers geschieht per Bauchdeckenpunktion. Unter Ultraschallkontrolle saugt der Arzt mit einer Einmalkanüle etwa 20 Milliliter Fruchtwasser aus der Fruchtblase ab. Der Eingriff erfolgt unter örtlicher Betäubung, gewöhnlich ambulant in der Klinik oder der Arztpraxis. Danach sollte sich die Frau einige Tage schonen.

Während früher die Amniozentese erst ab Ende der 16. Schwangerschaftswoche gemacht wurde, setzt sich inzwischen die sogenannte Frühamniozentese zwischen der 13. und der 15. Woche durch. Noch frühere Untersuchungen ergaben bislang unzuverlässige oder unbrauchbare Ergebnisse, weil die Menge des Fruchtwassers noch zu gering ist. Zudem steigt mit einem früheren Entnahmezeitpunkt das Schädigungsrisiko für das Kind, da eben noch zu wenig Spielraum vorhanden ist. Im Anschluß an die Entnahme werden die kindlichen Zellen aus dem Fruchtwasser isoliert und in einer Kultur angezüchtet. Das Fruchtwasser selbst wird zur Bestimmung des Alpha-Fetoprotein-Wertes verwendet (siehe folgenden Abschnitt). Bis die Zellkultur ausgewertet werden kann, vergehen zehn bis vierzehn Tage. Erst dann haben sich die Zellen so vermehrt, daß eine Chromosomenuntersuchung möglich ist.

Als Vorteile der Amniozentese gegenüber den übrigen pränatalen Diagnoseverfahren gelten:

---

* Morbus Down, im Volksmund immer noch Mongolismus genannt, was von den Betroffenen und ihren Angehörigen wegen der Gleichsetzung mit »Idiotie« zu Recht als diskriminierend empfunden wird, ist die häufigste Chromosomenabweichung.

- Die 99,9prozentige Zuverlässigkeit der Ergebnisse (Stengel-Rutkowski).
- Die Erfassung einer größeren Zahl möglicher Chromosomenabweichungen und genetisch bedingter Erkrankungen durch gleichzeitiges AFP-Screening.
- Die relativ geringe Fehlgeburtsrate bei klassischer Amniozentese unter einem Prozent, bei früher Amniozentese ein bis zwei Prozent.

Als größter Nachteil gilt der relativ späte Diagnosezeitpunkt und damit zum einen die lange Wartezeit und zum anderen die extreme Belastung eines späten Schwangerschaftsabbruchs. Ein Schwangerschaftsabbruch im zweiten Schwangerschaftsdrittel entspricht einer eingeleiteten Frühgeburt, bei der das Kind dann stirbt. Die Frühamniozentese verlagert den Zeitpunkt der Diagnose zwar nach vorne, dennoch müssen die Eltern auch hier zehn bis vierzehn Tage auf das Untersuchungsergebnis warten.

Die Alpha-Fetoprotein-Analyse

Das Alpha-Fetoprotein (AFP) ist vermutlich das erste Eiweiß, das der embryonale Organismus produziert. AFP ist aber nicht nur in den kindlichen Zellen vorhanden, sondern gelangt auch ins Fruchtwasser und von dort über die Plazenta in das mütterliche Blut. Dabei ist die AFP-Konzentration in den kindlichen Zellen am höchsten und im mütterlichen Blut am niedrigsten. Die genaue Aufgabe des AFP im kindlichen Stoffwechsel ist noch nicht entschlüsselt. Bekannt ist aber, daß die AFP-Werte Hinweise auf Neuralrohr-Verschlußstörungen wie offener Rücken, einige genetisch bedingte Stoffwechselerkrankungen und auf Chromosomenveränderungen geben können, aber auch auf Mehrlingsschwangerschaften und beginnende Fehlgeburten.

Als Hinweis auf mögliche Neuralrohr-Verschlußstörungen

oder genetisch bedingte Erbkrankheiten gilt ein AFP-Wert, der 2,5mal über dem Durchschnittswert liegt. Liegt der AFP-Wert deutlich unter dem Normwert, kann ebenfalls eine Chromosomenveränderung vorliegen. Die Betonung liegt hier auf »kann«. Den exakten Nachweis können nur die Ultraschalluntersuchungen oder die Analyse von Chorion- oder Fruchtwasserzellen liefern. Allerdings ist die Treffsicherheit in einzelnen Bereichen sehr hoch: Die Fachliteratur nennt etwa bei den Neuralrohrfehlbildungen Erkennungsraten von bis zu 95 Prozent. Das heißt: 95 Prozent dieser Fehlbildungen werden erkannt. Das heißt aber nicht, daß praktisch jede Schwangere mit einem erhöhten AFP-Wert ein Kind mit einer Fehlbildung oder einer angeborenen Stoffwechselkrankheit erwartet. Hier kommt es darauf an, ob der AFP-Wert aus dem Fruchtwasser oder aus dem mütterlichen Blut bestimmt wurde. Im ersten Fall liegt die Befundgenauigkeit bei bis zu 70 Prozent, im zweiten Fall dagegen nur bei 2 bis 3 Prozent.

Eine Bestimmung des AFP-Wertes aus dem mütterlichen Blut erfolgt heute nur bei spezieller Indikation, denn eine routinemäßige AFP-Kontrolle bei allen Schwangeren würde wegen der großen Zahl falsch-positiver Befunde eine riesige Verunsicherung bewirken. So raten die Ärzte nur dann zu einer AFP-Kontrolle aus dem mütterlichen Blut, wenn ein begründeter Verdacht auf eine mögliche Chromosomenveränderung, Fehlbildung oder genetisch bedingte Erkrankung besteht. Liegt der Wert über oder unter dem Normwert, erfolgt eine weitere Abklärung zunächst durch eine Ultraschall- und dann durch eine Chorion- oder Fruchtwasseruntersuchung. Wurde bereits Fruchtwasser, etwa für eine Chromosomenanalyse, entnommen, bestimmen die meisten humangenetischen Zentren nach Absprache mit der Frau auch den AFP-Wert (AFP-Screening). Liegt er im Normbereich, sind abgesehen von den normalen Ultraschalluntersuchungen keine weiteren Untersuchungen notwendig.

Hier noch einmal Vor- und Nachteile der AFP-Analyse im Vergleich:

Vorteile:

- ○ Bei Bestimmung aus dem mütterlichen Blut: Entnahme selbst erfordert keinen technischen Aufwand, keine Komplikationen für die Schwangerschaft.
- ○ Bei Bestimmung aus dem Fruchtwasser: Sicheres Zusatzverfahren zur Erfassung von Neuralrohr-Verschlußstörungen.
- ○ Ergebnisse liegen schnell vor.

Nachteile:

- ○ Nur Hinweisgeber, manchmal schwierige Befundinterpretation.
- ○ Zusätzliche Untersuchungen notwendig und damit längere Wartezeit.
- ○ Bei Bestimmung aus dem mütterlichen Blut: hohe Zahl falsch-positiver Ergebnisse und damit starke Verunsicherung der Frauen.

Vorgeburtliche Diagnostik – wer entscheidet?

Auch wenn das immer mal wieder in Laien-, aber leider auch in Fachpublikationen so dargestellt wird: Eine vorgeburtliche Untersuchung auf Chromosomenabweichungen ist für Frauen über 35 Jahren keine Pflicht. Zwar weisen heute die Frauenärzte vor allem aus haftungsrechtlichen Gründen* Schwangere über 35 Jahren auf die Möglichkeit einer vorgeburtlichen Chromosomendiagnostik hin und lassen sich diese Information bisweilen auch schriftlich bestätigen.

Ob sie das Angebot wahrnimmt oder ablehnt, kann und muß die Frau immer noch selbst entscheiden.

* In einem sehr umstrittenen Urteil hat der Bundesgerichtshof 1983 ein vorinstanzliches Urteil bestätigt, wonach ein Frauenarzt für die Geburt eines Kindes mit Chromosomenstörung haftbar gemacht werden kann, wenn er eine über 35 Jahre alte Schwangere nicht auf die pränatale Chromosomendiagnostik und die Möglichkeit eines Schwangerschaftsabbruchs bei positivem Befund aufmerksam gemacht hat.

Die Altersgrenze von derzeit 35 Jahren (die Grenze wurde in den vergangenen Jahren mehrfach gesenkt) resultiert daraus, daß die Wahrscheinlichkeit einer spontanen Chromosomenabweichung tatsächlich mit dem mütterlichen Alter zunimmt. So beträgt sie beispielsweise bei den sogenannten Trisomien* bei 35jährigen Frauen 0,45 Prozent und bei 38jährigen 1 Prozent. Jenseits der 40 steigt sie relativ schnell von 1,7 Prozent auf 4 Prozent bei 44jährigen Frauen. Zeitweise wurde auch das höhere Alter des Vaters als Risikofaktor angesehen. Dies, so Stengel-Rutkowski, »hat sich jedoch bei zunehmender Genauigkeit der Analyseverfahren nicht bestätigt: Etwa 95 Prozent der Chromosomenveränderungen stammen aus der (mütterlichen) Eizelle«**.

Aber auch bei genetisch bedingten Stoffwechselstörungen wie etwa der Mukoviszidose, der Hämophilie oder der Muskeldystrophie besteht für die Eltern keinerlei Pflicht zur pränatalen Diagnostik. Die Entscheidung ist, und muß es auch immer bleiben, eine individuelle. Im allgemeinen ziehen Ärzte heute nur dann eine Chorion- oder Fruchtwasseruntersuchung oder eine AFP-Kontrolle in Betracht, wenn

- die Frau bereits über 35 Jahre alt ist oder
- bereits ein Kind mit Chromosomenstörungen geboren wurde oder
- einer der Eltern Genträger oder selbst erkrankt ist oder
- in den elterlichen Familien genetische Erkrankungen bekannt sind.

---

* Bei einer Trisomie ist ein bestimmtes Chromosom dreifach statt nur doppelt vorhanden. So liegt zum Beispiel bei der Trisomie 21 (Morbus Down) das Chromosom 21 dreimal vor.

** Als Ursache gilt zum einen die altersbedingte Ermüdung der Zellen und damit eine größere Störungsanfälligkeit. Zum anderen läßt offenbar ebenfalls altersbedingt der körpereigene Kontrollmechanismus gegenüber Chromosomenfehlbildungen nach, der in jüngerem Alter eine Fehlgeburt veranlaßt hätte.

Hinzu kommt noch die sogenannte psychologische Indikation, wenn etwa die Frau oder beide Eltern eine starke Angst vor einer möglichen Fehlbildung ihres Kindes haben und die Schwangerschaft daher seelisch als schwer belastet erleben. In einem Teil solcher Fälle kann eine vorgeburtliche Diagnostik hilfreich und meist auch entlastend sein.

Nur nach eingehender Beratung

Wer sich mit dem Gedanken trägt, eine Chorion-, Fruchtwasser- oder AFP-Analyse machen zu lassen, sollte sich immer vorher ausführlich beraten lassen. Und zwar von den eigens dafür ausgebildeten und gewöhnlich sehr erfahrenen Ärzten in den Humangenetischen Beratungsstellen, die inzwischen an fast allen Universitätskliniken eingerichtet sind.* Gar nicht so selten ergibt sich in diesen Gesprächen, daß eine ausführliche Ultraschalluntersuchung schon ausreicht, um eventuelle Risiken auszuschließen. Und wenn sich die Eltern für eine der weitergehenden Untersuchungen entscheiden, finden sie in der Beratungsstelle auch für die sehr belastende Wartezeit Hilfe und Unterstützung. Zudem finden Beratung, Fruchtwasserentnahme und Auswertung in Unikliniken unter einem Dach statt.

Keinesfalls sollten sich Frauen von ihren Ärzten ohne vorherige ausführliche Beratung zu einer vorgeburtlichen Diagnostik drängen lassen, nach dem Motto: »Das macht man heute so.« Das macht man heute eben *nicht* so. Die kommentarlose Überweisung zur Fruchtwasserentnahme an eine Klinik oder einen niedergelassenen Kollegen sollte eigentlich als Behandlungsfehler zählen. Hoffentlich nur ein Einzelfall ist die folgende Beobachtung, die wir im Rahmen unserer Recherchen (eher zufällig) machten: Ein genetisches Labor in

* In manchen Städten bieten auch kommunale Träger (Gesundheitsämter) eine genetische Beratung an.

einer süddeutschen Großstadt ließ sich die Fruchtwasserproben von den Frauen selbst oder vom Kurierdienst anliefern. War der zuständige Arzt gerade mal nicht da, prangte an der Haustür weithin sichtbar ein handgeschriebener Zettel: »Fruchtwasser bitte vor der Tür abstellen.« Wenn Ihnen solches passieren sollte: Machen Sie auf dem Absatz kehrt und wenden Sie sich an eine seriöse Diagnostik- und Beratungsstelle.

Einige offene Worte zur vorgeburtlichen Diagnostik

Um die medizinischen, vor allem aber die ethischen und moralischen Aspekte der vorgeburtlichen Fehlbildungsdiagnostik ausführlich darzustellen und zu diskutieren, haben wir in diesem Buch leider nicht genügend Platz. Zudem sind in den vergangenen Jahren zu diesem Thema einige empfehlenswerte Bücher erschienen (siehe Anhang). An dieser Stelle wollen wir daher nur die häufigsten Mißverständnisse aufklären und Sie mit einigen, zum Teil durchaus provokanten Thesen konfrontieren.

- Die allgemeine Wahrscheinlichkeit, daß ein Kind mit Chromosomenabweichungen, Fehlbildungen oder genetisch bedingten Stoffwechselstörungen geboren wird, liegt bei etwa vier Prozent.
- Weder die Chorion-, noch die Fruchtwasseruntersuchung, noch die AFP-Analyse können ein krankes Kind heilen, schwere Fehlbildungen beseitigen oder Chromosomenveränderungen zurechtrücken. Zusammen mit der Ultraschalldiagnostik können diese drei Verfahren nur nachweisen, ob bei dem Kind bestimmte Erkrankungen, Fehlbildungen oder Chromosomenveränderungen vorliegen oder nicht vorliegen.
- Chromosomenabweichungen wie etwa beim Down-Syn-

drom bedeuten lediglich eine andere genetische Ausstattung des Kindes, grundsätzlich aber keine Krankheit, keine Leiden und keine Schmerzen. Das gilt ganz besonders für Veränderungen der Geschlechtschromosomen (Turner-Syndrom, Klinefelter-Syndrom), die den Kindern von Außenstehenden oft gar nicht anzusehen sind und ihr Entwicklungspotential meist nur wenig beeinträchtigen.

- Der Schweregrad der einzelnen Chromosomenabweichung läßt sich nicht diagnostizieren. Das bedeutet: Die Genetiker können keine Prognose über die Entwicklungsmöglichkeiten des Kindes geben. So kann zum Beispiel ein Kind mit Down-Syndrom dauernder Pflege bedürfen oder aber in der Lage sein, ein weitgehend selbständiges Leben zu führen.
- Bei einigen Fehlbildungen, die aber meist schon bei den Ultraschalluntersuchungen festgestellt werden, kann nach der Geburt* die Chirurgie helfen. Auch wenn die Diagnose solcher Fehlbildungen für die Eltern zunächst einen großen Schock bedeutet, die Medizin zählt sie zu den leichteren: Dazu gehören der Klumpfuß, die häufigste Fehlbildung im Bereich der Gliedmaßen überhaupt, und die Lippen-Kiefer-Gaumen-Spalte (im Volksmund immer noch Hasenscharte genannt). Bei diesen beiden Fehlbildungen erzielt die Chirurgie inzwischen auch in kosmetischer Hinsicht exzellente Ergebnisse. Auch bei anderen Fehlbildungen, etwa im Bereich der Speiseröhre oder des Magen-Darm-Trakts, kann die Chirurgie vielen Kindern ein normales Leben ermöglichen.
- Die vorgeburtliche Diagnostik erfaßt nur etwa 100 von den heute als genetisch bedingt erkannten 3 000 (!) Störungen. Zu diesen 3 000 zählen sehr viel leichtere wie etwa die Kurz-

* In sehr seltenen Fällen können die Ärzte auch schon vor der Geburt helfen, also das Kind im Mutterleib behandeln. Dazu gehören der Blutaustausch bei Blutgruppenunverträglichkeiten, die Gabe von Herzmedikamenten direkt in die Nabelschnurarterie und das Legen eines Shunts bei Abflußstörungen der Niere oder auch bei Wassereinlagerungen im Schädel.

sichtigkeit, aber auch schwere wie die Anfälligkeit für Herz-Kreislauf-Erkrankungen oder Krebs.

- Ein Kind, das mit Fehlbildungen oder einer anderen genetischen Ausstattung geboren wird, gilt in unserer Gesellschaft als privates und leider auch zunehmend als vermeidbares Schicksal. Und das ist sicherlich ein wesentlicher Grund dafür, daß sich etwa 98 Prozent der Eltern, deren Kinder nach den Befunden der pränatalen Diagnostik mit einer Fehlbildung oder Chromosomenabweichung geboren werden würden, gegen das Kind entscheiden und die Schwangerschaft abbrechen lassen.

Nach neuesten Erkenntnissen der Genetiker hat jeder 500. Bundesbürger irgendeine Veränderung an seinen Chromosomen. Und das ist nicht ein Hinweis darauf, daß die gesamte Menschheit irgendwann krank oder behindert sein wird, sondern schlicht ein tröstliches Zeichen dafür, daß »auch die Entwicklung des Menschen noch nicht abgeschlossen ist« (Stengel-Rutkowski).

Die Angst vor der Geburt

Vor der Geburt *keine* Angst zu haben, wäre schon fast unnatürlich. Es gibt eine Menge guter Gründe, dem Ereignis mit Furcht oder zumindest Beklommenheit entgegenzusehen: Eine Geburt ist mit Sicherheit schmerzhaft, sie ist unausweichlich, sie birgt eine – wenn auch ganz geringe – Lebensgefahr für Mutter und Kind, sie ist eine der großen Grenzerfahrungen im Leben. Einige Merkmale der Geburt machen ganz einfach angst. Dazu zählt Dr. Marianne Ringler vom Institut für Tiefenpsychologie und Psychotherapie der Universität Wien: »Der eigengesetzliche, bewußt nicht beeinflußbare Ablauf der Schwangerschaft, der unausweichlich in die Geburt mündet, die Gewißheit, Schmerzen erleiden und sich in Abhängigkeit anderer begeben zu müssen. Viele Frauen schwanken zwischen diffuser, überwältigender Angst, bedrohlichen Teilbefürchtungen und heiterem Optimismus.«* Verstärkt werden diese natürlichen Ängste noch durch Erziehung (»Ich habe dich unter Schmerzen geboren, und du wirst eines Tages dasselbe erleiden!«) und weitverbreitete Horrorgeschichten über den Ablauf von Geburten, die gerade in Anwesenheit von Schwangeren genüßlich ausgebreitet werden. (»Der Arzt meinte, es sei ein Wunder, daß sie mich noch lebend aus dem Kreißsaal bekommen haben.«)

Am meisten fürchten sich Schwangere
– vor den Schmerzen,

* Ringler, Marianne/Langer, Martin: Psychologie der Geburt. In: Davies-Osterkamp, Susanne (Hg.): Psychologie und Gynäkologie, a.a.O., S. 102 f.

- vor der Gefahr für ihr eigenes Leben,
- vor der Gefahr für ihr Kind,
- vor dem Ausgeliefertsein, sei es der Krankenhausroutine, dem körperlichen Vorgang oder dem Schmerz,
- vor dem Verlust der Kontrolle über das eigene Verhalten,
- vor einem Kaiserschnitt,
- vor einem Dammschnitt und einer Zangen- oder Saugglokkengeburt,
- vor dem Aufenthalt im Krankenhaus.

Bevor wir auf diese Ängste im einzelnen eingehen, hier ein genereller Hinweis: Überlassen Sie die Auswahl der Klinik, in der Sie Ihr Kind zur Welt bringen werden, nicht dem Zufall. Denn die Frage, *wie* Sie Ihr Kind bekommen möchten, wird wesentlich von dem *wo* beeinflußt. Verläuft die ganze Schwangerschaft für Mutter und Kind normal, sollten Sie sich überlegen: Wo fühle ich mich am sichersten und am wohlsten? Macht mir Technik im Kreißsaal angst oder beruhigt sie mich? Wie wichtig ist es mir, daß ich die Umgebung schon kenne? Wie wichtig ist es mir, daß ich menschliche Zuwendung von den Ärzten und Hebammen bekomme? Oder will ich gleich nach der Entbindung nach Hause, also lieber eine ambulante Geburt? (Mehr dazu im Abschnitt über die Angst vor dem Ausgeliefertsein im Krankenhaus, Seite 125 ff.) Auf jeden Fall sollten Sie sich gründlich darüber informieren, welche Kliniken es in Ihrer erreichbaren Umgebung gibt, wie diese Kliniken ausgestattet sind, was sie bieten und welcher Ton dort herrscht. Jede geburtshilfliche Klinik oder Abteilung eines Krankenhauses, die auf sich hält, bietet Veranstaltungen zum Kennenlernen und Führungen durch den Kreißsaal an. Solche Angebote sollten Sie unbedingt kritisch nutzen. Scheuen Sie sich auch nicht, mehrere Kliniken zu prüfen, nur so bekommen Sie einen Maßstab für das, was üblich, was außergewöhnlich ist. Einen guten Überblick geben die »Wo bekomme ich mein Baby«-Hefte, von denen es Regionalausgaben für folgende Regionen gibt: Berlin, Bielefeld/Münster/Osnabrück,

Bremen/Bremerhaven/Oldenburg, Dortmund, Düsseldorf, Essen, Frankfurt, Hamburg, Hannover/Braunschweig, Köln, Mecklenburg-Vorpommern, München, Nürnberg/Würzburg, Rhein-Neckar/Saarland, Sachsen, Sachsen-Anhalt, Stuttgart, Thüringen. Zwar enthalten die Hefte eine Menge Werbung, und die allgemeinen Artikel für werdende Eltern, von der Ernährung bis zur Babypflege, sind nicht immer auf dem neuesten Stand, aber der lokale Informationsteil ist sehr wertvoll. Hier werden alle Entbindungskliniken und -stationen der Region mit ihren Leistungen aufgeführt, dazu Adressen aller Beratungsstellen, Hebammen, Vorbereitungskurse, Stillgruppen und für junge Eltern wichtigen Gruppen und Verbände. Die Hefte liegen manchmal kostenlos bei Frauenärzten, in Geschäften und Beratungsstellen aus. Wenn Sie keins bekommen haben, ist hier die Bestelladresse: Büttner Medien-Gesellschaft, Westendstraße 73, 60325 Frankfurt/Main.

Haben Sie sich die Kliniken ausgesucht, die für Sie in Frage kommen, besuchen Sie den Informationsabend und nutzen Sie die Möglichkeit der Kreißsaalbesichtigung. Achten Sie bei der Besichtigung des Kreißsaals vor allem auf folgende Dinge: Sind die Räume für jeweils eine Geburt eingerichtet? (Vor allem in den neuen Bundesländern kann es vorkommen, daß in einem Kreißsaal mehrere Frauen zugleich ihre Kinder auf die Welt bringen müssen. Das ist natürlich störend für alle Beteiligten.) Steht die Technik offensichtlich im Vordergrund? Lassen sich die Kreißbetten verstellen, und sind sie breit genug auch für den Vater, oder sehen sie eher aus wie Operationstische? Stehen Hilfsmittel zur Verfügung wie Gebärhocker, große Gymnastikbälle, Badewannen, Matratzen? Welche Atmosphäre herrscht generell?

Auch bei den Informationsabenden ist die allgemeine Atmosphäre sehr wichtig. Zwar kann gerade bei beliebten Kliniken oft keine Gemütlichkeit aufkommen, wenn hundert oder mehr werdende Eltern auf einmal erscheinen. Und ob die Äußerungen des Klinikpersonals der Wahrheit entsprechen oder nur die Klinik gut darstellen sollen, läßt sich letztlich erst nach der Entbindung endgültig feststellen. Aber es zeigt sich sehr schnell, ob die Hebammen und Ärzte, die Vorträge halten und Rede und Antwort stehen, dies entspannt und sachlich tun oder auf Fragen genervt und womöglich ironisch reagieren. Stellen Sie sich die Fragen, die für Sie besonders wichtig sind, auf einem Zettel zusammen. Hier sind ein paar Beispiele:

- Darf der Partner in jeder Phase der Geburt dabeisein?
- Darf die Frau auch andere Personen mitnehmen?
- Darf die Frau während der Eröffnungsphase herumlaufen?
- Wie oft wird sie in dieser Zeit an den Herzton-Wehen-Schreiber (CTG) angeschlossen?
- Sind Rasieren der Schamhaare und Einlauf Routine?
- Wann sehen es die Ärzte als gerechtfertigt an, die Fruchtblase zu öffnen?
- Wie ist das Verhältnis zwischen Hebammenstellen und Geburten im Jahr? (Auf eine Hebamme sollten nicht mehr als 100 Geburten kommen, sonst sind die Hebammen überlastet.)
- Wie hoch sind die Raten von Dammschnitt, Kaiserschnitt, Saugglocken- und Zangengeburten? Warum?
- Muß die Frau während der Geburt auf dem Rücken liegen, oder darf sie ihre Position frei wählen?
- Wie oft und in welchen Situationen werden Wehenmittel gegeben?
- Welche Schmerzmittel werden eingesetzt? Wie oft und wann?
- Wie ist es unmittelbar nach der Geburt: Dürfen Eltern und Baby einander ungestört kennenlernen?
- Gibt es einen Kinderarzt oder eine Neugeborenenabteilung? Wenn nicht, wohin wird das Baby gebracht, falls es ihm nicht gutgeht?
- Gibt es Rooming-in, auch in der Nacht oder nur am Tag?
- Wie wird das Stillen unterstützt?

Die Fragenliste ist natürlich nicht vollständig, und nicht jeder Frau wird jede Frage wichtig sein. Beim Lesen der folgenden Abschnitte wird Ihnen vielleicht auch noch die eine oder andere Frage wichtig werden.

Wie weh tun Wehen wirklich?

Es gibt kaum eine Art von Schmerz, um die sich so viele Mythen ranken wie um den Geburtsschmerz. Wohl der älteste Mythos stammt aus dem Alten Testament (bei der Vertreibung aus dem Paradies) und wird noch heute gern zitiert: »Und zum Weibe sprach er: Ich will dir viel Mühsal schaffen, wenn du schwanger wirst; unter Mühen sollst du Kinder gebären.« (In der Luther-Übersetzung heißt es immerhin schon »Mühen« statt Schmerzen.) Der neueste Mythos ist der der schmerzfreien Geburt. Er entstand zum einen durch zwei irreführende Buchtitel: »Mutterwerden ohne Schmerz« von Grantly Dick-Read und viele Jahre später »Schmerzfreie Geburt« von Ferdinand Lamaze. Beide Ärzte waren Revolutionäre der Geburtshilfe und entwickelten die »psychoprophylaktische Methode«, deren Grundprinzipien auch heute noch in die meisten Vorbereitungskurse mit einfließen: Durch gezielte Entspannungsübungen und Atemtechnik lernt die Schwangere, auf den Wehenschmerz nicht reflexartig mit Verkrampfung zu reagieren und den Schmerz noch zu steigern (die sogenannte »Angst-Spannung-Schmerz-Spirale«), sondern gezielt lockerzulassen. Es ging also nicht in erster Linie um eine »schmerzfreie« Geburt, sondern um eine Geburt ohne schmerzverstärkende Angst und Anspannung.

Trotzdem griffen extreme Naturapostel das Schlagwort von der schmerzfreien Geburt auf und meinten, sowohl Tiere als auch Naturvölker würden bei der Geburt keine Schmerzen spüren, schmerzhafte Wehen seien also sozusagen eine Zivilisationskrankheit. Beides ist schlichtweg falsch. Zahlreiche Forschungsarbeiten haben nachgewiesen, daß der Geburtsschmerz bei Mensch und Tier völlig normal ist. (Wie sonst wäre er auch schon im Alten Testament an so zentraler Stelle erwähnt worden?) Mehr noch, der Geburtsschmerz ist sogar notwendig. So schreibt der Schmerzforscher Meinhard Rust in seinem Buch »Schmerzempfindung bei Schwangerschaft und Geburt«: »Im Sinne einer Signal- und Warnfunktion scheint es äußerst sinnvoll, daß der Wehenschmerz sowohl den Beginn als auch das Fortschreiten der Geburt anzeigt, um Schaden von Mutter und Kind abzuwenden.«* Manche Psychologen gehen sogar so weit zu sagen, daß die intensive Schmerzerfahrung, verbunden mit der Geburt, die Bindung zum Kind verstärken könne. Hierbei scheint es sich aber nicht um einen Reflex (wie bei Tieren) zu handeln, sondern um die individuelle Erfahrung mancher Frauen. Andere berichten dagegen, daß sie in den ersten Tagen ihrem Kind die schmerzhafte Geburt noch »übelnahmen«. Schließlich löst der extreme Schmerz in der Übergangsphase, wenn also der Muttermund schon fast auf die maximalen zehn Zentimeter gedehnt ist, bei vielen Frauen eine große Wut aus, die ihnen wiederum Kraft für die Preßwehen gibt.

Aber wie weh tut nun die Geburt eigentlich? Die Antwort auf diese Frage hängt von zu vielen Faktoren ab, als daß wir sie generell beantworten könnten, zum Beispiel vom individuellen Schmerzempfinden der Frau, davon, ob es die erste, zweite oder dritte Entbindung ist, wie gut sich die Frau vorbereitet hat und ob sie sich in der Klinik wohl fühlt. Besonders schmerzhaft können zudem auch sehr langsame oder sehr schnelle Geburten sein und Entbindungen, bei denen das Kind ungünstig liegt. Ein ganz wesentlicher Vorteil des Wehenschmerzes ist, daß er langsam ansteigt. In Filmen läuft die Schwangere meist recht verklärt und völlig schmerzfrei herum, um sich dann ganz plötzlich im wilden Schrei stöhnend zu krümmen. Alles, was sie dann noch zwischen den zusammengebissenen Zäh-

* Rust, Meinhard: Schmerzempfindung bei Schwangerschaft und Geburt. Berlin 1989, S. 2.

nen hervorpressen kann, ist »Schnell! Es geht los!« Das Leben läßt den Schwangeren zum Glück viel mehr Zeit. Selbst eine Frau, bei der das Fruchtwasser im Schwall abgeht und die liegend ins Krankenhaus transportiert werden muß, hat meist noch ausreichend Zeit, sich auf den langsam wachsenden Schmerz einzustellen.

Geburtshelfer unterscheiden drei Phasen: die Eröffnungsphase, in der der Muttermund sich langsam öffnet, die Übergangsphase, wenn der Muttermund fast vollständig auf etwa zehn Zentimeter eröffnet ist und die Austreibungsphase, wenn die Mutter ihr Kind mit Hilfe der Preßwehen zur Welt bringt. Die Dauer dieser Phasen ist von Frau zu Frau sehr unterschiedlich. Meist dauert die Geburt bei Erstgebärenden etwas länger als beim zweiten, dritten oder vierten Kind. Durchschnittlich rechnet man von den ersten regelmäßigen Wehen ab mit 12 bis 18 Stunden Eröffnungsphase bei Erstgebärenden (beim zweiten Mal 6 bis 9 Stunden), etwa eine Viertelstunde Übergangsphase und zwei bis drei Stunden Preßwehen (beim zweiten Mal eine halbe bis eine Stunde). Wie gesagt, diese Zeiten sind nur Durchschnittswerte, sie können bei der einzelnen Frau ganz anders sein. Übrigens: Es ist ein Märchen, daß eine kurze Geburt auch eine leichte Geburt ist. Zwar ist eine kurze Geburt schneller vorbei, sie kann aber dafür mit besonders starken Wehen verbunden sein, und der mütterliche Körper hat nicht soviel Zeit, sich auf die Schmerzen und die Dehnung des Gewebes einzustellen. Ob schnelle oder langsame Geburt: Immer hat die Frau noch Zeit, sich gut auf die Schmerzen einzustellen, wenn sie dies vorher geübt hat. Viele Mütter berichten, wie sie erst noch Kinder in die Schule gebracht oder spannende Kapitel zu Ende gelesen haben, bevor sie überhaupt ihre Umgebung darüber informierten, daß es jetzt langsam Zeit sei. Bericht einer Mutter: »Eigentlich bin ich ein ängstlicher Typ, und Schmerzen konnte ich noch nie aushalten. Aber merkwürdig, bei beiden Geburten blieb ich völlig ruhig, als die Wehen begannen. Beim ersten Mal ging es abends los, da habe ich mich erst noch einmal ins Bett gelegt, weil die Wehen in so langem Abstand kamen. Erst als sich der Abstand auf vier Minuten verringerte, sind wir in die Klinik gefahren. Beim zweiten Kind ging es nachmittags ebenfalls ganz sanft los. Da habe ich noch meiner Familie Kalbsschnitzel gekocht, meine Tochter ins Bett gebracht – aber dann ging es auch schnell.«

Viele Frauen berichten, daß sich die Wehen anfangs etwa so anfühlen wie die Schmerzen während der Periode, nur daß sie eben langsamer ansteigen und daß die Frau zwischen den Wehen völlig schmerzfrei ist. Für andere stehen während der Wehen Rückenschmerzen im Vordergrund oder das Ziehen und Hartwerden des Bauches. Fast alle Frauen aber berichten, daß sie die Art des Wehenschmerzes schnell wieder vergessen haben – und bei der nächsten Geburt nur aufseufzend gedacht haben: »Ach ja, so war das...«

Je kräftiger die Wehen werden, desto schmerzhafter sind sie natürlich auch. Und desto schneller folgen sie auch aufeinander. In der sogenannten Zwischenphase, wenn der Muttermund fast vollständig geöffnet ist, kann der Schmerz durch die Stärke der Wehen und die vielleicht kaum mehr spürbaren Pausen dazwischen unerträglich werden. Typische Zitate von Müttern: »Ich habe alle Anwesenden laut verflucht – sogar mein Kind!« »Ich dachte, ich will hier raus, das Kind soll jemand anderes kriegen«, »Ich schwamm in einem Meer von Schmerzen.« Aber auch: »Meine Mutter und meine Schwester hatten mir gesagt: Wenn die Wehen so schlimm werden, daß du denkst, du hältst es nicht mehr aus, dann ist es bald vorbei. Denn das ist die Übergangsphase, und dann darfst du bald pressen. Diese Ankündigung hatte mir sehr geholfen, denn genauso habe ich die Geburt erlebt.« Zum Glück dauert diese Phase oft nur zehn bis fünfzehn Minuten – aber auch das ist schon schlimm genug. Ist sie überstanden, sind auch die schlimmsten Schmerzen vorbei. Natürlich sind auch die Preßwehen sehr anstrengend und nicht gerade schmerzfrei, aber gegen die Übergangsphase sind sie eine Erlösung.

Um diese Schilderung nicht zur Horrorgeschichte werden zu lassen, hier die wichtigsten Vorteile, die der Wehenschmerz gegenüber fast allen anderen Arten von Schmerz hat:

- Wehen steigen langsam an, sie überfallen die Frauen nicht plötzlich.
- Es gibt immer Pausen zwischen den Wehen, in denen die Frau keine Schmerzen hat (außer ganz zuletzt).
- Die Geburt ist immer zeitlich begrenzt, die Schmerzen werden also aufhören. (Dieser Gedanke mag sich banal anhören, kann in der Praxis aber sehr hilfreich sein.)
- Jede Wehe ist sinnvoll, sie bringt das Baby ein Stück voran auf seinem Weg.
- Zahlreiche Forschungsarbeiten haben nachgewiesen, daß die Schmerzempfindlichkeit ab der 20. Schwangerschaftswoche beständig sinkt. Ursache sind körpereigene Hormone, die Opiaten ähnlich sind. Ihre Wirkung ist um die Geburt herum am stärksten und läßt anschließend schnell nach.
- Es gibt viele gute Möglichkeiten, sich auf den Geburtsschmerz vorzubereiten. Während unsere Mütter uns meist noch ohne jegliche Vorbereitung auf die Welt brachten und noch vor zehn, fünfzehn Jahren oft nur »geturnt« wurde, gibt es heute eine große Auswahl an guten Vorbereitungskursen. Dazu mehr im nächsten Abschnitt.
- Gute Geburtshelfer lassen keine Frau mit ihren Schmerzen allein. Sie kennen viele Wege, den Schmerz zu lindern, von der Körperhaltung bis zur Massage.
- Und schließlich gibt es eine Reihe wirksamer Schmerzmittel, die extra für die verschiedenen Schmerzsituationen unter der Geburt entwickelt wurden. Dazu ebenfalls unten mehr.

Geburtsvorbereitung: das beste Schmerzmittel

Zuerst einmal: Auch wenn die Mutter sich kein bißchen auf die Geburt vorbereitet, wird sie ihr Kind mit ziemlicher Sicherheit gesund zur Welt bringen. Die Geburt ist ein natürlicher Vorgang, und die Natur hat die Frau mit den körperlichen Voraussetzungen, der Kraft und dem Mut ausgestattet, Kinder auf die Welt zu bringen. Jahrhundertelang bekamen Frauen ihre Kinder, ohne dafür vorher etwas gelernt oder geübt zu haben, und in den meisten Ländern der Welt ist das auch heute noch so. Vielleicht hatten die Frauen, die früher von Geburtsvorbereitung gar nichts wußten, sogar einen Vorteil gegenüber den modernen Geschlechtsgenossinnen: Sie mußten sich selbst und ihrem Körper vertrauen, weil es gar nichts anderes gab, auf das sie hoffen konnten. Vielen Frauen heute ist dieses natürliche Vertrauen verlorengegangen. Ein guter Vorbereitungskurs soll deshalb nicht nur Wissen vermitteln, sondern das Vertrauen der Schwangeren (und am besten auch das des werdenden Vaters) in die eigenen Kräfte und Fähigkeiten stärken.

Der Erfolg einer solchen Vorbereitung ist meßbar. Frauen, die sich sorgfältig auf die Geburt vorbereitet haben, brauchen seltener Schmerzmittel, sie entbinden schneller, und bei ihren Entbindungen kommt es seltener zu Kaiserschnitten, Dammschnitten, zum Gebrauch von Zange oder Saugglocke. (Was allerdings nicht den Eindruck erwecken soll, Frauen, die eine schwere Geburt oder einen damit verbundenen medizinischen Eingriff erlebt haben, seien selbst schuld und einfach nicht gut vorbereitet. Es gibt viele Gründe für die oben genannten Komplikationen, gute Geburtsvorbereitung ist keine Garantie für eine problemlose Geburt.)

Wie finden Sie nun den Kurs, der Ihre Bedürfnisse am besten erfüllt? Erst einmal müssen die äußeren Bedingungen stimmen. *Wo gibt es Kurse?* Geburtsvorbereitungskurse werden von verschiedenen Seiten angeboten, zum Beispiel von Kliniken, Familienbildungsstätten, manchmal von Arztpraxen und

Praxen für Krankengymnastik. Fragen Sie bei diesen Stellen nach oder bei der »Gesellschaft für Geburtsvorbereitung«, Dellestraße 5, 40627 Düsseldorf. Vielleicht können auch Ihr Frauenarzt oder junge Mütter im Bekanntenkreis eine Empfehlung geben.

Die Kursleiterin ist meistens Hebamme, aber auch Krankengymnastinnen oder Angehörige anderer Berufe können eine Zusatzausbildung zur Geburtsvorbereiterin absolvieren. Fragen Sie, welche Ausbildung und welche Erfahrung die Leiterin hat.

Mit Mann oder ohne? – Diese Frage müssen Sie sich stellen, bevor Sie einen Kurs suchen, denn dies wird auch eine der ersten Fragen der Veranstalterin sein. Auch wenn heute der gemeinsame Kursbesuch in manchen Kreisen als Beweis für eine gute Partnerschaft gilt: Überlegen Sie sich, was Sie und Ihr Partner (falls vorhanden) wirklich wollen. Natürlich ist es wunderbar, wenn auch der Mann hier ein wenig Schwangerschaft erleben kann, lernt, seine Partnerin zu unterstützen und später vorbereitet in die Geburt geht.

Aber ein Mann, der nur widerstrebend mitgeht, wird keine große Hilfe sein. (Mehr dazu im Kapitel über die Männergefühle, Seite 178 ff.) Und unter Frauen kommt oft eine wesentlich entspanntere und intimere Atmosphäre auf.

Eine geschlossene Gruppe sollte es aber auf jeden Fall sein, eine Gruppe also, bei der die Teilnehmerinnen nicht ständig wechseln. Sonst kann keine vertrauensvolle Atmosphäre entstehen. Verzichten Sie also möglichst auf das Angebot, »jederzeit in den Kurs einsteigen zu können«. Eine geschlossene Gruppe, deren Teilnehmerinnen etwa alle im selben Stadium der Schwangerschaft sind, hat zudem den Vorteil, daß sich hier oft Kontakte und Freundschaften ergeben, die über die Schwangerschaft hinaus halten.

Nicht mehr als zehn Frauen sollten an dem Kurs teilnehmen, ist es ein Paarkurs, besser noch weniger Schwangere. Sonst können die Frauen/Paare einander nicht richtig kennenlernen, und es entsteht kein vertrauensvolles Gespräch mehr.

Was kostet der Kurs? Fragen Sie lieber vorher, ob der Kurs, für den Sie sich interessieren, ganz oder teilweise von der Krankenkasse bezahlt wird. Zwölf Stunden auf Rezept sind die Regel, die Männer müssen selbst bezahlen.

Frühes Erscheinen sichert beste Plätze – dieser alte Jahrmarktspruch gilt auch hier. Niemand wird über Sie lachen, wenn Sie sich schon in den ersten Monaten der Schwangerschaft nach einem guten Kurs umsehen. Denn die besten Kurse sind bekannt und beliebt – und entsprechend schnell voll.

Und was findet nun statt in den Kursen? Die Zeit der klingenden Namen und einzig unfehlbaren Methoden ist zum Glück vorbei. Natürlich gibt es aber weiterhin Kurse, die sozusagen ein Leitthema haben, etwa Entspannung durch Yoga oder die disziplinierte Atemtechnik nach Lamaze. Viel häufiger werden aber heute Kurse angeboten, die mehrere Techniken anbieten und so der Frau ermöglichen, während der Geburt dann selbst festzustellen, was ihr am besten tut.

Solch ein Kurs steht auf vier Säulen: Entspannung, Atmen, Gymnastik und Gespräch. Es ist sehr wichtig, Entspannungstechniken zu üben, denn mit gezielter Entspannung können Sie nicht nur den Schmerz während der Wehen lindern, sondern auch zwischen den Wehen Kraft schöpfen. Das klappt im Ernstfall natürlich viel besser, wenn Ihnen die Übungen schon während der Schwangerschaft in Fleisch und Blut übergegangen sind, Sie sozusagen auf Kommando entspannen können. (Diese Entspannungsübungen sind auch eine gute Hilfe bei Schlafstörungen in den letzten Monaten.)

Die richtige Atmung hängt sehr eng mit der Entspannung zusammen. Denn wer gelernt hat, trotz Schmerz tief weiterzuatmen und nicht etwa verkrampft den Atem anzuhalten, kann schon viel besser mit Schmerzen umgehen. Gerade Mütter mit mehr als einem Kind haben uns berichtet, daß sie die gelernte tiefe Atmung sogar beim Zahnarzt erfolgreich anwenden (auch wenn sie natürlich nicht jede Spritze ersetzen kann). Die richtige Atmung ist aber auch wichtig, damit Mutter und Kind genügend Sauerstoff bekommen.

Schwangerengymnastik, früher der einzige Inhalt der Vorbereitungskurse, ist auch heute noch ein wichtiger Bestandteil. Mit gezielter, regelmäßiger Gymnastik können werdende Mütter viel für sich tun: Die Kondition wird für die anstrengende Geburt trainiert, Rücken und Beckenboden werden entlastet und gleichzeitig gestärkt. Jede Geburtsvorbereiterin kennt auch gezielte Übungen für krampfadergefährdete Beine, für Brust- und Bauchmuskeln und andere Bereiche.

Die vierte Säule des Vorbereitungskurses sind vertrauensvolle Gespräche. Die Atmosphäre sollte so sein, daß alle Teilnehmer offen Fragen stellen und sich auch untereinander austauschen können. Erfahrungsgemäß drehen sich die Gespräche nicht nur um die Geburt, sondern auch um die körperlichen und seelischen Bedürfnisse beider Eltern und des Babys während der Schwangerschaft und auch später. Ein großer Vorteil ist es natürlich, wenn die Kursleiterin als Hebamme in der Klinik arbeitet, in der Sie entbinden wollen. Denn dann kann sie viel aus der Praxis der Klinik berichten und gezielte Tips geben. Und wenn die Kursleiterin dann noch bereit ist, sich auch mal für ein persönliches Beratungsgespräch Zeit zu nehmen, sind die werdenden Mütter bei ihr wirklich gut aufgehoben. Übrigens haben sogar die gesetzlichen Krankenkassen offenbar den positiven Effekt solcher Einzelgespräche erkannt. Denn sie zahlen – was kaum eine Frau weiß – nicht nur den Vorbereitungskurs, sondern telefonische Beratungsgespräche mit einer Hebamme, in besonderen Fällen auch schon Hausbesuche vor der Geburt. Solche Gespräche sind kein Luxus, sondern ein Recht, das Sie in Anspruch nehmen sollten, wenn Sie das Bedürfnis danach haben.

Schmerzmittel: nur für Versagerinnen?

Jahrhundertelang hat man den Gebärenden – zumindest in unserem Kulturkreis – die wahrlich nur spärlichen Mittel zur Schmerzlinderung streitig gemacht, weil die Frauen damit gegen das »Gebot« verstießen, ihre Kinder mit Schmerzen auf die Welt zu bringen. Heute noch wird den Frauen ein schlechtes Gewissen eingeredet, wenn sie sich für Schmerzmittel während der Geburt entscheiden. Zum Glück ist immerhin der Trend der siebziger Jahre weitgehend vorbei, als beide Partner einander vor der Entbindung das Versprechen abnahmen, auch im schlimmsten Fall medikamentöse Schmerzlinderung abzulehnen. Trotzdem: Eine Gebärende, die ohne Schmerzmittel nicht auskommen will oder kann, sieht sich ausgesprochenen oder unausgesprochenen Vorwürfen gegenüber: Schließlich hat sie doch »schlapp gemacht« und »versagt«. Und ihrem Kind hat sie durch diesen Egoismus womöglich auch noch geschadet!

All diese Vorwürfe sind barer Unfug, selbst wenn sie aus dem Mund einer Frau kommen sollten, die selbst ihr Kind ohne Schmerzmittel zur Welt gebracht hat. Denn – wir müssen es immer wieder sagen – jede Geburt ist anders, die Schmerzen dabei sind nie vergleichbar, und nur die betroffene Frau allein kann entscheiden, ob sie diese Schmerzen mit oder ohne medikamentöse Hilfe aushalten kann. (Nach einer Umfrage der Zeitschrift ELTERN aus dem Jahre 1989 unter 13 000 Leserinnen kam nur eine von vier Frauen ohne Schmerzmittel aus!)

Schließlich ist Kinderkriegen keine olympische Disziplin, bei der es um Geschwindigkeit oder gutes Aussehen geht, sondern ein natürliches Ereignis, dessen Ziel ein gesundes, zufriedenes Kind und eine gesunde, zufriedene Mutter ist. Eine Frau, die sich wegen extremer Schmerzen für ein Schmerzmittel entscheidet, kann übrigens auch medizinisch gesehen ihrem Kind etwas Gutes tun. Denn wenn sie sich wegen der Schmerzen stark verkrampft, kann sie nicht mehr effektiv atmen. Viele Frauen geraten dann in Panik, dabei kann das Baby unter starkem Streß und womöglich unter Sauerstoffmangel leiden. Eine gezielte Schmerzmittelgabe entlastet dann nicht nur die Mutter, sondern auch das Kind, weil es über die entspanntere Mutter wieder mehr Sauerstoff bekommt.

Dies soll natürlich kein Plädoyer dafür sein, leichtfertig und wahllos bei der Geburt Schmerzmittel zu verabreichen. Sondern ein Appell, den ideologischen Ballast dieses Themas endgültig über Bord zu werfen, und jeder Frau die Entscheidung (im Rahmen der medizinischen Möglichkeiten) über die Anwendung von Schmerzmitteln selbst zu überlassen. Das geht natürlich nur, wenn frau gut informiert ist. Selbst wenn Sie eine ganz »natürliche« Geburt ohne Schmerzmittel planen, sollten Sie sich deshalb mit den verschiedenen Medikamenten beschäftigen. Wir geben hier nur einen kurzen Überblick. Sprechen Sie auf jeden Fall auch mit Ihrer Geburtsvorbereiterin, wenn Sie Fragen haben. Und erkundigen Sie sich genau (am besten schon bei der Informationsveranstaltung), welche Schmerzmittel in Ihrer Klinik angewandt werden, in welchen Situationen und wie oft das geschieht und warum die Klinik gerade diese Methode bevorzugt. Eine Randbemerkung zu den Nebenwirkungen: Vielleicht geht es Ihnen auch so wie Millionen von Bundesbürgern, die nach einem Blick auf den Beipackzettel lieber auf die Einnahme eines Medikaments verzichten. (Jedes Jahr verschreiben die Ärzte und bezahlen die Krankenkassen Medikamente im Wert von Milliarden, die aus diesem Grund unbenutzt in den Müll wandern!) Dann sollten Sie sich nicht ohne Hebamme oder Arzt über die Nebenwirkungen der Schmerzmittel informieren. Sie können Ihnen sagen, welche der verzeichneten Nebenwirkungen in der Praxis wirklich auftreten und welche nur aus juristischen Gründen, also zur Absicherung des Herstellers mit aufgeführt werden, obwohl Sie in der Praxis keine Rolle spielen. (Voraussetzung dafür ist natürlich, daß Sie nicht mit einem dieser »Ach, machen Sie sich man keine Sorgen«-Ärzte sprechen, die sich keine Zeit für ihre Patientinnen nehmen, sondern mit einem verantwortungsvollen Gynäkologen oder Anästhesisten.)

Sanfte Schmerzlinderung

Immer mehr Geburtshelfer bemühen sich darum, Schmerzen mit sanften Mitteln zu lindern. Hier die wichtigsten Methoden: *Akupunktur* wirkt nicht nur entspannend auf Seele und

Muskulatur und damit schmerzlindernd, sondern kann den Wehenschmerz auch direkt dämpfen. Zur Akupunktur werden heute gewöhnlich sterilverpackte Einmal-Stahlnadeln von 0,3 Millimetern Durchmesser genommen, die sich wie ein Haar biegen lassen. Das Setzen der Nadeln schmerzt beim Einstich, danach aber nicht mehr. Als wichtigster Akupunkturpunkt zur Beruhigung der Seele und zur Entspannung der Beckenbodenmuskulatur während der Geburt gilt ein Punkt auf der Kopfmitte in Höhe der Ohren. Der wichtigste »Schmerzpunkt« zur Dämpfung, nicht zur völligen Ausschaltung des Wehenschmerzes (auch bei Nachwehen) liegt auf der Hand in der Grube zwischen Daumen- und Zeigefingeransatz. Zwei weitere Entspannungspunkte befinden sich auf den Unterschenkeln. Bei einer Verkrampfung des Muttermundes hat sich auch eine Abart der Akupunktur, die sogenannte Reflextherapie bewährt. Dabei wird eine winzige Menge destilliertes Wasser oder Kochsalzlösung so unter die Haut gespritzt, daß kleine Quaddeln entstehen. Diese Quaddeln liegen in der oberen Lendenmuskulatur des Rückens und wirken entspannend auf den Muttermund. Die Wirkung der Akupunktur setzt gewöhnlich innerhalb weniger Minuten ein. Die Nadeln bleiben während der gesamten Geburt liegen. Geburtshelfer, die mit Akupunktur arbeiten, zum Beispiel im Kreiskrankenhaus Titisee-Neustadt, empfehlen interessierten Frauen, sich vor der Geburt schon einmal »nadeln« zu lassen, um mit diesem Heilverfahren vertraut zu werden. Akupunktur schadet dem Kind nicht.

Homöopathie und Bach-Blüten werden sowohl während der Geburt als auch zur Vorbereitung gegeben. Sie wirken nicht direkt auf den Schmerz. Während homöopathische Mittel ähnlich wie die Akupunktur die Seele beruhigen und körperliche Verspannungen lösen, stärken Bach-Blüten nur die seelische Verfassung der Frau. Beide verhindern also, daß sich die Angst-Spannung-Schmerz-Spirale entwickelt. Aus dem für Laien praktisch unüberschaubaren Sortiment homöopathischer Mittel gibt es etwa zehn, die sich in der Geburtshilfe besonders bewährt haben. Hinzu kommen einige weitere zur Vorbereitung einer leichten Geburt. Die Auswahl orientiert sich bei beiden Verfahren vor allem an der seelischen und bei der Homöopathie auch an der körperlichen Konstitution der Frau. In jedem Fall müssen naturheilkundlich gut ausgebildete Geburtshelfer die Mittel, ihre Dosis und die Einnahmezeiten bestimmen. Gerade bei homöopathischen Medikamenten besteht die Gefahr, mit einer falschen Potenz (Stärke) das genaue Gegenteil zu erreichen.

Heilpflanzen, meist als Tee, dienen vor allem der körperlichen Vorbereitung auf die Geburt. Während der Geburt werden sie nur selten gegeben. Die größte Rolle spielt der oft erwähnte Himbeerblätter-Tee zur Entspannung und Stärkung der Gebärmuttermuskulatur und des Beckenbodens. Hinzu kommen zwei, drei weitere Mittel mit ähnlicher Wirkung. Auch hier immer erst den Rat erfahrener Geburtshelfer einholen!

Übrigens können Akupunktur, Homöopathie, Bach-Blüten und Heilpflanzen auch die körperliche und seelische Erholung nach der Geburt unterstützen, zum Beispiel die Rückbildung der Gebärmutter und die Heilung des Dammschnittes beeinflussen sowie die Milchbildung fördern oder – wenn gewünscht – hemmen.

Traditionelle Medikamente gegen den Schmerz

Es gibt zwei Möglichkeiten, Schmerzen mit traditionellen Mitteln zu lindern. Entweder wird das gesamte Schmerzempfinden im Gehirn blockiert, oder es wird nur eine lokale (örtliche) Betäubung gesetzt. Zuerst die Methoden, die auf den ganzen Körper wirken:

Psychopharmaka sind Medikamente, die die Seele beeinflussen. Sie sollen Angst, Erregung und Verkrampfung lösen und damit auch den Schmerz indirekt lindern. Tatsächlich kann sich die Eröffnungsphase verkürzen, wenn die Frau durch solch ein Medikament wieder aus dem Angst-Verspannung-Schmerz-Kreislauf herausfindet. Nachteil der Psychopharmaka ist, daß sie vor allem bei reichlicher Dosierung die Frau teilnahmslos und schläfrig machen. Zudem geht das Medikament schnell aufs Kind über, so daß es auch nach der Geburt schläfrig ist, nicht richtig atmen kann und damit auch schon das Stillen schwierig werden kann. Bevor gute Geburtshelfer Psychopharmaka geben, werden sie es sicher mit liebevoller Zuwendung für die Schwangere versuchen – die hat oft den gleichen positiven Effekt, ohne Nebenwirkungen.

Opioide, zum Beispiel unter dem Namen Dolantin oder Fortral, schalten den Schmerz nicht völlig aus, sondern wirken schmerzdämpfend auf das zentrale Nervensystem und außerdem entspannend. Das Medikament wird in den Muskel, meist in die Pobacke, gespritzt und wirkt recht schnell. Es sollte allerdings ab einem gewissen Zeitpunkt vor dem Austritt des Kindes nicht mehr gegeben werden, weil es wie Psychopharmaka aufs Kind übergeht und ihm vor allem bei hoher Dosierung das Atmen schwermachen kann. Außerdem kann das Baby noch über Tage schläfrig sein. Auch viele Mütter spüren unter Opioiden solche Effekte: Zwar sind die Schmerzen gelindert, aber sie sind benebelt bis verwirrt und schlafen sogar in kurzen Wehenpausen immer wieder ein. Diese Nebenwirkung macht natürlich die aktive Mitarbeit bei der Geburt schwierig. Außerdem können Opioide den Blutdruck senken. Miriam (29), Redakteurin, berichtet: »Meine erste Entbindung fing ganz locker an, der Muttermund ging mit erträglichen Wehen sechs Zentimeter weit auf. Dann aber sprengte der Arzt die Fruchtblase, um die Sache ein wenig zu beschleunigen. Mir war das recht gewesen. Plötzlich wurden die Wehen zu stark, die Herztöne meiner Tochter schlecht, also mußte ich einen Wehenhemmer haben. Dadurch wurden die Wehen so schwach, daß sie mir schließlich einen Wehentropf gaben. ›Wehentropf oder Kaiserschnitt‹, meinte der Arzt. Schon da waren mir die Wehen unerträglich geworden. Und jetzt noch einen Tropf? Ich verlangte Dolantin und bekam es auch, obwohl es dafür eigentlich viel zu spät war. Von der schmerzlindernden Wirkung habe ich nicht mehr viel gemerkt, ich glaube, es war mehr der seelische Effekt. Ich habe keine Erinnerung mehr daran, wie Lisa herausgekommen ist, so benebelt war ich. Ihr hat das Mittel wohl nicht geschadet, denn ihr Apgar-Wert war sehr gut, und sie hat auch gleich an meiner Brust genuckelt.«

Die folgenden drei Methoden dämpfen den Schmerz nicht, sondern schalten ihn völlig aus. Sie wirken lokal, also nicht auf den ganzen Körper.

Die *Peridural-Anästhesie,* auch PDA oder Rückenmarksspritze genannt, ist heute die bekannteste Art der Schmerzbekämpfung während der Geburt, und sie macht tatsächlich so etwas wie eine »schmerzlose« Geburt möglich. Da ihre Wirkung erst langsam ansteigt und beim Einsetzen der Preßwehen möglichst schon etwas abgeflacht sein sollte, wird sie relativ früh im Geburtsverlauf eingesetzt, wenn der Muttermund sich auf etwa vier bis fünf Zentimeter geweitet hat.

So wird eine PDA gelegt: Die Frau macht sitzend oder auf der Seite liegend einen Katzenbuckel, so daß der Arzt die einzelnen Wirbel gut tasten kann. Nach der Desinfektion der Haut sticht er mit einer Kanüle zwischen den dritten und vierten oder vierten und fünften Lendenwirbel durch die Haut, das Bindegewebe und den Bandapparat, bis er den sogenannten Periduralraum erreicht hat. Dort liegen die Nerven, die für Empfindungen im Unterleib zuständig sind. Der Name »Rückenmarksspritze« ist irreführend: Das Rückenmark wird dabei nicht angetastet und kann auch nicht verletzt werden. Hat die Kanüle den Periduralraum erreicht, spritzt der Arzt eine kleine Testdosis Betäubungsmittel. Damit kann er feststellen, ob er nicht vielleicht versehentlich den dahinterliegenden Spinalraum getroffen hat. In diesem Fall würde die betäubende Wirkung sehr schnell einsetzen, da hier das Mittel direkt auf die Rückenmarksnerven wirkt. Das ist auch nicht weiter schlimm, wenn der Arzt weiß, daß er den Spinalraum getroffen hat. Er muß dann nur wesentlich geringere Mengen des Betäubungsmittels spritzen. Leider kann diese Prozedur schmerzhaft sein. Früher mußte, wenn die Wirkung nach einigen Stunden nachließ, eine neue Spritze gesetzt werden. Heute wird meist ein Katheter gelegt, der während der Geburt liegenbleibt. So kann der Arzt bei Bedarf fein dosiert Betäubungsmittel nachspritzen, ohne der Gebärenden Schmerzen zuzufügen.

Ist die PDA richtig gesetzt, tritt ihre volle Wirkung nach etwa zwanzig Minuten ein. Die Frau spürt keine Schmerzen mehr, ist dabei aber bei vollem Bewußtsein. Leider hat diese Schmerzfreiheit ihren Preis: Da bei der PDA der Blutdruck dramatisch absinken kann, was auch Gefahr für das Kind durch Sauerstoffmangel bedeutet, wird zusätzlich eine Infusion in die Armvene gelegt, die den Kreislauf stabilisiert. Außerdem wird durch die PDA der Geburtsverlauf beeinflußt: Da die Frau ja auch die Wehen nicht mehr richtig spüren kann, hat sie es schwerer, richtig mitzuarbeiten. Ein Wehentropf gehört dazu. Die Austreibungsphase dauert meist länger, und die Geburt muß häufiger mit der Zange oder der Saugglocke beendet werden. Für letzteres könnte es auch noch andere Gründe als zu schwache Preßwehen geben: Zum einen erschlafft der Beckenboden so sehr, daß er das Köpfchen nicht mehr in die beste Lage zum Herausschlüpfen führen kann. Zum anderen könnte der eine oder andere Arzt bei Verzögerungen verführt sein, etwas schneller zur Saugglocke oder Zange zu greifen, da die Frau ja ohnehin schon betäubt ist. (Eine Anmerkung zu diesen Begleiterscheinungen der PDA: Die PDA wird ja fast immer dann gesetzt, wenn die Geburt nicht mehr vorangeht, wenn also Wehentropf und Zange oder Saugglocke ohnehin öfter eingesetzt werden. In dieser Situation hat die PDA den Vorteil, daß die Frau von den unerträglichen Schmerzen entlastet wird, auch den Wehentropf eher erträgt und wieder Kraft schöpft, um mitarbeiten zu können.)

Nach der PDA klagen viele Frauen über Rückenschmerzen, die aber bald wieder vergehen. Ist statt der PDA eine Spinal-Anästhesie gelegt worden, leiden die Frauen oft hinterher unter starken Kopfschmerzen.

Aber auch für die Seele kann die PDA Nachteile haben.

Zwar genießen die Frauen die Erleichterung nach den starken Schmerzen, sie fühlen sich aber zugleich von ihrem Unterleib und damit von der Geburt abgetrennt. Wenn die PDA bis über die Preßwehen hinweg anhält, spürt die Frau auch nicht die überwältigende Kraft dieser Wehen und das Herausschlüpfen des Kindes, was viele Gebärende als lustvoll und beeindruckend empfinden. Das berichtet auch Susanne (40), die ihr erstes Kind mit PDA, das zweite ohne jegliche Betäubung zur Welt gebracht hat: »Die erste Geburt mußte eingeleitet werden, weil die Fruchtblase schon länger als einen Tag ein kleines Loch hatte und Infektionsgefahr drohte. Am Morgen bekam ich den Wehentropf, und es ging auch ganz gut. Aber mittags, als der Muttermund erst drei Zentimeter geöffnet war, habe ich es einfach nicht mehr ausgehalten und mich für eine PDA entschieden. Ich kannte diese Form von Narkose schon, weil ich eine Cerclage gebraucht hatte, die mit PDA gelegt worden war. Das Einstechen tat nicht besonders weh, und der Arzt dosierte das Mittel nur so knapp, daß ich die Wehen noch spüren konnte. Aber dem Schmerz war die Spitze genommen – so hatte ich es auch gewollt. Die Preßwehen habe ich dann aber leider nicht richtig spüren können. Ich mußte auf Kommando pressen, ein blödes Gefühl und auch nicht besonders effektiv. Beinahe wäre es dann noch eine Zangengeburt geworden. Erst bei der zweiten Entbindung merkte ich, was ich beim ersten Mal versäumt hatte: Da die Wehen spontan einsetzten, tat es nicht so weh wie beim ersten Mal. Ich brauchte keine Narkose und konnte aktiv pressen. Bis heute finde ich nicht die richtigen Worte für dieses überwältigende Erlebnis: Natürlich tat es weh, aber es war toll, spannend, ungeheuer produktiv.«

Der *Pudendusblock* ist ebenfalls eine lokal wirkende Schmerzausschaltung. Hier wird der unter der Scheidenhaut liegende Pudendusnerv betäubt, der Schmerzen und Gefühl des Dammes, der Scheide und des Beckenbodens weiterleitet. In einer Wehenpause führt der Arzt eine spezielle Kanüle mit dem Finger in die Scheide ein und injiziert links und rechts durch die Schleimhaut in den Nerv ein lokales Betäubungsmittel. Der Pudendusblock wird erst in der letzten Phase der Geburt gesetzt, um die brennenden Durchtrittsschmerzen in Scheide und Damm auszuschalten, außerdem bei großen Dammschnitten und bei Saugglocken- oder Zangengeburten. Der Pudendusblock wirkt in wenigen Minuten, seine Wirkung hält aber eine Stunde an, so daß in dieser Zeit auch noch der Dammschnitt vernäht werden kann. Der Pudendusblock hat nur geringe Nebenwirkungen: Der Preßdrang kann etwas verringert sein, und durch das plötzliche Erschlaffen der Scheidenmuskulatur kann das Kind so schnell durchtreten, daß es zu einem Dammriß kommt. Dem Kind schadet der Pudendusblock nicht.

Die *Damminfiltration* ist die geringste Form der örtlichen Betäubung. Dabei spritzt der Arzt ein Betäubungsmittel in den Damm und macht ihn so in der Austreibungsphase gefühllos. Diese Art der Betäubung wird vor allem angewandt, wenn ein »großer« Dammschnitt (siehe Seite 138 ff.) geplant ist, etwa für eine Zangengeburt. Bei einer Geburt ohne Komplikationen ist eine Betäubung des Dammes nicht nötig, denn durch den Druck des Köpfchens ist der Damm in den letzten Minuten der Geburt ohnehin weitgehend schmerzunempfindlich. Nach der Geburt wird die Damminfiltration vor allem eingesetzt, um der Frau beim Nähen eines Dammschnittes oder -risses Schmerzen zu ersparen. Es gibt noch zwei Methoden der Schmerzlinderung, auf die gute Kliniken heute verzichten: der Parazervikalblock und das Lachgas. Beim Parazervikalblock wird ein lokales Betäubungsmittel in einen knapp neben dem Muttermund liegenden Nerv gespritzt, um die Dehnung des Muttermundes weniger schmerzhaft zu machen. Bei dieser Methode besteht allerdings die Gefahr, daß der Herzschlag des Kindes dramatisch absackt. Deshalb wird diese Methode kaum noch angewendet. Auch das Lachgas ist aus der Mode gekommen. Nicht, weil es solch gefährliche Nebenwirkungen hat, sondern weil die Frauen bei stärker werdendem Schmerz zuviel Gas einatmen und dadurch passiv, verwirrt und schwindelig werden.

Diese Aufstellung zeigt es schon: Medikamentöse Schmerzerleichterung ist nicht ohne das Risiko von Nebenwirkungen möglich, zumindest bis jetzt nicht. Dies ist ein weiterer Grund, weswegen Sie sich das Krankenhaus, in dem Sie Ihr Kind bekommen wollen, sehr sorgfältig aussuchen sollten. Denn dort sollten Ärzte arbeiten, die der Gebärenden nicht gewohnheitsmäßig Schmerzmittel aufdrängen, womöglich um ihre Ruhe zu haben. Die Möglichkeit aber, nach Schmerzmitteln selbst zu verlangen, sollte die Frau immer haben. Denn mit dieser Freiheit kann sie sich oft schon so entspannen, daß Schmerzmittel von selbst überflüssig sind.

Zum Teufel mit den Horrorstories!

Nun besuchen Sie einen guten Kurs, und vielleicht haben Sie auch schon die Klinik gefunden, die zu Ihren Bedürfnissen paßt. Was können Sie sonst noch tun, um mit der Angst vor dem Geburtsschmerz besser umzugehen?

- Nehmen Sie sich die Zeit, Ihre Angst besser kennenzulernen, indem Sie sich fragen: Wovor genau habe ich Angst? Können diese gefürchteten Situationen wirklich eintreten? Und was könnte mir dann helfen? Scheuen Sie sich nicht, im Vorbereitungskurs die Fragen zu stellen, die Sie bewegen. Für eine gute Geburtsvorbereiterin gibt es keine dummen Fragen, und Sie können sicher sein, daß es in jedem Kurs Frauen gibt, die Ihre Ängste teilen.
- Nutzen Sie die Zeit bis zur Entbindung, um sich Ihren eigenen Umgang mit Schmerzen bewußtzumachen. Natürlich sind Rückenschmerzen, ein geklemmter Finger oder pochende Kopfschmerzen nicht mit dem Wehenschmerz vergleichbar. Aber in diesen Situationen können Sie feststellen, wie Sie reagieren: Beißen Sie die Zähne zusammen? Möchten Sie am liebsten gleich eine Tablette nehmen? Oder verkriechen Sie sich lieber ins Bett? Dazu die Diplom-Psycho-

login und Geburtsvorbereiterin Ulrike Hauffe: »Wenn Frauen im Vorbereitungskurs die Angst vor den Schmerzen ansprechen, dann frage ich zurück: Welche Schmerzen hattest du bisher, und wie bist du mit ihnen umgegangen? Und wenn dann eine sagt: ›Da werfe ich immer Pillen ein‹, dann akzeptiere ich, daß dies jetzt ihr Lösungsmittel für diese Situationen ist. Ich werde dieses Verhalten in der Schwangerschaft nicht aufbrechen, ich kann sie nur neugierig machen auf ihre körperlichen und seelischen Fähigkeiten der Schmerzbewältigung. Aber es ist wahrscheinlich, daß diese Frau auch während der Geburt Medikamente verlangen wird.« Vielleicht ist es aber auch möglich, den eigenen Umgang mit Schmerzen nicht nur kennenzulernen, sondern zu verändern: Versuchen Sie in der nächsten Schmerzsituation, sich nicht zu verkrampfen, sondern zu entspannen und den Schmerz anzunehmen. Das klappt natürlich nicht auf Anhieb und nicht in jeder Situation, aber auch kleine Erfolge sind allemal besser als gewohnheitsmäßiges Verkrampfen.

○ Und lassen Sie sich nicht von Horrorstories irremachen! Wahrscheinlich werden überdramatische Geschichten erzählt, seit die Menschen sprechen können. Natürlich gibt es ab und zu auch dramatische Geburten, viel häufiger aber sind fürchterlich aufgebauschte Geschichten. Irmtraut Borgert-Nicks, Hebamme in Hamburg: »Die schlimmsten Geburtsberichte, die ich in meinem Leben je gehört habe (gesehen habe ich so etwas nie!), stammten von Müttern auf Spielplätzen. Eine Geschichte war blutrünstiger als die andere, und ich dachte mir immer nur: Komisch, daß du so etwas in der Praxis nie siehst!« Zum Glück, so Irmtraut Borgert-Nicks, können gerade Erstgebärende ihre Ohren oft sehr gut vor allem Negativen verschließen. Wenn nicht, hilft nur Sachlichkeit und trockener Humor, wie bei Sabine (28), Krankenschwester: »Solche Horrorgeschichten machen mir keine angst. Ich denke mir: Es ist ganz schlimm, es tut fürchterlich weh, es dauert wahnsinnig lange, aber am Ende ist es doch positiv! Beim Blutabnehmen macht der eine ein großes Drama draus, der andere bleibt ganz gelassen. So wird es mit der Geburt auch sein.«

Auch Irmtraut Borgert-Nicks plädiert für Sachlichkeit als bestes Mittel gegen Horrorstories: »Erst mal weise ich darauf hin, daß es viele Möglichkeiten gibt, die Geburt zu erleichtern, und daß in der Klinik erfahrene Profis der Frau zur Seite stehen. Und dann versuche ich immer, mir genaue Zitate aus diesen Horrorstories sagen zu lassen. Oft kommt dann nämlich heraus, daß es so nicht gewesen sein kann! Ein typischer Satz ist zum Beispiel: ›Ich habe acht Stunden Wehen gehabt – ohne eine Minute Pause!‹ Und wenn ich dann frage: ›Wie ging es denn dem Kind danach?‹, höre ich: ›Dem ging es prächtig.‹ Da kann ich als Hebamme nur sagen: Das ist nicht möglich. Denn bei solch einem Geburtsverlauf hätte auch das Kind keine Pause gehabt. Und dann hätte es ihm nicht so gut gehen können.«

Schließlich sollten Sie sich die Verbreiterinnen von Schauergeschichten genau ansehen. Weshalb braucht diese Frau so etwas? Muß sie sich selbst durch die angebliche Heldentat und Lebensgefahr aufwerten? Oder weidet sie sich am Schrecken anderer? Oder ist sie nur in dem Irrtum befangen, ein Geburtsbericht habe besonders dramatisch zu sein?

Bin ich da nicht hilflos ausgeliefert?

Die Angst davor, ausgeliefert zu sein, sitzt bei vielen Frauen genauso tief wie die Angst vor dem Geburtsschmerz. Ausgeliefert den Ärzten, dem Verlauf der Geburt, die sich nicht anhalten läßt und der Krankenhaus-Routine, mit der viele Menschen schon schlechte Erfahrungen gemacht haben. Typische Zitate von Schwangeren, mit denen wir sprachen:

»Ich hasse Ärzte und ihr Experten-Gehabe. Und denen soll ich mich ausliefern, ausgerechnet bei der Geburt meines Kindes?« »Schon wenn ich ein Krankenhaus nur als Besucherin betrete, wird mir ganz schwummerig. Wie soll ich denn bei der Geburt noch sagen, was ich will?«

»Ich finde diese Vorstellung so furchtbar: Wenn die Wehen erst angefangen haben, kann ich die Geburt nicht mehr aufhalten. Meine Mutter hat mir immer erzählt, wie sie bei den Entbindungen gerufen habe: Halt, wartet doch erst mal! Wenn ich nun in den Schmerzen auch so untergehe?«

»Bei meiner Hochzeit und bei wichtigen Prüfungen habe ich bis jetzt immer gedacht: Wenn's zu schlimm wird, gehe ich einfach raus. Aber das geht ja nicht bei der Geburt!«

Diese Ängste sind nicht nur typisch, sondern auch berechtigt. Denn eine Geburt läßt sich nun einmal nicht mehr aufhalten. Und während der Entbindung ist die Frau zumindest zeitweise auf die Hilfe ihrer Umgebung angewiesen, oder – negativer gesagt – sie ist ihr ausgeliefert.

Jede Frau hat zwei Möglichkeiten, diesen Ängsten wirksam zu begegnen. Zum einen sollten Sie sich sorgfältig auf die Situationen vorbereiten, die Ihnen angst machen. Durch gute Geburtsvorbereitung können Sie lernen, zwar nicht die Geburt an sich, aber doch ihren Verlauf etwas zu beeinflussen. Wenn Sie wissen, was bei einer Geburt passiert und welche Möglichkeiten Sie haben, in den verschiedenen Phasen günstig zu reagieren, können Sie diesem Gefühl des Ausgeliefertseins die Spitze nehmen. Dasselbe gilt für die Schmerzen. Wenn Sie vor allem Angst davor haben, sich den Ärzten oder der Krankenhausroutine auszuliefern, sollten Sie sich das Krankenhaus nicht nur sorgfältig aussuchen, sondern sich mit ihm auch möglichst schon vertraut machen. Dazu die Hebamme Irmtraut Borgert-Nicks: »Frauen, die große Angst vorm Krankenhaus haben, sollten die Möglichkeit nutzen, den Vorbereitungskurs dort zu besuchen – wenn er gut ist. Bei Anmeldungen für meinen Kurs sagen die Frauen oft: ›Was, Sie machen den Kurs im Krankenhaus? Nein, das ist mir dann doch zu nah am Kreißsaal.‹ Ich sage ihnen dann, daß gerade dies der beste Weg ist, mit dem Krankenhaus vertraut zu werden. Der nächste Schritt ist eine ausführliche Kreißsaalbesichtigung, die ja jede gute Klinik anbietet. Und wenn sich die Angst vor der Klinik allein mit Gesprächen nicht abbauen läßt, sollte die betreffende Frau einmal mit einer Hebamme zusammen eine Stunde in einem (leeren) Kreißsaal verbringen. Das ist nicht etwa affig oder übertrieben, sondern eine gute Möglichkeit, große Angst abzubauen. Ich habe so etwas auch einmal für einen blinden, werdenden Vater gemacht. Er hatte mir gesagt: ›Ich habe so viele Ängste, weil ja ich sonst immer von meiner Frau geführt werde. Ich möchte wenigstens ein Stück Sicherheit dadurch bekommen, daß ich weiß, wie sich die Geräusche im Kreißsaal anhören, wo die Notklingel ist und wo die Toiletten sind.‹ Das wird ernst genommen, weil der Mann eine körperliche Behinderung hat. Aber wenn eine Frau weiß, daß sie Panik bekommt, sobald die Kreißsaaltür aufgeht, dann ist das doch genauso wichtig!«

Ein anderer praktischer Tip: Nehmen Sie sich auf jeden Fall eine Begleitperson mit ins Krankenhaus, die in schwierigen Situationen für Sie sprechen kann. Falls Ihr Partner das nicht sein kann oder will, bitten Sie eine vertraute Freundin oder Verwandte darum. Falls Sie niemanden in Ihrem Bekanntenkreis fragen möchten, erkundigen Sie sich in der Klinik: Manche Krankenhäuser haben Psychologinnen oder Hebammenschülerinnen, die diese Aufgabe gerne übernehmen. Und manchmal kann es sogar richtig sein, beide, den Partner und eine Freundin, mitzunehmen (vorausgesetzt, die beiden verstehen sich gut). Dann nämlich, wenn auch der Mann wahrscheinlich so mit der Entbindung beschäftigt ist, daß er nicht den Überblick über das Geschehen der Entbindung behalten kann.

Wenn Sie besondere Sorge haben, sich unbekannten Ärzten und Hebammen auszuliefern, gibt es manchmal auch die Möglichkeit, mit dem eigenen Arzt und der eigenen Hebamme in ein Krankenhaus zu gehen. Häufiger findet man Ärzte, die Belegbetten in Kliniken haben und dann ihre Patientinnen dort entbinden. Seltener gibt es Kliniken, die erlauben, daß eine freie Hebamme eine Frau zur Entbindung begleitet. (Fragen Sie in der Klinik Ihrer Wahl nach, wenn Sie eine Hebamme mitnehmen möchten. Adressen von Hebammen erfahren Sie beim Gesundheitsamt und beim Bund Deutscher Hebammen, Postfach 1724, 76006 Karlsruhe). Beide Modelle haben Haken: Wenn der Arzt etwa gerade nicht zu erreichen ist oder die Hebamme mit einer anderen Entbindung beschäftigt ist, finden Sie sich unvorbereitet in einer Situation wieder, die Sie ja gerade vermeiden wollten: Sie kennen Ihre Entbindungshelfer nicht. Schließlich können Sie noch Ihr Selbstbewußtsein trainieren, indem Sie vorher in Gedanken oder mit einem anderen Menschen üben, sich in fremder Umgebung durchzusetzen, wenn es notwendig ist. Stellen Sie sich vor, Sie sind im Krankenhaus und folgendes passiert: (Nehmen Sie eine Vorstellung, die Ihnen angst macht.) So können Sie sich jetzt durchsetzen: (Probieren Sie im Gespräch mehrere Möglichkeiten, bis Sie sich sicherer fühlen.)

Schließlich gibt es auch eine Gruppe von Frauen, die besondere Angst davor hat, an einen männlichen Arzt zu geraten. Meist sind es Frauen, denen schon einmal von einem Mann Gewalt angetan wurde. Sei es, daß sie sexuell mißbraucht oder von einem Mann geschlagen wurden. Wenn dies bei Ihnen der Fall ist, dann scheuen Sie sich nicht, in den Kliniken nachzufragen, ob Sie auf Wunsch von einer Ärztin behandelt werden. In einer modernen Klinik sollte der Frauenanteil hoch genug sein, daß dieser Wunsch erfüllbar ist.

Und wie steht es mit der Hausgeburt? Ist es nicht ideal, um Ängste vor unbekanntem Klinikpersonal von vorneherein zu vermeiden? Das Thema Hausgeburt ist weltanschaulich sehr belastet. Sowohl für die Klinik- als auch für die Hausgeburt sprechen gute Gründe. Wir möchten in diesem Buch nicht diese weitläufige Auseinandersetzung wiederholen. Nur soviel: Wir beide halten aufgrund unserer langjährigen Recherchen zum Thema Schwangerschaft und Geburt und aufgrund eigener Erfahrungen (die eine hat zwei spontane Geburten, die andere zwei Kaiserschnitte erlebt) von der Hausgeburt nichts, weil die schönste häusliche Atmosphäre das Risiko eines plötzlichen Sauerstoffmangels beim Kind nicht aufwiegen kann. Im übrigen muß für eine Hausgeburt die Schwangerschaft komplikationslos verlaufen sein, und es dürfen keine Risikofaktoren vorliegen. Selbst kurz vor der Entbindung oder auch währenddessen kann es sein, daß auch von der Hausgeburt überzeugte Ärzte und Hebammen der Frau raten, doch lieber in eine Klinik zu gehen. (Immerhin kommt es auch nach völlig normalen Schwangerschaften bei jeder siebten Geburt zu Komplikationen! Vier von hundert Geburten, die völlig komplikationslos beginnen, enden mit einem Kaiserschnitt, fünf weitere mit Saugglocke oder Zange. Fünf von hundert Kindern, deren Geburt völlig normal beginnt, müssen sofort nach der Entbindung auf eine neonatologische Station gebracht werden.) Aus diesen Gründen, und weil Angst vor den Alternativen immer ein gefährlicher Grund ist, etwas zu tun, sollte allein die Angst vor dem Krankenhaus kein Anlaß sein, eine Hausgeburt zu wählen.

Anders steht es mit der ambulanten Geburt, der Möglichkeit also, gleich nach der Entbindung wieder nach Hause zu gehen. Dieses Modell wird immer beliebter und verbindet die medizinische Sicherheit der Geburt in der Klinik mit der entspannten Atmosphäre der häuslichen Umgebung. Wenn für Sie Wochenbett in der Klinik mehr Streß als Erholung bedeutet, sollten Sie sich nach der Möglichkeit erkundigen, in der Klinik Ihrer Wahl ambulant zu entbinden. Voraussetzung für solch eine frühe Entlassung ist allerdings von der Klinik her, daß es Ihnen und dem Baby rundherum gutgeht. Und Sie sollten sich schon frühzeitig um eine Hebamme bemühen, die die Wochenbettbetreuung übernimmt. Und nicht nur das. Gerade Frauen, die ihr erstes Kind bekommen, ist kaum klar, wie anstrengend die ersten Tage und Wochen sind. Sie brauchen deshalb unbedingt einen weiteren Menschen, der Sie versorgt, sei es Ihr Partner, jemand anderes aus der Familie oder eine Haushaltshilfe, die unter bestimmten Umständen von der Krankenkasse bezahlt wird (vorher erkundigen!).

Die zweite und genauso wichtige Möglichkeit, der Angst vor dem Ausgeliefertsein zu begegnen, ist die Bereitschaft, sich hinzugeben. Nehmen wir als Vergleich eine Flugreise: Ein flugängstlicher Mensch wird mit allen Mitteln versuchen, die Kontrolle zu behalten. Dabei verkrampft er sich stark und fühlt sich unwohl. Aber sein Bemühen ist sinnlos: Es hängt nicht im geringsten von seinem angstvollen Horchen nach unbekannten Geräuschen, von seinen konzentrierten Gedanken, nicht abzustürzen, ab, ob das Flugzeug heil ankommt. Viel wohler würde er sich fühlen, könnte er das Ausgeliefertsein an das Können des Piloten positiv sehen: Der Pilot hat die Ausbildung und die Erfahrung, das Flugzeug sicher zum Ziel zu bringen. Ich kann nichts dazu tun, aber ich brauche es auch gar nicht. Ich kann mich zurücklehnen und mich tragen lassen. Bei der Geburt ist es genauso sinnlos, immer die Kontrolle behalten zu wollen, sich nicht dem Geschehen auszuliefern. Der Körper hat wie der Pilot alles, um sicher und gut ans Ziel zu kommen. Und so, wie der Pilot selbstverständlich die Hilfe von Fluglotsen in Anspruch nimmt, können Sie sich den Geburtshelfern anvertrauen.

Schließlich, so Irmtraut Borgert-Nicks, können wir ganz dankbar dafür sein, daß sich die Geburt von selbst steuert. Denn hätten wir die Wahl, wann und wie lange wir gebären wollten, dann würde es vielleicht nie losgehen. Oder wir würden jeden Dienstag abend eine halbe Stunde Geburtsarbeit ansetzen – und dann doch nicht hingehen …

»Nun nehmen Sie sich aber mal zusammen!«

Diesen Satz fürchten viele Schwangere, rührt er doch an die weitverbreitete Angst, während der Geburt die Beherrschung zu verlieren. Und was fürchten die Frauen am meisten? Daß sie schreien, um sich schlagen, unflätig schimpfen und Darm und Blase entleeren könnten. Um es kurz zu machen: Dies alles kommt oft vor, und nichts davon wird einen Geburtshelfer überraschen. Im Gegenteil: An der Art und dem Verlauf, wie die Frau stöhnt, wie sie schimpft oder vielleicht »Ich will nicht mehr« ruft, können sie Schlüsse über den Verlauf der Geburt ziehen, können besser beurteilen, wie lang und wie schmerzhaft die Wehen werden und ob die kritische Übergangsphase schon erreicht ist. Eine gute Hebamme, ein guter Arzt wird einer Gebärenden nie sagen, sie solle sich »zusammennehmen«. In diesem Wort steckt schon, wie widersinnig das wäre: Nur wenn die Frau sich öffnet, nicht sich zusammennimmt, kann das Kind kommen. Deshalb kann es auch sinnvoll sein, eine Frau zum lauten Stöhnen oder Schreien sogar zu ermutigen. Dazu die Hebamme Irmtraut Borgert-Nicks: »Viele Frauen äußern Angst davor, die Kontrolle zu verlieren. Hinterher empfinden sie es oft ganz anders. Sie berichten dann stolz: ›Ich habe gestöhnt wie noch nie in meinem Leben.‹ Oder: ›Ich war ganz neben mir, hatte keine Kontrolle mehr über mich.‹ Das Beglückende daran ist wohl, sich ganz loslassen zu können. Und nur so kann sie ja auch das Kind loslassen. Deshalb ermutige ich die Frauen, ihre emotionale Straffheit ein wenig fallenzulassen.«

Noch ein Wort zu der Befürchtung, Darm und Blase zu entleeren: Dies geschieht selten, weil die Wehen oft mit einer Art leichtem Durchfall beginnen und der Darm ohnehin leer ist. Wenn Sie meinen, sich dadurch besser zu fühlen, können Sie sich auch einen Einlauf geben lassen. Er sollte in einer guten Klinik keine Routine sein, die Möglichkeit ist aber sicher vorhanden. Denn ein Einlauf wirkt auch wehenfördernd. Wenn sich während der Untersuchung herausstellt, daß der Darm gefüllt ist, wird die Hebamme zu einem Einlauf raten, denn dann wird der Kot mit Sicherheit während der Preßwehen mit hinausgepreßt. Außerdem hat das Kind mehr Platz, wenn der Darm leer ist. Sollte in der Preßphase doch noch etwas kommen, dann ist das ein völlig natürlicher Vorgang, der den Geburtshelfern nicht wichtig ist. Und wahrscheinlich sind Sie dann viel zu sehr mit der Geburt beschäftigt, als daß Sie es überhaupt merken.

Wie gefährlich ist die Geburt?

»Ich habe mich schon immer mehr als andere Menschen mit dem Tod beschäftigt. Und ich habe auch Angst vor dem Sterben. Kurz vor meiner zweiten Entbindung wurde diese Angst dann ganz stark in mir. Ich konnte mir gut vorstellen, daß ich Andreas, meinen Sohn, nie wiedersehen würde, weil es mir fast sicher schien, daß ich bei der zweiten Entbindung sterbe. Einige Stunden vor Beginn der Wehen habe ich sozusagen mein Testament gemacht – damit er eines Tages noch persönliche Worte von seiner Mutter hat... Und obwohl die zweite Entbindung schnell und ohne jede Komplikation verlief, beschleicht mich jetzt, in der dritten Schwangerschaft, schon wieder der Gedanke, daß mir etwas bei der Geburt passieren könnte. Ich merke das vor allem an meinen Träumen: Schon dreimal habe ich vom Krieg geträumt, in dem Kinder ihre Mutter verlieren.« Susanne (33), Juristin.

Die Angst vor dem eigenen Tod ist unter Schwangeren häufiger als angenommen. Sie wird nur nicht oft geäußert, weil den betroffenen Frauen diese Sorge egoistisch oder übertrieben scheint. Zum Glück liegen auch Geburt und Tod heute nicht mehr so dicht beieinander wie in vergangenen Zeiten, als es öfter vorkam, daß eine Frau während der Geburt verblutete oder hinterher am Kindbettfieber starb. Die Statistik zeigt es: Während der Schwangerschaft und Geburt oder an ihren Folgen sterben heute etwa acht von 100 000 Frauen. Auch bei den Kindern ist die Sterblichkeit in den letzten Jahrzehnten enorm zurückgegangen: Heute sterben nur noch sechs von 1000 Kindern kurz vor, während oder bis zu sieben Tage nach der Geburt. (Berechnet nach Angaben des Statistischen Bundesamtes für das Jahr 1990, alte und neue Bundesländer).

Wohlgemerkt: In diesen Zahlen sind auch alle Mütter mitgerechnet, die hohe Risiken tragen und/oder die Vorsorgeuntersuchungen nicht in Anspruch nehmen. Würden nur die Frauen gezählt, die medizinisch und psychologisch gut versorgt sind, wären die Zahlen noch um einiges niedriger. Daß die Geburt heute so sicher ist, hat verschiedene Gründe:

- Der Gesundheitszustand der Schwangeren ist heute besser als je zuvor. Sie sind gut ernährt, weshalb es bei uns zum Beispiel keine Komplikationen während der Geburt gibt, die durch rachitisch verformte Beckenknochen der Mutter entstehen. Mütter von heute sind außerdem meist körperlich fit.
- Da die Geburtsvorbereitung inzwischen fast selbstverständlich ist, sind die Mütter auch seelisch und körperlich besser auf die Geburt vorbereitet.
- Und außerdem können Schwangerschaft und Geburt heute medizinisch perfekt überwacht werden. Kaiserschnitte, die heute kaum noch riskant sind, retten das Leben von Müttern und Kindern, die früher dem sicheren Tod ausgeliefert gewesen wären. Dazu der Direktor der Würzburger Universitäts-Frauenklinik, Prof. Dr. Karl-Heinrich Wulf im Deutschen Ärzteblatt: »Unsere Kreißsäle sind von ihrer personellen Besetzung und ihrer technischen Ausrüstung her mit Intensivüberwachungseinheiten vergleichbar.«*

Und genau hier liegt der Konflikt. Denn immer mehr Frauenärztinnen, -ärzte und Hebammen nehmen an, daß die Frauen durch die intensive medizinische Überwachung und die vielen technischen Möglichkeiten das Gefühl dafür verlieren (oder gar nicht erst entwickeln), ob es dem Kind im Bauch und ihnen selbst eigentlich gutgeht. Es hängt natürlich sehr vom Körpergefühl und Selbstbewußtsein der einzelnen Schwangeren ab, ob das technische Angebot im Kreißsaal sie eher sicher oder eher unsicher macht.

Hier erst einmal ein Überblick über die Untersuchungen, die vor und während der Entbindung möglich (und üblich)

* Wulf, Karl-Heinrich: Geburtshilfe im Wandel. In: Deutsches Ärzteblatt 85, Heft 47, 24. November 1988, S. A 3345.

sind: Die erste Untersuchung, wenn eine Frau zur Entbindung kommt, hat mit Technik nichts zu tun: Die Hebamme prüft durch Tasten, wie weit der Muttermund geöffnet ist, ob und wo sie das Köpfchen des Kindes tasten kann. Diese Untersuchungen werden Arzt und Hebamme während der Entbindung öfter wiederholen. Eventuell wird die Lage des Kindes auch per Ultraschall kontrolliert. Danach wird ein CTG angelegt – es ersetzt heute in den meisten Fällen das hölzerne Hörrohr der Hebammen. CTG ist die Abkürzung für Cardiotokograph, was übersetzt Herzton-Wehen-Schreiber heißt. Das CTG mißt die Herztöne des Babys und die Wehen der Mutter per Mikrophon und Fühler, die mit einem Gurt oder Netzverband am Bauch der Mutter befestigt werden. Feine Nadeln notieren die Meßergebnisse auf langen Papierstreifen. Aus diesen Herzton- und Wehenkurven sind Aufschlüsse darüber möglich, wie stark die Wehen sind und ob sie regelmäßig kommen. Viel wichtiger ist aber, daß das CTG mißt, wie es dem Baby geht. Denn es macht sichtbar, ob der Herzschlag des Kindes im normalen Bereich bleibt oder ob er zum Beispiel während der Wehen zu niedrig wird. Der Herzschlag des Kindes ist so wichtig, weil Arzt und Hebamme an ihm erkennen können, ob das Baby ausreichend mit Sauerstoff versorgt wird. (Sauerstoffmangel ist die größte Gefahr, die einem gesunden Kind während der Geburt drohen kann, weil extremer Sauerstoffmangel zu bleibenden Schäden führt.) Mit einem Lautsprecher können die Herztöne auch so verstärkt werden, daß sie im Raum zu hören sind. Wie lange und wie oft das CTG angelegt wird, hängt vom Stil der Klinik ab und davon, ob dem Kind Gefahr drohen könnte. Ein Dauer-CTG ist nur gerechtfertigt, wenn es echte Risikofaktoren gibt. Ansonsten reicht es, die Herztöne in regelmäßigen Abständen zu überprüfen, etwa alle Stunde. Das CTG ist von allen medizinisch-technischen Überwachungsmaßnahmen die wichtigste und die häufigste. Trotzdem werden sich gute Geburtshelfer nie allein auf die CTG-Werte verlassen. Denn es kann vorkommen, daß die Frau ihre Wehen viel stärker spürt, als sie vom CTG aufgezeichnet werden. Und es kann auch passieren, daß das CTG schon Alarm schlägt, weil die Herztöne des Babys nicht in Ordnung zu sein scheinen, es dem Baby aber noch gar nicht so schlecht geht. Um auf solch einen Alarm nicht gleich mit Kaiserschnitt reagieren zu müssen, wurde die *Micro-Blutuntersuchung* entwickelt. Hierfür wird durch die Scheide (möglichst zwischen zwei Wehen) vom Kopf des Kindes etwas Blut abgenommen und in Sekundenschnelle auf seinen Sauerstoffgehalt untersucht. Für die Micro-Blutuntersuchung muß die Fruchtblase allerdings schon geöffnet sein. Das gilt auch für die *interne Messung der kindlichen Herzfrequenz*. Dabei wird eine winzige Elektrode (»Kopfschwarten-Elektrode«) in der zarten Kopfhaut des Babys befestigt. Mit ihr werden die Herztöne direkt und nicht durch die Bauchhaut der Mutter gemessen. Diese interne Ableitung ist zwar sehr genau und hat in riskanten Situationen ihren Sinn, wegen ihrer Nachteile sollte sie aber nicht routinemäßig angewandt werden: Die Kopfhaut des Babys muß minimal verletzt werden. Das ist zwar nicht gefährlich, aber sicher auch nicht angenehm fürs Kind. Die Mutter ist durch das Kabel sozusagen angebunden. Und vor allem muß die Fruchtblase dafür meist gesprengt werden. Das tut zwar Mutter und Kind nicht weh, greift aber oft enorm in den Geburtsverlauf ein. Denn mit der intakten Fruchtblase fällt das schützende Wasserpolster weg, das zwischen Köpfchen und Muttermund liegt. Fast immer werden die Wehen schlagartig stärker, manchmal zu stark. Der Babykopf ist in einem frühen Stadium der Geburt schon einem starken Druck ausgesetzt. Und es kann passieren, daß der Kopf sich ohne das Fruchtwasser nicht richtig in die Geburtsposition drehen kann. Dadurch wird die Geburt erschwert, manchmal schafft das Baby das letzte Stück nur mit Saugglocke oder Zange. Seltener als die interne Ableitung der kindlichen Herztöne werden die Wehen mit einem Wehenmesser in der Gebärmutter gemessen. Auch dafür muß die Fruchtblase gesprengt sein.

Um den Nachteil des Angebundenseins durch das CTG abzuschaffen, wurde inzwischen die sogenannte Telemetrie erfunden: Wie beim herkömmlichen CTG werden Wehen und Herztöne abgeleitet, aber mit einem tragbaren Sender, den die Schwangere wie eine Handtasche mit sich führt, drahtlos übertragen. Die Idee ist gut, hat aber in der Praxis einen Nachteil: Für echte Risikofälle ist die Telemetrie oft zu fehlerhaft. Und Frauen, bei denen offenbar alles gut läuft, brauchen gar kein Dauer-CTG. Eine Menge Technik für die Sicherheit von Mutter und Kind also. Was können Sie tun, damit diese viele Technik für Sie nicht beengend oder bedrohlich wirkt, sondern tatsächlich zur Sicherheit und zum Wohlbefinden beiträgt?

- Prüfen Sie Ihr Gefühl: Was gibt Ihnen mehr Sicherheit – ein technisch perfekt ausgestattetes Kreißzimmer, ein ständig anwesender Arzt und sehr häufige CTG-Kontrollen? Oder brauchen Sie die familiäre Atmosphäre in einem gemütlich eingerichteten Gebärzimmer mit Ihrem Partner und der Hebamme als Geburtshelferin? Wenn bei Ihnen Risiken zu erwarten sind, stellt sich diese Wahl natürlich nicht, aber vielleicht finden Sie eine Klinik, die immerhin technische Sicherheit mit familiärer Atmosphäre verbinden will. Wenn Sie – weil Sie wollen oder müssen – mit dem CTG überwacht werden, hier noch ein paar Tips für den praktischen Umgang damit:
- Lassen Sie sich nicht kommentarlos ans CTG hängen, sondern fragen Sie nach, wenn Sie etwas nicht verstehen oder wenn es Ihnen angst macht. Das gilt vor allem für die Herztöne des Kindes, die auch ohne besondere Vorfälle stark und plötzlich in der Frequenz wechseln können. Wenn die Herztöne plötzlich wegbleiben, dann meist, weil das Kind sich vom Mikrophon weggedreht hat. Kurzfristig auftretende, sehr schnelle oder langsame Herztöne bedeuten oft nur, daß das Kind sich bewegt oder schläft. Ganz gleich, welchen Grund es hat: Fragen Sie nach, wenn Sie sich beunruhigt fühlen.
- Wenn Sie das Bedürfnis haben, sich freier zu bewegen, fragen Sie, ob eine CTG-Pause vertretbar ist. Wenn das nicht

geht, Sie sich im Prinzip aber bewegen dürfen: Nutzen Sie den Bewegungsspielraum, den das CTG läßt. Die Hebamme kann es zum Beispiel auch dann bei Ihnen anlegen, wenn Sie auf einem Gymnastikball sitzen.

- Manchmal wird das CTG so laut gestellt, daß die kindlichen Herztöne durch den Raum schallen. Das kann auf die Dauer ganz schön enervierend sein. Wenn es Sie nervös macht, bitten Sie darum, das CTG leiser zu stellen.
- Und ein wichtiger Tip an die Männer: Fragen auch Sie beherzt nach, wenn die Ergebnisse des CTG Ihnen Sorgen bereiten. Aber lassen Sie sich nicht zu sehr von dem Gerät in Bann ziehen. Es kommt oft vor, daß der werdende Vater vor lauter Hilflosigkeit nichts anderes mehr tut, als die hin- und herspringenden roten Digitalzahlen der Herztöne anzustarren. Denken Sie daran: Ihre Frau braucht Ihren aufmerksamen Blick nötiger.

Noch ein Hinweis: Vielleicht haben Sie einen besonderen, für die Geburtshelfer nicht offensichtlichen Grund, während der Geburt besorgt zu sein. So sprachen wir bei den Recherchen für dieses Buch mit einer jungen Frau, deren Schwester während der Geburt einen schweren Sauerstoffmangel erlitt und eine geistige Behinderung davontrug. Verständlich, daß sie jetzt besondere Angst davor hat, ihrem Kind könnte das gleiche passieren. Dazu noch einmal Irmtraut Borgert-Nicks: »Ich würde dieser Frau empfehlen, daß sie der Hebamme im Kreißsaal von dieser besonderen Sorge erzählt und ihr ungeborenes Kind noch einmal ganz besonders in den Schutz von Hebamme und Arzt gibt. Natürlich passen die Geburtshelfer immer auf, daß dem Kind nichts passiert, aber es kann beruhigend wirken, das noch einmal anzusprechen. Ich als Hebamme bin immer froh, wenn ich solche Vorgeschichten kenne. Denn dann kann ich die Frau und ihr Verhalten viel besser verstehen.«

Der Scheiden-Dammschnitt: ein vermeidbares Übel?

Der Scheiden-Dammschnitt ist ein gutes Beispiel dafür, daß auch die Geburtshilfe der Mode unterworfen ist. Als die Hausgeburt noch das Normale war und die Geburtshilfe fest in der Hand der Hebamme lag, kamen Dammschnitte nur in Notfällen vor, etwa wenn das Kind mit der Zange geholt werden mußte. Doch je mehr Geburten im Krankenhaus stattfanden und je öfter die Ärzte daran beteiligt waren, desto häufiger wurde auch nach der Schere gegriffen. Lassen wir einmal zwei Gründe beiseite, die von den Ärzten nicht laut genannt wurden, daß nämlich die Geburt mit Dammschnitt schneller beendet ist und gleichzeitig der Arzt mehr abrechnen kann (die Hebamme darf nämlich den Schnitt nicht nähen). Es schien auch aus der Sicht von Mutter und Kind einiges für den Dammschnitt zu sprechen:

- Ein glatter Schnitt sollte besser heilen als ein Riß.
- Durch den Dammschnitt sollte das Scheidengewebe geschont und so einer Senkung vorgebeugt werden.
- Auch das Kind sollte geschont werden, indem der enge Scheidenausgang erweitert wird.

Zahlreiche Studien und praktische Erfahrungen von Ärzten und Hebammen haben diese Argumente inzwischen entkräftet. Risse heilen oft besser als Dammschnitte, sind oft kleiner – und es kommt überhaupt viel seltener zu Rissen als befürchtet. Vor Scheidensenkungen bewahrt ein Dammschnitt nicht, er verursacht aber eine Menge Beschwerden. (Dazu unten mehr.) Und schließlich braucht ein gesundes Baby keinen Dammschnitt zur Entlastung – es ist mit seinen weichen und verschiebbaren Schädelknochen bestens darauf vorbereitet, auch den engen Scheidenausgang zu passieren.

Wenn Frauen Angst vor dem Dammschnitt haben, fürchten

Sie meist den Dammschnitt selbst, vor allem die Schmerzen. Diese Angst aber ist weitgehend unbegründet. Es gibt zwei Arten von Dammschnitten: den »kleinen« Schnitt, der gerade nach unten, also zum After hin ausgeführt wird. Er blutet weniger und heilt schneller. Für diesen Schnitt entscheiden sich gute Geburtshelfer, wenn sie die Geburt beschleunigen müssen, weil es dem Kind plötzlich schlecht geht oder weil sich der Damm wirklich nicht genug dehnt. Für diesen Dammschnitt gilt: Er wird gemacht, wenn das Köpfchen schon so sehr auf den Damm drückt, daß er blutleer und gefühllos ist. Einen Nachteil kann der kleine Dammschnitt – selten – haben: Wenn er weiter reißt, kann der Schließmuskel der Frau verletzt werden.

Der »große« Dammschnitt wird schräg, also zum Oberschenkel hin geführt, blutet mehr und tut auch hinterher mehr weh. Er wird meist früher gesetzt, etwa wenn klar wird, daß das Kind mit der Zange geholt werden muß oder wenn es in der Steißlage liegt, oder wenn das Köpfchen eines Frühgeborenen geschont werden muß. Dieser Dammschnitt wird mit Betäubung gemacht, da das Gewebe in dieser Phase noch nicht gefühllos ist. Diese vorherige Betäubung reicht auch noch für das Nähen nach der Geburt, während beim kleinen Dammschnitt hinterher noch betäubt wird.

Der Dammschnitt selbst ist also nicht das eigentlich Unangenehme. Sehr unangenehm aber können die Folgen sein. Zwar gibt es Frauen, die Glück haben – sie leiden kaum unter Schmerzen, und ihr Dammschnitt heilt glatt und folgenlos ab. Häufiger aber berichten junge Mütter, daß jedes Aufstehen, Gehen oder Heben zur Qual wird und Sitzen überhaupt nur möglich ist, wenn sie sich einen aufgeblasenen Schwimmring unterlegen. Viele klagen über Brennen beim Wasserlassen. Manche Frauen haben auch später Schmerzen beim Sex und fühlen sich durch die Narbe verunstaltet.

Was können Sie tun, um sich vor solchen Folgen zu schützen? Am besten schützen Sie sich vor einem unnötigen Dammschnitt:

- Fragen Sie bei der Klinik Ihrer Wahl nach, wie viele Dammschnitte gemacht werden. Eine durchschnittliche Zahl von mehr als 30 Prozent spricht dafür, daß an der Klinik immer noch zu oft zur Schere gegriffen wird.
- Sagen Sie dem Arzt oder der Hebamme während der Entbindung, daß es Ihnen wichtig ist, möglichst keinen Dammschnitt zu bekommen, und daß Sie auch einen kleinen Riß in Kauf nehmen.
- Wählen Sie wenn möglich zur Austreibungsphase nicht gerade die Rückenlage. Denn wenn die Frau in einer aufrechteren Position oder auf der Seite liegend entbindet, ist ein Dammschnitt seltener nötig.
- Bereiten Sie Ihr Dammgewebe auf die starke Dehnung vor. Dafür eignen sich tägliche Massagen des Dammes mit Keimöl, aber auch Gymnastikübungen und Bewegungen, bei denen der Damm gedehnt wird. Zum Beispiel eine Bewegung, die Sie im Alltag üben können: Immer wenn Sie in die Hocke gehen, tun Sie das mit weit geöffneten Knien. Oder im Schneidersitz die Fußsohlen aneinanderlegen und dann die Knie nach unten drücken.

Und wenn Sie doch einen Dammschnitt brauchen: Bitten Sie den Arzt, so zu nähen, daß eine möglichst feine Narbe bleibt, auch wenn das länger dauert. (Es gibt nämlich verschiedene Möglichkeiten, einen Dammschnitt zu vernähen.) Natürlich ist es möglich, daß Ihnen direkt nach der Geburt wirklich nicht danach ist, solche Bitten zu äußern. Bereiten Sie deshalb am besten Ihren Partner oder eine andere Begleitperson darauf vor, mit dem Arzt zu sprechen. Denn ein sorgfältig und fein vernähter Schnitt heilt nicht nur schneller, er hinterläßt höchstens eine feine Narbe und stört später beim Sex nicht. Und wenn Sie trotz allem einen Dammschnitt haben müssen? Dann unterstützen Sie die Heilung am besten dadurch, daß Sie den Intimbereich mehrmals am Tag mit warmem Wasser abduschen und zwischendurch ein Sitzbad mit Eichenrindentee (oder Ersatzpräparaten mit Gerbsäure), Kamille oder Salz (einprozentig) nehmen. Vielleicht kann Ihnen die Hebamme auch ein homöopathisches Mittel empfehlen. Das Brennen beim Wasserlassen können Sie vermeiden, indem Sie in der ersten, kritischen Zeit beim Abduschen Wasser lassen. So kommt kein beißender Urin an die Wunde.

Zange und Saugglocke: ärztliche Hilfe für die letzten Zentimeter

Das ist schon eine beängstigende Vorstellung: Da wird so ein kleines, zerbrechliches Wesen am Kopf aus dem engen Geburtskanal gezogen. Muß das denn wirklich sein? Und muß das Neugeborene nicht Schaden davontragen? Um es gleich vorwegzunehmen: Nur selten wird ein Kind durch Saugglocke oder Geburtszange ernsthaft verletzt. Öfter kommen dagegen Blutergüsse vor, die aber nach ein paar Tagen wieder verschwinden. (Sie können allerdings die normalerweise harmlose Neugeborenengelbsucht so verstärken, daß das Baby eine oder mehrere Nächte mit speziellem Licht bestrahlt werden muß, eine ganz und gar harmlose Phototherapie.) Viele Kinder haben gerade nach einer Saugglockengeburt einen etwas verformten Kopf oder zumindest eine Beule am Schädel. Das kann zwar erschreckend aussehen, ist aber ebenfalls harmlos, weil die Schädelknochen des Neugeborenen besonders weich und verschiebbar sind und die Verformung sich bald zurückbildet. Das Gehirn nimmt dabei keinen Schaden. Im Vergleich dazu ist das Risiko in den Situationen, in denen Ärzte zur Zange oder Saugglocke greifen, um vieles größer:

- Dem Baby geht es so schlecht, daß es schnell geholt werden muß, ein Kaiserschnitt kann aber noch vermieden werden.
- Das Baby muß schnellstens geholt werden, ein Kaiserschnitt ist aber nicht mehr möglich, weil der Kopf des Kindes schon in der Scheide steckt.

- Die Geburt geht einfach nicht mehr voran, weil die Mutter nach vielen Stunden Wehen zu erschöpft ist und/oder weil sie eine Peridural-Anästhesie (Rückenspritze) bekommen hat.

So funktionieren Saugglocke und Zange: Für die Anwendung beider Hilfsmittel muß die Fruchtblase offen und der Muttermund ganz geöffnet sein. Der Kopf des Kindes muß tief genug sitzen. Und es muß ein großer Dammschnitt mit Narkose gemacht werden. Die *Saugglocke* wird an den Kopf des Babys angelegt und dann so weit leergepumpt, daß sie durch das Vakuum haftet. So kann der Arzt dann das Kind mit der nächsten Wehe herausziehen. (Ein Wehenmittel wird meist zusätzlich gegeben.)

Die *Geburtszange* besteht aus zwei Löffeln, die einzeln angelegt und dann außerhalb der Scheide miteinander verbunden werden. So kann der Arzt das Kind ebenfalls mit einer Wehe herausziehen. Ob der Arzt Saugglocke oder Zange einsetzt, entscheidet er immer im Einzelfall. Manchmal kann es auch nötig sein, das Kind mit Hilfe der Saugglocke in die richtige Position zu bringen und es dann mit der Zange zu holen. Sowohl der Einsatz von der Saugglocke als auch der von der Zange gelten medizinisch gesehen als »operative Beendigung« der Geburt. Aber natürlich sind sie mit dem Kaiserschnitt nicht zu vergleichen. Ist das Baby geboren, wird es untersucht und dann wie bei einer spontanen Geburt den Eltern gegeben. Anschließend vernäht der Arzt den Dammschnitt.

Die seelischen Folgen solch einer Entbindung können allerdings denen eines Kaiserschnitts ähneln. Auch wenn die Geburt auf diese Weise operativ beendet werden mußte, sind manche Frauen nämlich von dem Gefühl »ich hab's nicht selbst geschafft« erfüllt. Hier gilt dasselbe, was wir in dem Kapitel »Trauma Kaiserschnitt«, Seite 168 ff., beschreiben.

Keine Angst vor Kaiserschnitt

Die meisten Frauen empfinden eine Kaiserschnittentbindung als eine große Enttäuschung. Monatelang haben sie sich auf die Geburt ihres Babys gefreut, sich intensiv auf die Geburtsarbeit vorbereitet – und nun das. »Ich fühle mich um die Geburt betrogen«, »ich habe doch gar nichts geleistet, sondern die Geburt verschlafen« oder »ich bin eine Versagerin«: Viele Kaiserschnittmütter sind noch lange nach der Geburt traurig und plagen sich mit Selbstvorwürfen. Manche werden auch die hektischen Minuten im Kreißsaal und die Angst, daß dem Kind etwas passieren könne, nicht mehr los und erleben die nächste Schwangerschaft als sehr belastend oder verzichten sogar auf ein weiteres Kind. Andere, das betrifft vor allem Frauen, bei denen die Schnittentbindung im voraus feststeht, erwarten praktisch eine schmerzfreie Geburt im Schlaf und werden von den Wundschmerzen nach dem Aufwachen aus der Narkose völlig überrascht. Fast alle Kaiserschnittmütter, mit denen wir gesprochen haben, meinten übereinstimmend: »Wenn ich vorher gewußt hätte, wie das alles abläuft, wäre ich viel besser damit zurechtgekommen.«

Allerdings wollen viele Schwangere aber vorher lieber gar nichts wissen, sie schieben den Gedanken an einen Kaiserschnitt wie auch an Saugglocke oder Zange möglichst weit weg. So erzählten uns Hebammen immer wieder, daß besonders Erstgebärende in der Geburtsvorbereitung bei diesen Themen bewußt weghören. Und auch bei den Informationsabenden der Krankenhäuser sind es nach unserer Beobachtung eher die Väter, die sich nach den technischen Aspekten, und dazu zählt nun mal auch der Kaiserschnitt, erkundigen.

Natürlich ist die instinktive Abwehr der Schwangeren vor bestimmten Themen berechtigt und nötig, denn sie schützt vor unnötigen Belastungen. Aber auch Unwissen kann im nachhinein belastend sein. Und da weder die Frau selbst noch ihre Ärzte die Notwendigkeit einer Schnittentbindung mit Sicherheit ausschließen können – immerhin werden zur Zeit zwischen 15 und 17 Prozent der Babys eines Jahrgangs per Kaiserschnitt geboren, wobei nur die Hälfte dieser Schnittentbindungen vorher absehbar war –, sollten sich alle werdenden Eltern zumindest einen Überblick über das Thema verschaffen.

In diesem Kapitel erfahren Sie alles, was Sie über eine Kaiserschnittgeburt wissen müssen: wann das Baby mit Kaiserschnitt geholt werden muß, wie ein Kaiserschnitt gemacht wird und wie die ersten Tage nach der Operation verlaufen, wie Sie von Anfang an eine intensive Bindung zu Ihrem Baby entwickeln und wie Sie trotz Kaiserschnitt stillen können.

Wann wird ein Kaiserschnitt notwendig?

Für einen Kaiserschnitt entscheiden sich die Ärzte immer dann, wenn eine Geburt auf normalem Wege nicht möglich ist oder für die Mutter und/oder das Kind zu risikoreich erscheint. Dafür gibt es verschiedene Gründe, die medizinische Fachsprache spricht hier von Indikationen. Der Kaiserschnitt selbst wird in der Fachsprache als »Sectio caesarea« bezeichnet. Sectio heißt ganz einfach Schnitt, daher sprechen die Ärzte auch meistens nur von der Sectio oder der Schnittentbindung. Woher der »Kaiser« kommt, ist letztlich unklar.*

* Der Volksmund behauptet, daß Ärzte und Hebammen in früheren Jahrhunderten nur bei adligen Frauen zum Skalpell griffen, um wenigstens das Kind zu retten; so soll zum Beispiel der römische Kaiser Cäsar per Kaiserschnitt zur Welt gekommen sein und der Schnittentbindung seinen Namen gegeben haben. Die Medizin nimmt dagegen an, daß der Zusatz caesarea vom lateinischen caedere = schneiden abgeleitet und im Deutschen verballhornt wurde.

Die Notwendigkeit eines Kaiserschnitts kann schon einige Tage, mitunter gar Wochen vor dem errechneten Geburtstermin oder dem Einsetzen der Wehen feststehen; oder sie ergibt sich kurzfristig, ohne daß aber die Geburtsarbeit schon begonnen hat. In beiden Fällen spricht die Geburtshilfe von einem primären oder elektiven (geplanten) Kaiserschnitt. Wird der Kaiserschnitt dagegen während (med.: »unter«) der Geburt notwendig, dann handelt es sich um einen sekundären oder unvorhergesehenen Kaiserschnitt. Oft wird der sekundäre Kaiserschnitt auch mit dem Schreckensbegriff des »Notkaiserschnitts» bezeichnet. Natürlich gibt es immer wieder Situationen, in denen keine Zeit zu verlieren ist und das Baby so schnell wie möglich per Schnitt geholt werden muß. Hier ist dann wirklich Gefahr im Verzug und der Begriff des Notkaiserschnitts, im Sinne von Notfall, völlig richtig gewählt. Mindestens genauso häufig sind aber die Situationen, daß die Geburt auch nach stundenlanger Geburtsarbeit einfach nicht vorankommt, die Mutter aber völlig erschöpft ist. In diesen Fällen treffen Ärzte und Hebammen gewöhnlich gemeinsam mit der Mutter die Entscheidung für einen Kaiserschnitt.

Die häufigsten Gründe für einen geplanten
Kaiserschnitt sind:
- Beckenendlage des Kindes bei Erstgebärenden
- Querlage des Kindes
- zu enges Becken der Mutter (med.: Schädel-Becken-Mißverhältnis)
- Plazenta liegt direkt oder teilweise vor dem Muttermund (Plazenta praevia)
- andere Hindernisse in den Geburtswegen (Myome, Tumore, große Narben nach vorangegangenen Operationen)
- vorausgegangener Kaiserschnitt
- Störungen der Plazentafunktion
- kindliche Wachstumsstörungen
- schwere Erkrankungen der Mutter (z.B. Diabetes, Herz-

Kreislauf-Erkrankungen, Gestose, aber auch Herpes genitalis)
- Mehrlingsschwangerschaft.

Die häufigsten Gründe für einen unvorhergesehenen Kaiserschnitt sind:
- Geburtsstillstand
- extrem langer Geburtsverlauf (med.: protrahierter Geburtsverlauf) mit restloser Erschöpfung der Mutter
- vorzeitige Plazentaablösung
- starke Blutungen
- drohende Gefährdung des Ungeborenen (med.: fetal distress) etwa durch Umschlingung mit der Nabelschnur oder Nabelschnurvorfall, zu starke Wehen, zu langer Geburtsverlauf; Hinweise geben die CTG-Werte und/oder die Befunde der Micro-Blutuntersuchung.

Häufig sind mehrere der genannten Gründe für die Entscheidung zum Kaiserschnitt ausschlaggebend. Und nicht alle sind unumstritten. Darauf werden wir ausführlich im Abschnitt »Werden heute zu viele Kaiserschnitte gemacht?«, siehe Seite 174 ff., eingehen.

So wird ein Kaiserschnitt gemacht

Obwohl sich die Frauen bei einer geplanten Schnittentbindung meistens noch zeitig über den Ablauf informieren und sich auf das Bevorstehende einstellen könnten, fühlen sich viele von ihnen, wie die meisten Mütter beim unvorhergesehenen Kaiserschnitt, von dem Geschehen überrollt. Das liegt eben vor allem daran, daß Ärzte mit Informationen oft sehr sparsam sind, die Frauen häufig nicht von sich aus auf das Thema ansprechen und sich die Frauen umgekehrt scheuen, nachzufragen. Und wenn, dann erhalten sie leider allzu häufig die lapidare Antwort: »Ein Kaiserschnitt ist eben eine große

Bauchoperation.« Damit bleibt es der Phantasie der Schwangeren überlassen, sich die Konsequenzen einer »großen Bauchoperation« auszumalen.

Übrigens ist nach unseren Gesprächen mit Gynäkologen nicht unbedingt fehlendes Einfühlungsvermögen der Ärzte die Ursache für die unzureichende Vorbereitung auf den Kaiserschnitt. Viel eher wollen sie die Frauen »schonen«, ihnen »keine Angst machen«, wie uns ein Frauenarzt sagte. Dabei vergessen sie aber, daß Unwissenheit die denkbar schlechteste Vorbereitung ist. Andere sind völlig verblüfft, denn »die Frauen von heute lesen doch soviel über die Geburt. Ich wußte nicht, daß sie die Kapitel über Kaiserschnitt überschlagen«. Diese Antwort haben wir sehr häufig gehört. Natürlich gibt es auch noch die Gruppe der Haudegen, gerade unter den Gynäkologen der älteren Generation, die meinen: »Wenn sie erst einmal das Baby hat, dann ist alles andere schnell vergessen.« Ist es aber nicht. Darum erläutern wir in diesem Abschnitt, worauf sich die werdenden Eltern, vor allem die Frau, einstellen müssen, wenn die Entscheidung zum Kaiserschnitt fällt.

Die Operationsvorbereitung

Bei einem geplanten Kaiserschnitt wird die Schwangere gewöhnlich am Tag zuvor oder zumindest mehrere Stunden vor der Operation in der Geburtsklinik aufgenommen. Wenn sie die sogenannte »präoperative Diagnostik« nicht schon vorher beim niedergelassenen Internisten hat machen lassen, dann wird sie jetzt in der Klinik nachgeholt. Besser ist natürlich, wenn das nicht auf den letzten Drücker geschieht. Die »präoperative Diagnostik« dient der Vorbereitung der Ärzte auf die Operation, nicht nur der Operateure,* sondern vor allem auch

* Seit etwa zwanzig Jahren werden Kaiserschnitte von Frauenärzten, sogenannten operativ tätigen Gynäkologen, gemacht und nicht mehr von Chirurgen.

der Narkoseärzte. Untersucht werden neben den Blutwerten auch die Herztätigkeit im Rahmen eines Elektrokardiogramms (EKG). Daran schließt sich noch eine Lungenfunktionsprüfung an. Bei Frauen, die schon längere Zeit stationär aufgenommen sind, etwa wegen Schwangerschaftsdiabetes oder einer Mehrlingsschwangerschaft, wird die präoperative Diagnostik natürlich in der Klinik gemacht.

Am Aufnahmetag lernt die Schwangere dann meistens auch schon die Hebamme kennen, die das Baby nach der Entbindung in Empfang nimmt – und an den Vater weiterreicht. Dieses Kennenlerngespräch ist übrigens eine gute Möglichkeit, noch Fragen zu stellen und über Sorgen zu sprechen. Manchmal kommt die Hebamme aber leider erst kurz vor dem Kaiserschnitt. Das liegt in der Regel dann daran, daß sie einfach keine Zeit hat, weil sie im Kreißsaal gebraucht wird. Fragen Sie aber immer bei den Stationsschwestern und im Kreißsaal nach, ob Sie die zuständige Hebamme nicht doch noch sprechen können. Fast immer ergeben sich auch bei der Aufnahmeuntersuchung im Kreißsaal und beim CTG gute Gesprächsmöglichkeiten, wenn schon nicht mit »Ihrer«, so doch mit einer anderen Hebamme. Diese Aufnahmeuntersuchung mit CTG wird bei jeder Schwangeren gemacht, auch wenn sie zum Kaiserschnitt kommt. Bisweilen findet sie nicht direkt im Kreißsaal, sondern in einem Nebenraum statt, wird aber immer von der aufnehmenden Hebamme und dem aufnehmenden Arzt vorgenommen. Je nach Indikation für den Kaiserschnitt werden die Herztöne des Kindes auch noch mehrfach per CTG kontrolliert. Auch hier bieten sich wieder Möglichkeiten zum Nachfragen.

Das empfand Elisabeth (32), Zahntechnikerin, als sehr hilfreich. »Mein Arzt hatte mich am Morgen nach dem täglichen Kontroll-CTG in seiner Praxis in die Klinik eingewiesen. Ich war trotz leichter Wehen schon eine Woche über dem errechneten Geburtstermin, und die Plazenta erschöpfte sich offensichtlich. Da die Herztöne des Babys langsam unter die CTG-Basislinie rutschten, wollte er kein Risiko mehr eingehen und am nächsten Morgen einen Kaiserschnitt machen. (Mein Arzt ist Belegarzt und hatte auch meinen ersten Sohn per Kaiserschnitt geholt.) Ich war zwar etwas traurig, weil ich es doch diesmal auf normalem Wege versuchen wollte. Andererseits machten mir die absinkenden Herztöne reichlich Sorgen. In der Klinik angekommen, ging's gleich wieder zum CTG. Das hielt sich, wie gehabt, noch im Rahmen, allerdings waren die Wehen in der Aufregung ein bißchen stärker geworden. Die Hebamme hat uns dann erst mal eine Stunde spazierengeschickt. Danach erneut Untersuchung, Muttermund ganz weich, aber sonst keine Änderung. Daraufhin hat die Hebamme mit mir einen Kniebeugen-Belastungstest gemacht, mit CTG-Kabel um den Bauch, wobei die Herztöne weiter abrutschten, und meinte dann, auch sie hielte einen Kaiserschnitt für das Beste, zumal mein Arzt inzwischen meine Unterlagen mit den Östriolwerten vom Vortag geschickt hatte – und die waren schlecht. Ich hab ihr dann erzählt, daß mir ganz mulmig sei und mich vor der Nacht, inzwischen war's später Nachmittag, alleine auf meinem Zimmer ziemlich graute. Mein Mann war wieder zu Hause, weil meine Schwiegermutter erst anreisen mußte. Eigentlich hatte die Hebamme schon Dienstschluß. Sie hat sich aber trotzdem mit mir hingesetzt, meinen Mutterpaß und die Unterlagen vom Arzt studiert und mir genau erklärt, was das mit den Östriolwerten zu bedeuten hat, daß sie sich langsam verschlechtert hätten, aber noch keine akute Gefahr bestünde. Außerdem bot sie mir an, wann immer ich wollte, wieder runter in den Kreißsaal zu kommen und mich zu ihren Kolleginnen ins Hebammenzimmer zu setzen. Und so habe ich fast die ganze Nacht da unten verbracht, zwei Geburten mit angehört und war ganz guter Dinge. Als ich irgendwann müde war, durfte ich mich sogar auf eine Liege im Nebenraum legen. Na ja, und am Morgen kam dann die ganze Prozedur, die ich ja vom ersten Mal schon kannte.«

Ein weiterer wichtiger Termin am Aufnahmetag ist das Informations- und Aufklärungsgespräch mit dem zuständigen Narkosearzt. Leider ist es noch in vielen Kliniken üblich, daß die Frau mit den Aufnahmeunterlagen auch ein Aufklärungsblatt über die Narkoserisiken mehr oder weniger kommentarlos in die Hand gedrückt bekommt. Mit diesem Aufklärungsblatt ist es wie mit den meisten Beipackzetteln von Medikamenten: Beim Lesen wird einem erst mal ganz schlecht. Da hilft auch die Information nur wenig, daß dieses Blatt vor allem aus juristischen Gründen so kraß formuliert ist und Narkosezwischenfälle heutzutage nur noch äußerst selten vorkommen.

Einige Paare, mit denen wir sprachen, haben das Problem auf, wie wir finden, recht praktikable Weise gelöst: Zunächst las sich nur der werdende Vater die Aufklärungsinformation durch. Im obligatorischen Gespräch mit dem zuständigen Narkosearzt ließen sich beide Eltern ausführlich informieren, fragten nach (der Vater dann natürlich vor dem Hintergrund seiner Lektüre) und lasen dann das Blatt noch mal gemeinsam durch, um es anschließend zu unterschreiben. Ein anderer Weg ist, gerade für Frauen, die alleine gekommen sind, das Blatt auch zunächst zur Seite zu legen und erst mal mit dem Narkosearzt zu sprechen, ihm aber auch zu sagen, daß sie das Blatt erst danach lesen werden. Das Gespräch mit den Narkoseärzten dient aber nicht nur der Aufklärung über Narkoserisiken, sondern zuallererst dem Kennenlernen und der Information über den Ablauf im Operationssaal (OP). So fragen die Ärzte nach vorherigen Operationen und Narkoseerfahrungen, etwaigen Erkrankungen und Ängsten.

Marita (29), Lehrerin, hatte zum Beispiel große Angst vor ihrem zweiten Kaiserschnitt, weil sie in der Nacht nach dem ersten einen Kreislaufzusammenbruch hatte: »Der Narkosearzt war praktisch meine letzte Rettung, sonst wollte keiner was davon hören, alle meinten: Tja, das könne schon mal vorkommen. Mir wurde immer übler vor Angst. Als der Anästhesist abends kam, habe ich ihm gleich gesagt: ›Sie können mich ruhig für hysterisch halten, aber ich habe panische Angst.‹ Der nahm das aber ganz ruhig und sagte: ›Erzählen Sie mal.‹ Zwischendurch hat er ein paarmal nachgefragt, dann im Operationsbericht vom ersten Kaiserschnitt, der war in derselben Klinik gewesen, geblättert und schließlich ganz ruhig gesagt: ›Das ist eine ganz klare Sache, Sie haben damals zu wenig Elektrolyte bekommen. Ich unterstreiche mir das und werde Ihnen die erste Infusion gleich im OP anhängen. Außerdem werde ich auch die Schwestern unterrichten, daß sie besonders auf Sie achten sollen.‹ Mein Gott, was war ich erleichtert, ich hätte ihm um den Hals fallen können. Es waren wohl wirklich diese Elektrolyte, jedenfalls ging's mir nach dem zweiten Mal richtig super.«

Neben der Aufnahme der »Krankengeschichte«, der sogenannten Anamnese, erläutern die Anästhesisten auch den voraussichtlichen Ablauf im OP. So erfahren die Frauen spätestens jetzt, daß die Venenkanüle für die Vollnarkose schon gleich nach dem Eintreffen im OP gelegt wird, die Narkose aber erst eingeleitet wird, wenn alle Vorbereitungen abgeschlossen sind und die Operation beginnen kann. Der Grund: Damit wird verhindert, daß die Narkosemittel über die Plazenta in den kindlichen Kreislauf gelangen, das Baby also auch narkotisiert wird. Außerdem erfahren die Frauen, daß die Venenkanüle bei der Vollnarkose, genauso wie die Rückenkanüle bei der Periduralanästhesie, noch einige Tage nach der Operation zur Sicherheit liegen bleibt, um zum Beispiel bei Bedarf Schmerzmittel einleiten zu können.

Fast alle Frauen, mit denen wir sprachen, empfanden nicht nur diese Information als sehr hilfreich, sondern auch die Tatsache, daß sie später im OP ein vertrautes Gesicht wiedertrafen, wie die Rechtsanwältin Maria (37), die auch zwei Kaiserschnitte hinter sich hat: »Als ich in den OP gerollt wurde, begrüßte mich zuerst die Narkoseärztin, die ich vom Abend vorher schon kannte. Da wurde mir gleich leichter ums Herz. Während ich dann auf demOP-Tisch vorbereitet wurde, saß sie direkt neben mir, erklärte mir, was sie gerade macht, was die Hebamme, die OP-Schwester und der Operateur gerade tun, daß die Kinderärztin gerade hereinkommt. Kurz bevor's dann losging, gab sie mir mit der Bemerkung ›Damit Sie und Ihr

Kind noch mal kräftig auftanken‹ eine Dosis Sauerstoff über eine Gesichtsmaske und streichelte dabei mein Gesicht. Ich war ihr so dankbar dafür, in dem Moment dachte ich: ›Das macht die nur für dich‹, obwohl das natürlich zur ganz normalen Vorbereitung gehört. Wenige Sekunden nach dem Sauerstoff sagte sie: ›Jetzt schlafen Sie gleich ein.‹ Ich war so beruhigt und voller Zutrauen, daß ich ganz sanft wegdämmerte. Im Gegensatz zu meinem ersten Kaiserschnitt, wo alles hopplahopp ging, bin ich auch genauso sanft wieder aufgewacht.«

Die Vorbereitung im OP, die Kaiserschnittmütter im Gegensatz zu anderen Operationen bei vollem Bewußtsein miterleben (müssen), empfinden die meisten Frauen als unangenehm und angstmachend. Beim geplanten Kaiserschnitt haben die Frauen oft schon einen Teil der Operationsvorbereitung auf ihrem Zimmer hinter sich gebracht und wollen nun, daß es endlich losgeht. Zur Vorbereitung »auf Station«, meist durch die Hebamme, die später auch im Kreißsaal dabei ist, gehören ein Einlauf zur Entleerung des Darms, Rasur zumindest der Schamhaare, weil an deren oberer Begrenzungslinie der Schnitt gesetzt wird und Legen des Blasenkatheters. Dieser Katheter ist notwendig, weil die Frau zumindest in den ersten beiden Tagen nach der Operation nicht alleine auf die Toilette gehen kann. Ein Trost: Das Einführen des Blasenkatheters ist nicht schmerzhaft, wirklich nur ein wenig unangenehm. Und wenn er einmal liegt, spürt ihn frau überhaupt nicht mehr. Zum Schluß kommen dann noch die furchtbar engen Kompressionsstrümpfe für die Beine, die Thrombosen vorbeugen sollen.

Im OP selbst wird die Frau zunächst auf dem OP-Tisch festgeschnallt, der dann leicht nach links gekippt wird, um die Durchblutung der Gebärmutter zu verbessern. Anschließend werden Bauch und Schambereich desinfiziert, was sich ziemlich kalt anfühlt. Die meisten Frauen frieren ohnehin, weil sie ja fast nackt auf dem Tisch liegen. Außerdem legt der Anästhesist die Kanülen für die Einleitung des Narkosemittels (am Handgelenk) und eine weitere für Infusionen (in einer Armbeuge, manchmal auch in beiden). Danach installiert er noch ein Blutdruckmeßgerät für die fortlaufende Überwachung. Während dieser Zeit, die fast jeder Frau auf dem Tisch wie eine Ewigkeit vorkommt, obwohl sie in Wirklichkeit keine zehn Minuten dauert, werden die OP-Lampen eingerichtet (ziemlich grell), OP-Schwester und Operateur kontrollieren das OP-Besteck, der Operateur tastet noch kurz den Bauch ab und dann geht's auf Kommando los. »Können wir?« (oder so ähnlich) fragt der Operateur, der Anästhesist leitet die Betäubung ein und antwortet dabei: »Wir können.«

Maria: »Ich habe die Kommandos beide Male gehört und im Wegdämmern noch ein leichtes Ziepen am Bauch gespürt. Das war wohl das Skalpell.« Gerade diese Sekundenbruchteile erleben Frauen, die nicht wissen, wie ein Kaiserschnitt abläuft, als fürchterlich. Inge (35), Juristin, bei der die Entscheidung zum Kaiserschnitt unter der Geburt fiel, erinnert sich: »Ich dachte, die schneiden mich bei vollem Bewußtsein auf. Ich wollte noch schreien: ›Halt, ich bin noch wach‹, und weg war ich.«

Bei einem kurzfristig geplanten und besonders bei einem unvorhergesehenen Kaiserschnitt, wenn also die Entscheidung zur Schnittentbindung unter der Geburt fällt, bleibt natürlich nur wenig Zeit für vorbereitende Gespräche. Und im Extremfall, wenn das Baby so schnell wie möglich geholt werden muß, ist fast keine Zeit mehr für Informationen. Die Operation und die Narkose – bei einem sekundären Kaiserschnitt wird generell eine Vollnarkose gesetzt, weil sie schneller wirkt – müssen in Windeseile vorbereitet werden. Und während sich um sie alles in Hektik auflöst, bleibt die Schwangere mit ihrer wachsenden Angst oft ganz alleine, denn meistens ist auch die Hebamme voll in die Vorbereitungen eingespannt. Hier zeigt sich dann, wie wichtig es gewesen wäre, wenn sich schon nicht die Frau selbst, so dann doch wenigstens ihr Partner mit dem Thema Kaiserschnitt befaßt hätte und ihr jetzt erklären könnte, wie es weitergeht.

Diese Erfahrung hat auch Sabine (28), technische Zeichnerin, machen müssen, deren Baby wegen nachlassender Herztöne ganz schnell per Schnitt geholt werden mußte: »Ich hätte mich nachher selbst ohrfeigen können. Meine Schwangerschaft verlief so problemlos, daß wir im Traum nicht an einen Kaiserschnitt gedacht haben. Wir waren felsenfest überzeugt: Bei uns doch nicht. Deshalb haben mein Mann und ich uns vorher überhaupt nicht informiert. Als dann die Hebamme im Kreißsaal ganz ruhig zu mir sagte: ›Frau Sowieso, wir müssen jetzt einen Kaiserschnitt machen‹, dachte ich, die machen das jetzt gleich hier auf dem Kreißbett, geben dir 'ne Spritze und dann ist's vorbei. Wirklich, ich war so naiv. Als ich dann aber in den OP gerollt wurde und mein Mann draußen bleiben mußte, bekam ich Panik. Ich lag völlig nackt auf dem OP-Tisch, keiner kümmerte sich um mich, alle turnten nur um meinen dicken Bauch herum oder fummelten an meinen Armen. Ich dachte nur, was machen die bloß, ist es schon zu spät? Nach einer Ewigkeit beugte sich eine grüne OP-Maske über mich und sagte: ›Es ist alles in Ordnung, wir fangen jetzt an.‹ Gleichzeitig fing die Narkose an zu wirken, aber ich habe nur gedacht: Jetzt sterbe ich.«

Auch Inge hatte wie Sabine beim ersten Kind eine völlig komplikationslose Schwangerschaft und deshalb die Kaiserschnitt-Kapitel in den Schwangerschaftsratgebern sorgfältig überschlagen: »Ich hatte schon Stunden starker Wehen hinter mir, als plötzlich die Herztöne meines Kindes leiser wurden. Die Entscheidung fiel ruck, zuck: Kaiserschnitt. Sie gaben mir sofort wehenhemmende Mittel, damit sich mein Kind erholen konnte. Davon wurde mir schlecht, ich bekam fürchterliches Herzrasen und natürlich wahnsinnige Angst. Später habe ich gelesen, daß das eine ganz normale Wirkung dieser Mittel ist. Wenn ich das bloß schon damals gewußt hätte, ich wäre bestimmt besser damit klargekommen.«

Vollnarkose oder regionale Betäubung

Immer mehr Kliniken bieten inzwischen bei geplanten Kaiserschnitten eine Teilnarkose an, die sogenannte Periduralanästhesie (PDA). Dabei wird die Frau von der Taille an bis zu den Zehenspitzen betäubt. Sie spürt keinerlei Schmerzen. Die PDA erfordert einen erfahrenen Anästhesisten, denn das Betäubungsmittel muß genau in den Zwischenraum zwischen dem dritten und vierten Lendenwirbel injiziert werden. Bis es seine volle Wirkung entfaltet, vergehen 20, manchmal bis 30 Minuten. Erst dann kann das Kind geholt werden.

Als Vorteile der PDA gegenüber der Vollnarkose werden vor allem genannt: Die Frau ist während der Schnittentbindung wach, kann den ersten Schrei ihres Babys hören und es gleich kurz in die Arme schließen. Den Eingriff selbst kann sie nicht sehen, ihr wird die Sicht durch ein Tuch verhängt. Von einer regionalen Narkose erholen sich die Frauen grundsätzlich schneller als von einer Vollnarkose, sie fühlen sich nicht so müde und zerschlagen, was nicht nur dem Stillen zugutekommt. Der Plastikkatheter für die PDA bleibt nach der Operation noch einige Tage liegen, so daß Schmerzmittel gezielt gegeben werden können. Und auch das Baby erholt sich schneller vom Kaiserschnitt.

Inzwischen hat sich die Euphorie aber etwas gelegt. Der Grund: Ein »wacher« Kaiserschnitt ist wirklich nur etwas für sehr robuste Naturen. Zwar empfindet die Frau keinerlei Schmerzen, sie spürt aber alle Berührungen, so natürlich auch den Schnitt, vor allem aber hört und versteht sie jedes Wort und jedes Geräusch. Außerdem darf sie sich während der immerhin insgesamt doch fast einstündigen Operation nicht bewegen, sondern muß ganz entspannt liegen. Daher geben ihr die Ärzte noch vor der PDA erst einmal ein Beruhigungsmittel. Und trotzdem bekommen nicht wenige Frauen während der ersten Minuten im OP doch noch das Zittern, nicht nur wegen der großen seelischen Aufregung, die jede Geburt mit sich bringt, sondern durchaus auch wegen der kühlen Temperaturen im OP. Dann erhalten sie meistens Lachgas, bis das Baby geboren ist, und anschließend beim Vernähen des Schnitts doch noch eine tiefe Narkose. Das bedeutet aber: Sie bekommen vom ersten Schrei ihres Babys kaum etwas oder gar nichts mit.

Lisa (34), Kindergärtnerin, die von entsprechenden Zeitschriftenberichten über die PDA ganz begeistert war und es auch versuchen wollte, entschied sich nach dem Gespräch mit ihrer Narkoseärztin kurzerhand dann doch für eine Vollnarkose: »Ich habe gerechnet: Beruhigungsmittel, PDA, Lachgas und vielleicht noch eine Narkose. Das ist ja ein ganzer Medikamentencocktail. Und dann noch 20, 30 Minuten warten, bis es losgeht. Lieber nicht. Im Stillzimmer der Klinik traf ich später vier Mütter, die einen ›wachen‹ versucht hatten, nur eine hatte bis zum Schluß durchgehalten. Alle meinten: ›Ganz spannend, aber beim nächsten Mal doch lieber Vollnarkose.‹«

Außerdem hat sich inzwischen herausgestellt, daß Babys, die durch Kaiserschnitt in Vollnarkose auf die Welt kommen, zehn Minuten nach ihrer Geburt genauso fit sind wie Babys, deren Mütter sich für eine PDA entschieden haben. Auch die neuen Narkosemittel, die mit den »Narkosehämmern« von früher nichts gemein haben, sondern gewöhnlich sehr gut verträglich sind, sprechen eher für die Vollnarkose von Anfang an. Und was die Schmerzen nach dem Kaiserschnitt angeht, so sind sie völlig gleich stark, ob nun die Schnittentbindung unter Vollnarkose oder Teilnarkose stattfand. Einzig die Möglichkeit, die Schmerzmittel über die Rückenkanüle regional gezielt zu injizieren, bleibt dann noch ein wirklicher Vorteil der PDA.

Die Operationstechnik

Beim Kaiserschnitt öffnet der Arzt die Bauchdecke der Frau mit einem zügigen, etwa 12 bis 15 Zentimeter langen Schnitt etwas unterhalb der Schamhaargrenze, durchtrennt die darunterliegenden Gewebeschichten und die Gebärmutterwand. Dann greift er mit den Händen in die geöffnete Gebärmutter und hebt das Baby vorsichtig heraus. Diesen Vorgang nennen die Ärzte »entwickeln«, eine sehr treffende Bezeichnung, denn meistens »sitzt« das Baby in der engen Gebärmutter recht fest, je nach Lage hat es seine Arme und Beine angezogen oder auch manchmal etwas verdreht. Vom ersten Schnitt bis zum Herausheben, der Geburt, vergehen nur wenige Minuten. Anschließend wird sofort die Nabelschnur durchtrennt. Hebamme oder Kinderarzt nehmen das Baby in Empfang und saugen sofort das Fruchtwasser aus den Atemwegen ab, damit es frei atmen kann. Das ist nötig, weil Kaiserschnittbabys meistens noch etwas Fruchtwasser in den Atemwegen haben. Bei Babys, die auf normalem Weg geboren werden, wird das Fruchtwasser dagegen schon durch die Wehen herausgepreßt.

Während das Neugeborene versorgt wird, beginnt der zweite, etwa eine halbe Stunde dauernde Abschnitt der Operation: das Vernähen der Operationswunde. Dazu werden zunächst das Fruchtwasser, die Plazenta und die Eihäute aus der Gebärmutter entfernt. Anschließend vernäht der Arzt Gewebeschicht für Gewebeschicht (insgesamt sieben) mit einem gut verträglichen synthetischen Nahtmaterial, das sich im Laufe der Zeit von selbst wieder auflöst. Nur die Bauchdecke wird mit einem unauflöslichen Faden »vernäht« oder geklammert. Die meisten Chirurgen verwenden inzwischen bei der Bauchdeckennaht eine spezielle Technik, bei der die Stiche nachher nicht mehr sichtbar sind und der Faden »auf einen Rutsch« gezogen werden kann. Oft legen sie auch noch eine sogenannte Drainage. Sie besteht aus einem dünnen, mit einer Unterdruckflasche verbundenen Schlauch, der das Wundsekret absaugt und damit die Heilung beschleunigt. Die Drainage wird meist schon am zweiten Tag nach der Operation wieder gezogen – was nur wenig schmerzhaft ist.

In den letzten Minuten vor Ende der Operation, während der Operateur den Verband über dem äußeren Schnitt anlegt, bereitet der Anästhesist bereits die Aufwachphase vor und entfernt auch schon den Beatmungsschlauch, der zu Beginn des Kaiserschnitts gelegt wurde, um die Frau während der Narkose künstlich zu beatmen.

Die ersten Tage nach dem Kaiserschnitt

Aus einer Vollnarkose wachen viele Frauen zum ersten Mal noch auf dem OP-Tisch auf, können sich später aber oft nicht mehr oder nur schemenhaft daran erinnern. Richtig zu sich kommen sie erst im Aufwachraum oder sogar erst auf ihrem Zimmer. Auch sind nicht alle ihre Sinne gleich wach: Hören, Sprechen und Riechen können sie gleich, die Sehfähigkeit stellt sich häufig erst nach ein, zwei Stunden wieder richtig ein.

Die Aufwachphase ist nach unserer Erfahrung eine sehr wichtige Phase für den weiteren Verlauf der körperlichen und seelischen Erholung. Wenn die Frau nicht vorher eine PDA bekommen hat, dann ist das Aufwachen schmerzhaft: Die Operationswunde tut weh – und zwar ziemlich stark. Gerade beim ersten Kaiserschnitt fühlen sich viele Frauen davon völlig überrollt. Daher ist es sehr hilfreich, wenn die Frau nicht »alleine« (natürlich ist eine Schwester im Aufwachraum) aufwacht, sondern ihr Partner, möglichst mit dem Baby, an ihrer Seite sitzt und sie das Baby nicht nur beschnuppern, sondern vielleicht sogar mit Hilfe ihres Partners oder der Hebamme zum ersten Mal anlegen kann. Das fand auch Elisabeth, die bei ihrem zweiten Kaiserschnitt darauf bestanden hatte, daß ihr Mann nach der Operation keinen Millimeter von ihrer Seite wich:

»An das Aufwachen nach meinem ersten Kaiserschnitt erinnere ich mich mit Schrecken: Ich zitterte vor Kälte am ganzen Körper, bis mir irgend jemand noch eine Decke überlegte. Und dann die Schmerzen. Daß ich gerade ein Baby bekommen hatte, fiel mir überhaupt nicht ein, ich dachte, ich sei unter einen LKW geraten. Dabei hatte ich vorher gewußt, daß es weh tun würde, aber diese Schmerzen hatte ich nicht erwartet. Ich bekam dann ein Schmerzmittel und wurde auf mein Zimmer gebracht, wo mir die Hebamme mein Kind vor die Nase hielt. Das fand ich ziemlich roh, erst später habe ich kapiert, daß sie genau das Richtige gemacht hatte: Ich konnte ja noch nicht richtig sehen, aber riechen. Der Geruch von meinem Baby ist mir heute noch die wertvollste Erinnerung. Den weiteren Tag bis zum Abend habe ich dann ganz alleine verbracht, weil die Hebamme, die war noch vom alten Schlag, meinen Mann mit der Versicherung weggeschickt hatte, ich würde den ganzen Tag schlafen. Hab ich aber nicht: Ich bin von den gräßlichen Schmerzen im Bauch immer wieder aufgewacht und habe mich ganz elend allein gelassen gefühlt. Beim nächsten Mal, das hatte ich mir damals geschworen, sollte mir das nicht mehr passieren.

Vier Jahre später habe ich dann wirklich darauf bestanden, daß mein Mann mich gleich im Aufwachraum in Empfang nimmt, er hatte sogar das Baby dabei, obwohl das eigentlich in dieser Klinik nicht üblich war. Die Schmerzen waren zwar genauso schlimm wie beim ersten Mal, vielleicht wegen der Nachwehen sogar etwas schlimmer, aber ich kam gut damit klar. Keine Schmerzmittel mehr, dafür habe ich die Atem- und Entspannungstechniken aus der Geburtsvorbereitung für normale Geburten angewendet. Von morgens neun Uhr bis zum späten Nachmittag habe ich bei jeder Nachwehe brav meine ›Ommms‹ geatmet. Dann war's zwar nicht vorbei, aber gut erträglich. Außerdem hatten wir fast die ganze Zeit unser Baby mit dabei, das hat mir das Ganze sehr erleichtert, weil ich ja sehen konnte, wofür ich das alles auszuhalten hatte.«

Wie Elisabeth geht es den meisten Kaiserschnittmüttern: Die zweite oder dritte Schnittentbindung verkraften sie trotz der gewöhnlich heftigeren Nachwehen (wie bei vaginalen Geburten) viel besser. Sie wissen, was auf sie zukommt, und sie können sich beim geplanten oder absehbaren »zweiten« schon frühzeitig überlegen, was sie diesmal anders machen möchten, welche Unterstützung sie brauchen.

Die ersten 24 Stunden nach dem Kaiserschnitt werden die Mütter sehr aufmerksam überwacht, um eventuelle Komplikationen frühzeitig zu erkennen. Blutdruck und Körpertemperatur werden in kurzen Abständen überprüft, die Werte in ein Protokoll eingetragen. Die Infusionen (vor allem Elektrolyte und Nährlösungen) müssen kontrolliert und ausgewechselt, ihre Tropfgeschwindigkeit reguliert werden. Außerdem erhält die Frau meistens Heparin-Spritzen, um Thrombosen vorzubeugen. Wegen der Thrombosen wird sie meistens auch schon am ersten Tag, auch wenn ihr das gar nicht gefällt, kurz aus dem Bett gehievt und auf die eigenen Füße gestellt. Dabei wird fast allen Frauen etwas schwummrig. Die meisten schlafen auch in der ersten Nacht noch ziemlich unruhig. Nicht nur wegen der Schmerzen und der Aufregung, die jede Geburt bedeutet, sondern auch, weil sie sich wegen der Infusionen nicht richtig bewegen können.

Am ersten Tag nach der Operation* geht alles schon besser. Die Wundschmerzen lassen langsam nach, außer natürlich beim Anlegen des Babys (davon mehr im Abschnitt »Stillen trotz Kaiserschnitt«). Meistens bekommen die Frauen auch schon die erste langersehnte Tasse Tee oder sogar eine Brühe, denn am Tag der Operation gibt's leider nichts zu trinken und essen. Die meisten Mütter haben schon am Tag nach der Operation einen riesigen Hunger. Da aber der Darm durch die Narkose »stillgelegt« wurde, dürfen sie das Essen nur langsam angehen. Am zweiten Tag steht aber schon ein leichtes Frühstück auf dem Tablett und mittags gibt's schon was Richtiges. Der zweite oder spätestens dritte Tag nach dem Kaiserschnitt ist auch noch aus einem anderen Grund ein wichtiger Tag: Das Kathetergewirr wird entfernt. Blasenkatheter und Drainage werden fast völlig schmerzlos gezogen, die Infusionen einfach

* Während wir in der Umgangssprache mit »dem ersten Tag nach dem Kaiserschnitt« den Tag der Operation meinen, verstehen die Ärzte darunter wirklich den Tag nach der OP. Wir folgen in diesem Buch der ärztlichen Einteilung.

abgeklemmt. Meist bleiben aber die Kanülen in den Venen noch sicherheitshalber einige Tage liegen, geschützt durch eine kleine Mullbinde. Den Tag, an dem die Katheter verschwinden, empfinden die meisten Frauen als Tag der Freiheit. Jetzt können sie sich endlich wieder frei bewegen, selbständig aufstehen und mit Unterstützung sogar duschen. Das geht zwar am Anfang alles noch ganz langsam und vorsichtig, eine Triangel über dem Bett ist immer eine gute Hilfe. Auch gehen die meisten Frauen am Anfang wegen der Wundschmerzen, die sich natürlich bei Bewegung stärker bemerkbar machen, etwas nach vorne gebeugt. Aber Übung macht die Meisterin, fand die Lehrerin Marita:

»Beim ersten Kaiserschnitt wollte ich überhaupt nicht mehr aus dem Bett heraus, ich fühlte mich schwer krank und wollte nur liegen, liegen, liegen. Da hat mir die Schwester das Essen, mit einem listigen Lächeln, einfach auf den Tisch gestellt. Der Hunger trieb mich dann doch dorthin. Ich war total verblüfft: Es ging ja. Beim zweiten Mal habe ich gleich von Anfang an geübt. Die eine Hand fest am Infusionsständer, die andere auf meinen Mann gestützt, der den Rest an Flaschen hinterher trug, bin ich schon am Tag nach dem OP im Zimmer auf und ab getapert. Nachdem die ganzen Schläuche weg waren, habe ich nur noch am Tisch gesessen und dort auch mein Baby gestillt.«

Fast alle Kaiserschnittmütter sind verblüfft, wie schnell sie sich – zumindest körperlich – von der Operation erholen (auf die seelischen Aspekte gehen wir später noch ausführlich ein). Wenn am siebten oder achten Tag nach der Operation die Fäden gezogen werden, können sie sich meist gar nicht vorstellen, daß der Bauch schon wieder verheilt ist. Aber so ist es Natürlich ist Krafttraining noch nicht erlaubt, auch mit der normalen Rückbildungsgymnastik sollten Kaiserschnittmütter noch drei Wochen warten, aber das Baby tragen, wickeln und herumfahren ist jetzt kein Problem mehr.

Wenn die Fäden gezogen sind, hält es nur die wenigsten Mütter noch in der Klinik. Die meisten gehen zwischen dem zehnten und zwölften Tag nach der Operation nach Hause, manche sogar noch eher. Das ist aber kein Muß. Dazu noch einmal Marita: »Ich habe jedesmal am zehnten Tag meinen Klinikkoller gekriegt und bin geflüchtet. Das nächste Mal würde ich aber länger bleiben und mich noch ein paar Tage erholen. So viel Zeit für mich und das Baby habe ich nämlich nie wieder.«

Ist ein Kaiserschnitt gefährlich?

Noch für unsere Mütter bedeutete ein Kaiserschnitt »Rettung in allerletzter Sekunde«. Entsprechend dramatisch und ängstigend sind auch die Berichte, die wir von ihnen, ihren Freundinnen oder Tante Frieda kennen. Kaiserschnitte waren bei uns in Deutschland noch bis in die sechziger Jahre stets Notkaiserschnitte, wenn die Geburt nicht voranging und das Leben von Mutter und/oder Kind auf dem Spiel stand. Seitdem hat sich in der Geburtshilfe viel verändert. Natürlich gibt es auch heute noch Notkaiserschnitte, aber mindestens die Hälfte der heutigen Schnittentbindungen ist geplant. Das liegt vor allem daran, daß es nicht nur in der Operationstechnik, sondern auch der Narkosetechnik seit den sechziger Jahren enorme Verbesserungen gegeben hat. Und mit der Zahl der Kaiserschnitte – wie bereits erwähnt kommen seit Jahren zwischen 15 und 17 Prozent der Babys eines Jahrgangs bei uns per Kaiserschnitt auf die Welt – sind natürlich auch die Erfahrungen und die Routine der Ärzte deutlich gewachsen.

Trotzdem: Ein Kaiserschnitt ist eine große Bauchoperation. Und wie bei allen großen Operationen, kann es auch beim Kaiserschnitt zu schwerwiegenden Komplikationen kommen, wenn auch sehr selten. So betrug die Zahl der tödlichen Komplikationen für die Mutter nach Angaben der Bayerischen Gesellschaft für Gynäkologie und Geburtshilfe im Zeitraum 1983 bis 1988 in Bayern 0,5 Promille. Werden dabei schwere Vorerkrankungen der Mutter außer acht gelassen, dann liegt die Rate der nur durch die Schnittentbindung verursachten tödlichen mütterlichen Komplikationen bei 0,2 Promille, das heißt zwei Todesfälle auf 10 000 Kaiserschnitte.

Für das Kind bedeutet der Kaiserschnitt im allgemeinen kein zusätzliches Geburtsrisiko. Da heutzutage auch Frühgeborene mit einem sehr geringen Geburtsgewicht von unter 1500 Gramm fast immer per Kaiserschnitt geholt werden, kommt es in der Öffentlichkeit jedoch manchmal zu Mißverständnissen. Die im Vergleich zur allgemeinen Säuglingssterblichkeit sehr hohe Sterblichkeit von unreifen Frühgeborenen wird dann manchmal auf den Kaiserschnitt zurückgeführt. Doch das ist nicht richtig, im Gegenteil: Bei unreifen Frühgeborenen erhöht der Kaiserschnitt die Überlebenschancen, weil die Babys nicht die anstrengende Geburtsarbeit leisten müssen.

Diese Komplikationen sind möglich

Trotz aller Fortschritte in der Medizin: Auch bei Kaiserschnitten sind wie bei allen größeren Operationen Komplikationen möglich. Deswegen werden die Frauen ja auch in den ersten 24 Stunden nach der Operation besonders aufmerksam überwacht. An erster Stelle der Komplikationen stehen Infektionen des Bauchraums, die sich durch Fieber bemerkbar machen. Wegen dieser Infektionsgefahr bekamen die Mütter früher grundsätzlich bei einem Kaiserschnitt hochdosierte Antibiotika zur Vorbeugung. Heutzutage ist die Medizin aber, nicht zuletzt wegen der Resistenzentwicklung, dazu übergegangen, Antibiotika nur dann zu geben, wenn wirklich eine Infektion vorliegt oder zu befürchten ist, wie etwa bei einem vorzeitigen Blasensprung. Auch Entzündungen der Harnwege sowie Wundheilungsstörungen im Bereich der inneren und äußeren Narbe sind möglich. Insgesamt ist die Infektionsrate beim Kaiserschnitt im Vergleich zur vaginalen Entbindung nach einer US-Studie um das Zwölffache erhöht.

Eine zweite Gruppe bilden die Störungen der Blutgerinnung während und nach der Operation. Hier sind vor allem die Thrombose und die Lungenembolie zu nennen, wobei sich die Lungenembolie aus einer Thrombose entwickelt. Bei einer Thrombose setzt sich ein Blutgerinnsel (med.: Thrombus) in einer Bein- oder Beckenvene fest und verursacht dort unter Umständen schmerzhafte Entzündungen. Spaltet sich aus diesem Blutgerinnsel ein Teil (med.: Embolus) ab, kann es gefährlich werden. Denn der Embolus kann blitzschnell über die Venen in die Lungen wandern, dort ein Blutgefäß verstopfen und damit die Blutzirkulation unterbrechen. Eine solche Lungenembolie macht sich durch plötzliche heftige Schmerzen und starke Atembeschwerden bemerkbar und erfordert sofortige ärztliche Hilfe. In äußerst seltenen Fällen kann es auch zu einer sogenannten Verbrauchskoagulopathie des Blutes kommen. Bei dieser Störung zeigt das Blut ein zu geringes Gerinnungsverhalten. Ursache sind vor allem schwere Blutverluste. Alle drei Gerinnungsstörungen lassen sich mit intravenöser Gabe von sogenannten Plasmaexpandern zur »Verdünnung« des Blutes sowie heparinhaltigen Medikamenten gut behandeln.

Ganz wichtig ist die ausreichende Flüssigkeitsversorgung über Infusionen während und vor allem nach der Operation. Nicht wenige Frauen möchten die Infusionen so schnell wie möglich entfernt sehen, weil sie sie für den Inbegriff von »schwerkrank« oder »einfach eklig« halten. Und leider geben manchmal Krankenschwestern und Ärzte auch nach und nehmen die Infusionen ab. Das ist jedoch grundfalsch: Die ungeliebten Infusionen enthalten nämlich wertvolle Nähr- und Elektrolytlösungen, die den Flüssigkeitsverlust während und nach der Geburt ausgleichen und den Frauen wieder auf die Beine helfen (wie nach einer normalen Geburt scheidet auch der Körper einer Kaiserschnittmutter nach der Operation das während der Schwangerschaft im Gewebe eingelagerte Wasser und darin enthaltene lebenswichtige Mineralien aus). So manche Kreislaufschwäche nach einem Kaiserschnitt ist auf einen

Flüssigkeits- und Elektrolytmangel zurückzuführen. Darum: Lieber einen Tag zu lang als einen zu kurz an den »Schläuchen« hängen!

Zu den kleineren, aber durchaus unangenehmen Beschwerden gehören die leichten Wundheilungsstörungen im Bereich der äußeren Narbe, die deswegen manchmal von den Ärzten auch gar nicht so sonderlich ernst genommen werden. Nicht nur Inge mußte sich mit den aufmunternden Worten »Das wird schon wieder« abspeisen lassen. Dabei gibt es ganz einfache Mittel, zum Beispiel heilungsfördernde Salben, die Auszüge aus Calendula oder Arnika enthalten, oder die Bach-Blüten-Notfall-Salbe. Hier wissen die Hebammen oft am besten Bescheid. Auch eine innerliche Vorbereitung durch homöopathische Mittel kann helfen, die Wundheilung und die allgemeine Genesung zu fördern. Marita: »Beim zweiten Mal habe ich mir von einer homöopathischen Ärztin einige Kügelchen für die Wundheilung und die Narkosenachwirkungen geben lassen. Ich finde, sie haben prima geholfen, und wenn es vielleicht auch nur mein Glaube daran war. Mein Arzt, dem ich das vorher gesagt habe, war zwar eher belustigt, aber Einwände hatte er keine.« Auf jeden Fall muß ein homöopathisch und geburtshilflich versierter Arzt oder eine erfahrene Hebamme die Mittel auswählen, weil auch Naturheilmittel je nach Stärke eine gegenteilige Wirkung haben können.

Bei Wundheilungsstörungen sollten Sie übrigens auch an eine allergische Reaktion auf das Pflaster denken, das den Druckverband über der Wunde hält.

Unangenehm und manchmal auch ziemlich schmerzhaft ist der Tag, an dem der Darm wieder »anspringt«. Durch den Einlauf, die Narkose und die beiden Hungertage war er ja stillgelegt. Spätestens am dritten Tag nach dem Kaiserschnitt hat er jedoch wieder zu tun. Und das geht oft nicht ohne Rumoren, Blähungen und Schmerzen ab. In manchen Kliniken bekommen die Frauen grundsätzlich ein Medikament, um die Darmtätigkeit wieder in Gang zu bringen. Das ist aber nicht unbedingt nötig, die Natur richtet es auch wieder. Feuchtwarme

Bauchumschläge sind dabei eine gute Hilfe. Allerdings muß der Oberbauch bis zum ersten Stuhlgang stets aufmerksam kontrolliert werden, denn in seltenen Fällen kann sich beim »Anspringen« ein Darmverschluß ergeben, der mit Medikamenten oder durch eine Operation behoben werden muß. Kolikartige Schmerzen mit gleichzeitiger Übelkeit und Erbrechen sowie Ausbleiben des Stuhlgangs und Windverhalten weisen auf einen Darmverschluß hin.

Eine weitere Störung, die vielen Frauen Sorgen bereitet, sind die Taubheitsgefühle im Bereich der Narbe, die sich manchmal aber auch über den ganzen Unterbauch erstrecken können. Ihre Ursache: Bei der Operation muß der Arzt auch einige kleine Nervenfasern der Bauchdecke durchtrennen. Die Taubheitsgefühle sind aber absolut harmlos und spätestens nach einem Jahr völlig verschwunden, wenn sich das Nervengewebe wieder regeneriert hat.

Stillen trotz Kaiserschnitt?

Aber selbstverständlich! Grundsätzlich können Kaiserschnittmütter genauso stillen wie Mütter, die eine vaginale Geburt hinter sich haben. Allerdings brauchen sie am Anfang wegen ihrer eingeschränkten Bewegungsfreiheit tatkräftige Unterstützung. Weil aber in vielen Kliniken wegen des Pflegepersonalmangels nicht genügend Schwestern zur Verfügung stehen, um jeder Kaiserschnittmutter alle drei, vier Stunden beim Anlegen zu helfen, wird das Stillen nach Kaiserschnitt nicht überall nachdrücklich gefördert. Da kann es dann schon sein, daß bei den ersten, ganz normalen Stillproblemen die Kinderschwester plötzlich mit der Milchflasche winkt, nach dem Motto: »Das ist doch auch für Sie viel praktischer.« Und nicht wenige Mütter lassen sich entmutigen, geben auf – und ärgern sich nachher ganz fürchterlich.

Viele Mütter fürchten zudem, die Narkose- und die Schmerzmittel könnten in die Milch übergehen und dem Baby schaden. Diese Sorge ist im allgemeinen unbegründet. Nur ganz bestimmte starke Mittel, die aber Kaiserschnittmütter, die stillen wollen, ohnehin nicht bekommen, könnten eine Gefahr darstellen. In das Reich der Ammenmärchen gehört auch die immer wieder aufgestellte Behauptung, nur wenn das Baby gleich am ersten Tag, am besten sofort nach der Geburt, zum ersten Mal angelegt wird, werde es mit dem Stillen klappen. Zwar ist der Saugreflex des Babys direkt nach der Geburt am stärksten, er verschwindet aber nicht auf Nimmerwiedersehen (sonst wäre die Menschheit schon längst ausgestorben). Fast alle Kaiserschnittmütter, mit denen wir gesprochen haben, konnten ihr Baby erst am Tag nach der Geburt zum ersten Mal anlegen, Marita wegen ihres Kreislaufzusammenbruchs sogar erst in der Nacht vom zweiten auf den dritten Tag nach der Operation, und trotzdem haben sie alle ihre Kinder voll gestillt, Marita zum Beispiel sechs Monate lang.

Hier einige Tips von »stillerprobten« Kaiserschnittmüttern für die ersten Wochen:

- Am Anfang fließt die Milch langsamer, kein Grund zum Verzweifeln.
- Wegen der Operation schießt sie manchmal etwas verspätet ein, also nicht am zweiten, dritten, sondern häufig erst am fünften Tag.
- Vorher in der Klinik fragen, ob die Schwestern überlastet sind. Den Partner oder eine Freundin bitten, tagsüber beim Anlegen zu assistieren. Kaiserschnittmütter können das Baby in den ersten Tagen wegen der Infusionen und der Wundschmerzen nur sehr schlecht von einer Brust an die andere legen.
- Sobald es erlaubt ist (etwa zwei Tage nach der Operation): Viel trinken, am besten Kräutertee (Fenchel, Kümmel), pro Tag mindestens zwei Liter. Damit Sie nicht nach jeder Tasse klingeln müssen: Nehmen Sie eine große Isolierkanne (und evtl. Teebeutel) mit in die Klinik. Kochendes Wasser bringt

Ihnen zur Not auch die Putzhilfe aus der Stationsküche. Bewährte Regel: Mutter und Kind trinken gemeinsam, Baby Milch, Mutter Tee.

- Wenn die Milch nicht richtig fließen will oder das Baby etwas schläfrig ist: Den Milchfluß mit einer mechanischen oder elektrischen Pumpe (in der Apotheke für ein paar Tage leihen) anregen und etwas Milch als Anreiz für das Baby auf die Brustwarze geben.
- Wenn die Säuglingsschwestern unruhig werden: Erlauben Sie gesüßten Tee. Und selbst wenn das Baby heimlich Milch aus der Flasche bekommen hat (was gar nicht so selten ist), ist es nicht automatisch abgestillt. Einfach weitermachen, bis es klappt.
- Wichtig: Nach den ersten paar Trinkzügen zieht sich die Gebärmutter fast ruckartig zusammen. Das kann wegen der Wunde in den ersten Tagen für einen kurzen Moment ganz schön weh tun. Der Schmerz dauert wirklich nur einen Augenblick und läßt sich gut »überatmen«.
- Frühzeitig Kontakt zu einer Stillgruppe (Arbeitsgemeinschaft freier Stillgruppen oder La Leche Liga) aufnehmen. Bei Bedarf kommen die Stillberaterinnen sogar in die Klinik.
- Fast jede Klinik hat ein Stillzimmer, meist auf der Säuglingsstation. Dort treffen Sie andere Mütter.

Das Trauma Kaiserschnitt oder: Sind Kaiserschnittmütter überhaupt richtige Mütter?

»Jetzt hast du nicht mal eine richtige Geburt hingekriegt.« So wie Inge sind viele Kaiserschnittmütter, vor allem wenn das erste Kind per Schnittentbindung auf die Welt kommen muß, maßlos enttäuscht. Wenn dann noch die Entscheidung zum Kaiserschnitt wegen Geburtsstillstand oder Erschöpfung von Mutter und Kind unter der Geburt fällt, quälen sich die Frauen oft noch jahrelang mit Selbstvorwürfen: »Habe ich zu früh aufgegeben, hätte ich nicht doch noch ein bißchen länger durchhalten können?« Hinzu kommen die angstvollen Minuten vor der Operation, die schmerzhaften Tage danach. Und während die anderen »normalen« Mütter stolz ihre Babys wickeln und nach drei, vier Tagen nach Hause entschwinden, sind Kaiserschnittmütter froh, wenn sie endlich ihr Baby vorsichtig aus seinem Bettchen heben können. Kein Wunder, daß sich so viele Kaiserschnittmütter wie völlige Versagerinnen vorkommen.

»Die körperliche Wunde heilt schnell, die seelische braucht unendlich lange«, so beschrieben uns viele Mütter ihre Gefühle nach der Schnittentbindung. Die aufmunternden Worte von Schwestern, Ärzten und später den Verwandten und Freunden: »Na, das Schlimmste ist doch jetzt vorbei«, empfinden die meisten nur als bittere Ironie. Nach außen versuchen sie die glückliche Mutter zu spielen, doch tief in ihrem Innern nagen Selbstzweifel und Selbstvorwürfe. Und weit und breit kein Mensch, mit dem sie über ihre Gefühle reden können und sich zu sprechen trauen.

Jede Schwangerschaft und jeder Kaiserschnitt sind anders, und daher muß jede Frau ihren eigenen Weg finden, das Erlebte alleine oder gemeinsam mit ihrem Partner zu verarbeiten. Denn keineswegs selten kommen in dieser Zeit noch ganz andere, tiefsitzende Gefühle »aus grauer Vorzeit« mit an die Oberfläche. Wir wollen an dieser Stelle nur die Aspekte ansprechen, die direkt im Zusammenhang mit dem Kaiserschnitt stehen.

Der häufigste Gedanke, der Kaiserschnittmütter plagt, lautet: »Ich habe doch gar nichts geleistet.« Stimmt nicht, Kaiserschnittmütter leisten genausoviel wie »normale Mütter«, eben nur etwas anders. Oder sind die Schmerzen nach der Operation, das Bewältigen der Nachwehen und das anfangs sehr mühsame Wieder-auf-die-Beine-kommen etwa »nichts«? Marita brachte es nach ihrem zweiten (geplanten) Kaiserschnitt auf den Punkt: »Beim Kaiserschnitt fängt die Geburtsarbeit erst an, wenn das Kind schon da ist.« Wenn die Entscheidung zum Kaiserschnitt unter der Geburt fiel, haben die Mütter sogar fast doppelt soviel geleistet: Normale Geburtsarbeit, bis sie oder das Kind nicht mehr konnten, und dann noch den Kaiserschnitt.

»Ja, aber ich habe es doch nicht geschafft, es war doch umsonst«, werden jetzt viele Frauen einwenden. Dazu können wir nur eins sagen: Wir alle haben keine unerschöpflichen Kräfte, weder wir Mütter noch unsere ungeborenen Kinder. Wenn Hebammen und Ärzte unter der Geburt zum Kaiserschnitt raten, dann tun sie das nicht aus Bequemlichkeit oder weil sie die Mutter für unfähig halten, sondern weil die Kräfte von Mutter und/oder Kind erschöpft sind, weil sich die Nabelschnur um den Hals des Babys gewickelt hat oder andere schwerwiegende Komplikationen eingetreten sind, wofür weder Mutter noch Baby, noch sie selbst etwas können.

»Die Ärzte haben mich um die Geburt betrogen«, auch solche Vorwürfe sind gar nicht so selten. Annette (28), Verkäuferin, hatte gar nicht mitbekommen, wie die Herztöne ihres Kindes plötzlich absackten. Sie meinte nur, Hebamme und Ärzte hätten sie »für eine unfähige dumme Gans gehalten«, noch ein paar Minuten, dann hätte sie es doch auch selber geschafft. Deswegen war sie auch erst mal total geschockt, als die Hebamme einige Tage später ganz ruhig zu ihr sagte: »Ein Sauerstoffschaden ist aber nur eine Sache von Minuten.« Doch dann fühlte sie sich plötzlich »unheimlich erleichtert«.

»Eine richtige Mutter schließt ihr Baby gleich nach der Geburt in die Arme, ich habe doch alles verschlafen.« Was eine »richtige« Mutter zu tun und zu lassen hat, unterliegt nicht zuletzt auch gesellschaftlichen Wertvorstellungen. Natürlich ist es ein sehr schönes Gefühl für Mutter und Kind, nach getaner Geburtsarbeit in inniger Umarmung auszuruhen und sich vorsichtig kennenzulernen. Aber wer sagt denn, daß sich das nicht auch noch nachholen läßt? Und selbst wenn Sie Ihr Baby wegen der Schmerzen und der Infusionen nicht ständig bei sich im Bett haben können, so können sie es doch direkt neben sich stellen lassen, mit ihm sprechen und ihm etwas vorsingen, genauso wie Sie es vielleicht schon während der Schwangerschaft getan haben.

»Aber fühlt sich das Baby beim Kaiserschnitt nicht mutterseelenallein auf der Welt?« Da könnte etwas dran sein, wenn das Baby nach der Geburt lieblos untersucht, angezogen und geradewegs in sein Bettchen verfrachtet würde. Heutzutage übernehmen aber immer mehr Väter die Rolle der Mutter nach der Geburt. Sie nehmen das Baby in Empfang, baden es und ziehen es gemeinsam mit der Hebamme an und bleiben bei ihm, bis es mit zur Mutter aufs Zimmer darf. In einigen Kliniken dürfen die Väter ihrem Baby sogar den ersten Hautkontakt geben. Aber auch andere, zum Beispiel eine gute Freundin, können das Baby auf diese Weise genausogut in Empfang nehmen. Wichtig: Besprechen Sie das vorher mit den Hebammen und Ärzten, sonst rücken sie das Baby vielleicht nicht heraus!

Außerdem können Sie Ihr Baby schon vor der Geburt auf den Kaiserschnitt vorbereiten. Sprechen Sie mit ihm, erzählen Sie ihm, wie eine Kaiserschnittgeburt verläuft, wer es in Empfang nehmen wird und daß es keine Angst zu haben braucht. Keineswegs nur fernöstlich orientierte Ärzte und Hebammen empfehlen heutzutage diese Art der Vorbereitung, die beim geplanten Kaiserschnitt, aber auch beim unvorhergesehenen, während der Wartezeit auf die Operation noch helfen kann.

Viele Mütter klagen, daß sich niemand für ihre Sorgen und Ängste nach dem Kaiserschnitt interessiert. Das liegt nicht nur daran, daß in vielen Köpfen noch die Vorstellung herumspukt: »Wenn erst mal das Baby da ist, ist doch alles gut.« Viele Menschen können sich auch einfach nicht vorstellen, wie belastend ein Kaiserschnitt sein kann. Hier helfen vor allem Gespräche mit Müttern, die dasselbe hinter sich haben.* Die

* Sehr empfehlenswert ist auch der zweite Teil des Buches »Kaiserschnitt« von der dreifachen Kaiserschnittmutter Eva Mühlratzer und dem Gynäkologen Wilhelm Horkel.

Rückbildungsgymnastik bietet eine gute Gelegenheit, solche Mütter kennenzulernen. Bitten Sie die Krankengymnastin, Sie in eine Gruppe mit Kaiserschnittmüttern einzuteilen. Auch über Stillgruppen und Stillberaterinnen lassen sich leicht Kontakte knüpfen. Und wenn alles nichts hilft: Versuchen Sie's mit einer Kleinanzeige in der Lokalzeitung (am besten mit Chiffre).

Einmal Kaiserschnitt – immer Kaiserschnitt?

Das muß nicht sein. Ob die nächste Geburt wieder ein Kaiserschnitt sein wird, hängt vor allem von der Indikation für den ersten ab. Am besten sind die Chancen für eine vaginale Geburt, wenn der erste Kaiserschnitt wegen einer Beckenend- oder einer Querlage des Babys oder wegen drohenden Sauerstoffmangels des Babys unter der Geburt notwendig wurde. Hier liegen die Chancen etwa 50 zu 50. Deutlich schlechter sind die Prognosen für eine vaginale Geburt, wenn das Becken der Mutter beim ersten Mal zu eng war, denn es ist relativ unwahrscheinlich, daß das nächste Baby einen sehr viel kleineren Kopf haben wird. Bei allen anderen Indikationen hängen die Chancen sehr vom Einzelfall ab. Hat die Mutter aber bereits zwei Kaiserschnitte hinter sich, dann raten die Ärzte durchweg auch beim nächsten Kind zur Schnittentbindung. Übrigens spielt nach neuesten Untersuchungen der Zeitpunkt der Entscheidung zum Kaiserschnitt für die Chance auf eine vaginale Entbindung beim nächsten Mal keine Rolle.

Mit einer neuen Schwangerschaft sollten Kaiserschnittmütter mindestens zwei, besser noch drei Jahre warten. Dann ist auch die Narbe so stabil, daß sie die Belastung durch das wachsende Gewicht des Babys gut aushält. Den größeren Belastungen ist die Narbe ohnehin erst während der Geburt durch die Wehen ausgesetzt, wobei in seltenen Fällen Komplikationen auftreten können. Das muß nicht gleich ein Riß (Ruptur) der Narbe sein, häufiger verliert die Gebärmuttermuskulatur im

Bereich der Narbe ihre Kontraktionsfähigkeit, die Geburt kommt nicht mehr voran und muß durch Kaiserschnitt beendet werden. Das ist auch der Grund dafür, warum die Mütter bei einem vaginalen Entbindungsversuch nach vorausgegangenem Kaiserschnitt immer genau überwacht werden, die Hebamme und mindestens ein Arzt (meistens sogar mehrere) die ganze Zeit anwesend sind und der OP in Bereitschaft für einen eventuellen zweiten Kaiserschnitt (med.: Re-Sectio = erneuter Schnitt) steht.

Frauen, die nach dem Kaiserschnitt eine vaginale Entbindung versuchen wollen, sollten die Geburtsvorbereitung besonders ernst nehmen. Am besten einen Kurs bei einer Hebamme oder Geburtsvorbereiterin buchen, die mit Kaiserschnittmüttern Erfahrung hat und viel Wert auf entspannungsfördernde und meditative Methoden legt. Denn gerade Kaiserschnittmütter neigen bei einer vaginalen Entbindung dazu, sich zu verkrampfen, weil sie es diesmal doch endlich selber schaffen wollen.

Inge nimmt heute an, daß es vielleicht ihre Verkrampfung war, die beim ersten Kind den Kaiserschnitt notwendig machte. Beim zweiten Mal, so hatte sie sich vorgenommen, wollte sie die Geburt ganz konzentriert, aber möglichst entspannt angehen. Mit Erfolg: Obwohl selbst ihre Ärztin nicht mehr daran glauben mochte, daß Inge ihre Zwillinge (!) auf normalem Wege zur Welt bringen würde, und sie sie deshalb für den übernächsten Tag zum Kaiserschnitt einweisen wollte, klappte alles wunderbar: »Abends um sieben Uhr saß ich plötzlich auf einem nassen Sofa – Blasensprung. Mit dem Krankenwagen und tatütata ging's in die Klinik, die Sanitäter hatten mehr Angst als ich, ich mußte sie noch beruhigen, daß wir es schaffen. In der Klinik wartete schon meine Ärztin mit einer Hebamme, die mir sofort sympathisch war und einer Krankengymnastin. Ich habe zu mir gesagt: ›So, das packst du jetzt‹ und mich voll auf die Geburt und die Anweisungen von Ärztin und Hebamme konzentriert. Währenddessen massierte mir die Krankengymnastin den Rücken, was mir sehr geholfen hat. (Inge lebt in Belgien, wo Krankengymnastinnen in der Geburtshilfe mitarbeiten). Klar, es war harte Arbeit, bis kurz nach zwölf Uhr die Kinder kurz nacheinander da waren. Ich hab danach wie eine Hundertmeterläuferin im Ziel die Arme hochgerissen und gejubelt: ›Ich hab's geschafft, ich hab's geschafft.‹«

Aber selbst wenn es nicht klappt: Für die meisten Mütter bedeutet der zweite Kaiserschnitt keinen so großen Schock mehr wie der erste. Denn sie müssen sich schon weit im voraus mit dem Gedanken vertraut machen, daß es durchaus wieder ein Kaiserschnitt werden kann und können sich daher besser darauf vorbereiten, zumal sie wissen, was auf sie zukommt. So spürte Inge keine Angst, als ihre Ärztin den Kaiserschnitttermin festlegte: »Dann muß es halt so sein.«

Werden heute zu viele Kaiserschnitte gemacht?

Nachdem in den USA in einigen Kliniken jedes zweite Kind per Kaiserschnitt auf die Welt kommt und deswegen ein nationales Programm zur Senkung der Kaiserschnittrate eingeführt wurde, werden jetzt auch in Deutschland die Indikationen für eine Schnittentbindung kritisch überprüft. Im Mittelpunkt stehen dabei die geplanten Kaiserschnitte bei Beckenendlage des Babys. Nach einer Umfrage anläßlich der 47. Jahrestagung der Deutschen Gesellschaft für Gynäkologie und Geburtshilfe 1988 in München werden derzeit etwa 30 Prozent aller Kaiserschnitte in deutschen Entbindungskliniken* wegen einer Beckenendlage vorgenommen. Der Grund: Bei einer vaginalen Entbindung aus der Beckenendlage kommt zuerst der Po des Babys (manchmal kommen sogar auch erst seine Füße). Da aber der Po einen geringeren Durchmesser hat als Schultern und Kopf, sind die Geburtswege häufig noch nicht ausreichend geweitet bzw. der Kopf des Kindes noch

* Belegkliniken nicht eingeschlossen.

nicht »geburtsgerecht« geformt (wie das bei einer Schädellage durch die Wehen automatisch geschieht). Und das bedeutet nicht nur Schwerstarbeit für das Baby und die Mutter, sondern grundsätzlich auch ein Risiko für die Gesundheit des Babys. Daher tendierte die geburtshilfliche Lehrmeinung in den siebziger Jahren und Anfang der achtziger Jahre immer stärker dazu, Babys in Beckenendlage bei Erstgebärenden sicherheitshalber durch Kaiserschnitt zu entbinden. Hat die Frau bereits ein Kind vaginal geboren, dann rieten und raten die Ärzte auch bei Beckenendlage zur vaginalen Geburt, weil die Geburtswege eben offensichtlich weit genug sind.

Seit einigen Jahren mehren sich jedoch in der Geburtshilfe die kritischen Stimmen und wenden ein, daß das Gesundheitsrisiko für das Baby bei der Beckenendlage überbewertet werde, auch bei Erstgebärenden könne durchaus eine vaginale Entbindung bei entsprechender Überwachung und erfahrenen Ärzten und Hebammen versucht werden. So weit, so gut. Nachdenklich stimmt aber das häufig in diesem Zusammenhang angeführte Argument: Sonst werde die sogenannte Manualhilfe (eine Abfolge bestimmter geburtshilflicher Handgriffe zur Entwicklung von Schultern und Kopf des Babys bei Beckenendlage) bald nur noch im Lehrbuch stehen. Zumindest die Frage sollte erlaubt sein: Warum sollten das Ärzte und Hebammen gerade an Erstgebärenden üben?

Allerdings zeichnet sich inzwischen ein Kompromiß ab: Immer mehr Ärzte und Hebammen raten bei Beckenendlage dazu, zunächst einmal alles zu versuchen, daß sich das Baby doch noch in die »richtige« Geburtsposition, die sogenannte Schädellage mit dem Kopf voran, dreht. Dazu gibt es eine ganze Reihe von Methoden: Sie reichen von der indischen Brücke oder Kerze, der Moxibustion, Sofer-Laser-Stimulation und Haptonomie bis hin zur äußeren Wendung. Während bei den ersten fünf Verfahren das Baby praktisch dazu angeregt wird, die Entscheidung zum Wenden selbst zu treffen, wird es bei der äußeren Wendung mit sanfter Gewalt vom Arzt in die richtige Geburtsposition gedreht, ein Verfahren, das nicht immer ungefährlich ist und unter Kaiserschnittbereitschaft durchgeführt wird. Die ersten Methoden fordern von der Mutter allerdings Geduld und Disziplin: Einmal indische Brücke oder Moxibustion reicht natürlich nicht.

Selbst wenn sich das Baby trotz mehrfacher Anregungen nicht dreht, heißt das nicht unbedingt Kaiserschnitt. Viele Ärzte und Hebammen warten heute erst mal die Wehen ab. Setzen sie vor dem errechneten Geburtstermin ein, ist das Baby nicht allzu groß und kommt die Geburt gut voran, stehen die Chancen für eine vaginale Entbindung trotz Beckenendlage gut*. Ist aber der Geburtstermin überschritten, das Baby sehr groß und keine oder nur schwache Wehen vorhanden, dann steigt die Wahrscheinlichkeit für einen Kaiserschnitt. Zudem weigern sich die meisten Ärzte aus Sicherheitsgründen, zu diesem Zeitpunkt die Geburt künstlich einzuleiten. In seltenen Fällen ist nämlich der Grund, weswegen sich das Baby nicht dreht, auch später der Grund für Komplikationen unter der vaginalen Geburt. Oder anders: Durch seine »falsche« Lage macht das Baby auf eine Gefahr aufmerksam, die trotz der modernen Diagnosetechniken der Geburtshilfe »von außen« nicht feststellbar ist, es versucht, sich zu schützen. Geburtshelfer und Hebammen, die schon länger in der Klinik tätig sind, haben fast alle solche Situationen erlebt.**

Auch wir trafen bei unseren Recherchen eine Kaiserschnittmutter, der genau das passiert war, die Lehrerin Ulrike (31): »Meine Schwangerschaft war völlig komplikationslos. Nur das Baby lag ›falsch‹. Vorher hatte es noch lustig Purzelbäume geschlagen, seit Mitte des siebten Monats war Ruhe. Mein Arzt riet mir zur indischen Brücke, also Po auf einen Berg Kissen und abwarten. Ich hatte noch nicht lange so gelegen, als ein fürchterliches Rumoren im Bauch anfing, das Baby ver-

* Das gilt allgemein ab der 36. Schwangerschaftswoche. Beginnen die Wehen früher, dann wird wegen der Unreife des Kindes gewöhnlich ein Kaiserschnitt notwendig.

** Auch Eva Mühlratzer berichtet in ihrem Buch über einen solchen Fall.

suchte sich zu drehen, schaffte aber nur 90 Grad und blieb quer liegen. Ich dachte, ich platze. Nach ein paar Minuten drehte sich das Baby wieder zurück. Am nächsten Tag genau dasselbe. Da habe ich auf Rat meines Arztes aufgegeben. Als der Geburtstermin näher rückte, sagte mir mein Arzt ganz offen, er könne es nicht genau begründen, aber er habe das starke Gefühl, daß bei mir ein Kaiserschnitt notwendig sei. Ich war aber ziemlich auf eine normale Geburt fixiert. Wir haben uns dann so geeinigt: abwarten bis zum errechneten Geburtstermin und bei Wehen es erst mal normal versuchen. Falls aber keine Wehen bis zum Termin einsetzen, dann ein geplanter Kaiserschnitt. So kam's denn auch. Ein paar Tage nach der Operation setzte sich mein Arzt, er hatte auch den Schnitt gemacht, an mein Bett und erklärte mir, warum das Baby niemals normal auf die Welt gekommen wäre: Es hatte eine ganz seltene Nabelschnurfehlbildung. Die Nabelschnur wäre spätestens in der Austreibungsphase gerissen. Und was das bedeutet, konnte ich mir auch selbst beantworten.«

Wer will es angesichts solcher, wenn auch seltener Situationen, den Ärzten und Hebammen verdenken, wenn sie aus Sicherheitsgründen zum Kaiserschnitt raten? Hinterher wissen es natürlich alle besser.

Auch einige andere Indikationen zum Kaiserschnitt, wie zum Beispiel die Erschöpfung von Mutter und Kind nach längerer schwerer Geburtsarbeit, werden im Moment kritisch diskutiert. Das ist auch sicherlich sinnvoll, wenn sich daraus neue Methoden zur sicheren vaginalen Entbindung entwickeln lassen. Sinnlos ist jedoch, wenn die Diskussionen von der einen oder anderen Seite ideologisch überfrachtet werden und letztendlich alle, Schwangere, Ärzte und Hebammen verunsichert sind. Die Entscheidung zum Kaiserschnitt sollte und muß immer eine Einzelfallentscheidung sein, zugunsten der Sicherheit und Gesundheit von Mutter und Kind und nicht zugunsten irgendwelcher Kaiserschnitt- oder Nicht-Kaiserschnitt-Statistiken einer Klinik.

Die Gefühle der schwangeren Männer

Nein, diese Überschrift ist kein Versehen: Auch Männer werden schwanger. Sie haben sogar körperliche Symptome. Nur: Für den werdenden Vater interessiert sich niemand, er genießt keinen Vaterschutz, und Ängste darf er auch nicht äußern. Aber treusorgend und einfühlsam soll er natürlich sein. In diesem Kapitel wollen wir die Rolle der werdenden Väter beleuchten, ihre häufigsten Ängste beschreiben und ihnen Vorschläge machen, wie sie mit ihrer schwierigen Situation besser zurechtkommen.

Auch Männer leiden unter Schwangerschaftsbeschwerden. Lange Zeit wurde in der westlichen Welt nur geschmunzelt, wenn Anthropologen von Naturvölkern berichteten, deren Männer sich ins Wochenbett legen oder sich in Wehen winden. Heute wissen wir es besser: Zahlreiche Studien in Industrieländern haben nachgewiesen, daß Männer überall auf der Welt unter Schwangerschaftsbeschwerden leiden, wenn ihre Partnerin ein Kind erwartet: In den ersten Monaten ist es die Übelkeit, später sind es Rücken- und Bauchschmerzen. Und die werdenden Väter nehmen auch deutlich an Gewicht zu. Die Wissenschaft hat sogar einen Fachausdruck für diese Erscheinungen, das »Couvade-Syndrom«, abgeleitet vom französischen Wort für »Brüten«. Die Bremer Diplom-Psychologin und Geburtsvorbereiterin Ulrike Hauffe: »Ich habe einmal über ein Jahr hinweg hundertfünfzig Männer auf die Waage gestellt. Die durchschnittliche Zunahme während der Schwangerschaft ihrer Frauen lag bei vier Kilo!« Fachleute haben verschiedene Erklärungen für diese körperlichen Reaktionen. Vielleicht fühlen manche Männer so mit ihren Frauen, daß sie die gleichen Symptome bekommen. Sicher entwickeln viele Männer Schwangerschaftsbeschwerden, weil sie eigentlich genauso viel Zuwendung brauchen wie ihre schwangeren Frauen. Oder weil sie ihre Frauen einfach bewußt oder unbewußt um das Baby im Bauch beneiden. Das erklärt auch, weshalb sich viele Männer gerade in den letzten Monaten der Schwangerschaft selbst ein »Kind« zulegen: Der eine übernimmt einen neuen, besonders schwierigen Arbeitsbereich, der andere kauft sich ein neues Auto (natürlich nur wegen der Familie!), der dritte beschließt, jetzt segeln zu lernen. Und verbürgt ist auch der Fall des Juristen, der einige Tage vor dem Geburtstermin beschloß, neben seinem Zwölfstundenjob jetzt den großen Kriminalroman zu schreiben. Viele Männer haben aber auch schon ein Kind, das sie in dieser Situation besonders sorgsam pflegen: den Computer.

Männer kennen keine Ängste. Zu diesem Ergebnis wären wir zu Beginn der Recherchen für dieses Kapitel beinahe gekommen. Während die meisten Frauen, die wir nach Ängsten und Unsicherheiten in der Schwangerschaft fragten, geradezu lossprudelten, blieben sehr viele Männer zuerst einmal stumm. Manche schafften es sogar, sich so distanziert zu geben, daß wir sie kaum auf dieses Thema anzusprechen wagten. Andere antworteten erst, als wir die Wörter »Angst«, »Sorge« und »Unsicherheit« vermieden und ganz allgemein nach »Erfahrungen« in der Zeit der Schwangerschaft ihrer Partnerin fragten. Diese Reaktion ist aber eigentlich nicht verwunderlich:

- Das traditionelle Rollenbild, das ja Männern wie Frauen noch in den Knochen steckt, läßt Männer ihre Ängste verleugnen, ja oft noch nicht einmal spüren.
- Männer, die in der ersten Zeit der Schwangerschaft befragt werden, haben oft keine ängstlichen Gefühle, weil ihnen die Schwangerschaft noch gar nicht richtig bewußt geworden ist. Da das Kind für den Mann lange Zeit weder zu sehen noch zu spüren ist, läßt es sich gedanklich leichter wegschieben.

- Wenn Männer Ängste spüren, maskieren sie sie lieber. Dazu der Münchner Diplom-Psychologe und Psychotherapeut Rolf Merten, selbst Vater eines kleinen Sohnes: »Typisch männlich ist der Sprung von der persönlichen Unsicherheit zur ›sachlichen‹ Frage. Ein Mann fragt also nicht: ›Werde ich es schaffen, ein guter Vater zu sein?‹, sondern: ›Kann man denn in diese Welt noch Kinder setzen?‹«
- Und schließlich erschwert auch die neue Pflicht als Familienvater den Männern, sich mit ihren Ängsten und Unsicherheiten auseinanderzusetzen. Sie sollen ja jetzt stark sein, der Ernährer der Familie und Halt für die schutzbedürftige Schwangere. Wen soll er da mit seinen Gefühlen belämmern?

Aber neue Väter sollen sie sein! Haben Sie gerade Zeit für einen kleinen Selbstversuch? Dann ballen Sie jetzt einmal mit aller Kraft Ihre Faust. (Gilt auch für Frauen!) So, jetzt versuchen Sie einmal, mit dieser geballten Faust Ihre Partnerin/Ihren Partner zu streicheln – notfalls sich selbst, wenn sonst niemand da ist. Geht nicht? Kein Wunder: Niemand kann zugleich alle Muskeln anspannen und dabei zärtlich und feinfühlig sein. Vor genau diesem Problem stehen werdende Väter heute: Sie sollen einerseits (weiter) die traditionelle Rolle des Familienernährers und -beschützers übernehmen und damit ihre Ängstlichkeit wegdrücken, zugleich aber feinfühlig auf die Ängste und Nöte ihrer Partnerin eingehen. Eine fast unlösbare Aufgabe.

Sehr ausführlich beschreibt der amerikanische Psychotherapeut Jerold Lee Shapiro diesen Konflikt in seinem Buch »Vater werden ist nicht leicht«: »Zwischen der ausgesprochenen bewußten Erwartung: ›Bitte nimm Anteil!‹ und dem unausgesprochenen Nachsatz: ›Aber zeige dabei keine negativen Gefühle!‹ gibt es einen Widerspruch. Wenn der künftige Vater sich wirklich beteiligen soll, muß er auch seine innersten Gefühle einbringen können. Dabei wird er jedoch schon bald feststellen müssen, daß nicht alle seine Empfindungen positiv sind. Manchmal ist er genauso besorgt, traurig oder wütend wie seine Frau.«*

Was Männern wirklich Sorgen macht

Was kann ein Mann tun, um seiner schwangeren Frau zur Seite zu stehen, ohne seine eigenen Gefühle zu verleugnen? Der erste und wichtigste Schritt ist, sich der Empfindungen bewußt zu werden. Im folgenden beschreiben wir deshalb die Fragen, die Männer in der Zeit der Schwangerschaft am meisten bewegen. Wohlgemerkt: So verschieden sind die Ängste der Männer nicht von denen der Frauen. Eine typische gemeinsame Sorge ist zum Beispiel die, ob das Kind behindert sein könnte. Fast alle von uns befragten Männer und Frauen nannten sie zuerst. Das liegt sicher nicht nur daran, daß diese Sorge der werdenden Eltern besonders wichtig ist, sondern auch daran, daß man diese Sorge leicht aussprechen kann, ohne sich selbst eine Blöße zu geben. Das gilt besonders für Männer. Vielleicht machen sich aber auch die werdenden Väter deshalb besondere Sorgen um die Gesundheit der Babys, weil sie mehr an die Zukunft mit dem Kind denken, während die Frauen ihr Kind ja fühlen können und mehr mit ihm in der Gegenwart leben. Werdende Väter verschwenden also bestimmt nicht ihre Zeit, wenn sie auch die übrigen Kapitel dieses Buches lesen.

Die folgenden Fragen sind Männern besonders wichtig:

Verliere ich jetzt meine Freiheit?

Männerfreiheit – das Wort scheint ein Relikt aus alten Zeiten zu sein. Und doch reagieren Männer meist viel vehementer auf mögliche Einschränkungen ihrer persönlichen Freiheit als

* Shapiro, Jerold Lee: Vater werden ist nicht leicht – Ängste, Sorgen und Bedürfnisse werdender Väter. mvg-Verlag, S.19. (Ein empfehlenswertes Buch, allerdings sind die medizinischen Informationen veraltet und beziehen sich stark auf amerikanische Verhältnisse.)

Frauen. Deshalb haben sie mehr Angst, durch ein Kind ihre Freiheit zu verlieren als ihre Partnerinnen, obwohl sie objektiv gesehen viel weniger eingeschränkt werden. Immerhin: Ein werdender Vater, der seine Aufgabe auch nur halbwegs ernst nimmt, wird in der beruflichen Planung auf die Familie Rücksicht nehmen, wird seine Partnerin nicht einfach betrügen oder verlassen, wird (vor allem, wenn das Baby da ist) nicht (mehr) ein und aus gehen, wie es ihm paßt. Die Vaterrolle legt ihm Fesseln an – und das macht angst. Aber gerade diese Gefühle kann er seiner Partnerin gegenüber eigentlich nicht offen schildern. Denn, so der Psychotherapeut Hermann Bullinger in seinem Buch »Wenn Männer Väter werden«: »Solche Ängste werden von Frauen oft als prinzipielle Infragestellung des gemeinsamen Entschlusses für ein Kind erlebt. Das empfinden viele Frauen schon deshalb als bedrohlich, weil die geringere Bereitschaft des Mannes zur Übernahme von Verantwortung für das Kind von der Gesellschaft durchaus akzeptiert wird und ein Vater keine große Mißbilligung befürchten muß, wenn er sich aus der Verantwortung für das Kind zurückzieht.«*

Manchmal sind es aber auch nur die kleinen Eigenarten der Schwangeren, die einen sonst ausgeglichenen Mann um seine Freiheit fürchten lassen. Rolf (30), Geologe: »Seit meine Frau schwanger ist, verstehe ich sie manchmal nicht, weiß gar nicht, warum sie plötzlich verstimmt ist. Neulich saßen wir abends im Wohnzimmer, der Fernseher lief. Mich störte das beim Lesen, also sagte ich ihr, daß ich meine Zeitschrift im Schlafzimmer lesen wolle. Da war sie richtig verletzt: Warum ich denn nicht bei ihr bleiben wolle?«

Einige Männer stellen aber auch tatsächlich die Partnerschaft in Frage, wenn sie erfahren, daß sie Vater werden. Sei es, daß sie vor lauter Angst die Flucht ergreifen, sei es, daß sie sich

---

* Bullinger, Hermann: Wenn Männer Väter werden, Reinbek 1991. (Das Buch ist sehr empfehlenswert für alle Leser und Leserinnen, die sich mit Schwangerschaft, Geburt und Elternrolle aus Männersicht beschäftigen möchten. Bullinger betont allerdings sehr die Rolle des nichtehelichen Vaters.)

erst einmal innerlich zurückziehen. Robert (34), Steuerberater: »Vor dem ersten Kind waren wir noch nicht verheiratet, aber mit der Zeugung haben wir es einfach drauf ankommen lassen, denn wir wünschten uns schon ein Kind. Aber als Barbara mir sagte, daß sie schwanger sei, war es ein richtiger Schock. Ein gemeinsames Kind – das bedeutet für mich eine festere Bindung als eine Heirat. Zwei Tage lang grübelte ich: Jetzt bin ich auf diese Frau festgelegt, es gibt kein Zurück mehr! Schlagartig kamen mir alle Dinge ins Bewußtsein, die mir an ihr nicht gefielen. Aber dann habe ich mich doch für sie und das Kind entschieden. Heute, nach vier Jahren Ehe und inzwischen zwei Kindern, bereue ich den Entschluß noch immer nicht.«

Werde ich die Verantwortung tragen können?
Diese Frage ist eng mit der Angst vor Verlust der Freiheit verknüpft. Denn Verantwortung geht ja immer mit Einschränkungen einher. Viele Männer machen sich Sorgen, ob sie zum alleinigen Ernährer taugen. Noch einmal Rolf: »Als Geologe verdiene ich jetzt am Anfang nicht viel. Und fest angestellt bin ich auch nicht. Bisher hat mir das nicht viel ausgemacht, denn als Ärztin hatte meine Frau einen guten Verdienst. Aber jetzt fällt nicht nur ihr Geld weg – ich muß auch noch für drei sorgen!« Neben der materiellen Verantwortung ist es auch die Sorge, als Vater gut genug zu sein, die Männern zu schaffen macht. Oft ist es die Frage:

Werde ich so sein wie mein Vater?
Abwesend, weil geschieden? Oder nur abends auftauchend, oft strafend als der Rächer für die Sünden des Tages? Oder einfach nur abweisend, weil es nicht ins Vaterbild paßt, zu schmusen und fürsorglich zu sein? Wer solche Vater-Erfahrungen hat, wird natürlich Sorge haben, daß ihm dieses Vorbild fest in den Knochen steckt und er selbst sich ähnlich verhalten könnte.

Verliere ich meine Frau?

Die Angst entsteht durch zwei intensive Erfahrungen, die viele Männer in der Schwangerschaft machen. Zum einen kehrt sich die Frau besonders in den ersten Monaten in sich selbst und zum Kind. Sie erscheint verändert und abgewandt. Das vermittelt dem Mann das Gefühl, draußen zu bleiben, womöglich unerwünscht zu sein. Zum anderen verlieren viele Frauen in der Schwangerschaft die Lust auf Sex.

Da das sexuelle Beisammensein besonders von Männern als Maßstab für die Qualität der Beziehung gilt, fühlen sie sich von diesem Rückzug bedroht. Dabei können sie oft nicht sehen, daß die Frauen auf Nähe und Zärtlichkeit durchaus Wert legen.

Manche Männer fürchten aber noch auf andere Weise, ihre Partnerin zu verlieren. Das sind Männer, deren Beziehung zur eigenen Mutter sehr problematisch war oder ist: Sei es, daß sie sie vergöttern, sich nie von ihr gelöst haben oder mit ihr nichts mehr zu tun haben wollen. Sie versuchen, das Bild von der Geliebten und Partnerin streng von dem der Mutter zu trennen. Aber jetzt wird ihre Geliebte auch Mutter – und das kann einen Mann mit solch einem Frauenbild sehr bedrohen, ohne daß es ihm bewußt ist.

Nimmt mir das Kind jetzt alles weg?

In uns allen, Frauen und Männern, steckt das Kind, das wir einmal waren, noch mit allen seinen kindlichen Gefühlen. Und selbst wenn ein Mensch dem Alter nach kein Kind mehr ist, heißt das noch nicht, daß er auch innerlich erwachsen geworden ist. Ein Mann, der in der Beziehung zu seiner Partnerin noch kindliche Wünsche auslebt, zum Beispiel ständig umsorgt werden möchte, kann plötzlich ganz tiefe Eifersuchtsgefühle spüren, wenn seine Partnerin schwanger wird. Das gilt besonders für Männer, die diese schmerzhafte Entthronung als große Brüder in ihrer Kindheit schon einmal durchgemacht haben. Diese Angst drückt sich oft nicht bewußt aus, aber ein kindlich eifersüchtiger Mann wird sich vielleicht auch so benehmen: abweisend, bockig und gleichzeitig besonders fordernd. Oder er entwickelt körperliche Symptome wie Bauch- und Rückenschmerzen oder andere Beschwerden. Diese Eifersucht ist wohl auch oft der Grund für das ruppige Verhalten, das manche Männer gerade dann an den Tag legen, wenn es ihrer schwangeren Partnerin nicht gutgeht. Eine Schwangere mit vorzeitigen Wehen berichtete uns, daß ihr Mann sich zuerst weigerte, ihr ein Fahrrad aus dem Keller zu holen – das hätte sie doch sonst auch immer gekonnt!

Wann kommen denn bloß die Vatergefühle?

Geschichtlich gesehen hat sich der Zeitpunkt immer weiter vorverlagert, zu dem Vater und Kind angeblich etwas miteinander anfangen können. Vor Jahrzehnten wurde ein Kind für den Vater erst interessant, wenn es Fußball spielen konnte. Dann durften Männer immerhin schon Kinderwagen schieben und schließlich Babys wickeln. Heute sind sie bei der Geburt dabei. Aber vor der Geburt? Schließlich kann der Vater das Baby im Bauch nicht sehen und nur selten fühlen. (Babys wissen ja auch im Bauch offenbar schon genau, wann die gespannte Aufmerksamkeit auf sie gerichtet ist. Vielleicht verhalten sie sich deshalb immer dann still, wenn der Vater mal einen Tritt fühlen will.) Wie also kann ein Vater seinem ungeborenen Kind nahekommen? Wenn Sie Lust dazu haben, dann informieren Sie sich darüber, was Ihr Kind schon alles kann und wie es heranwächst. Gehen Sie öfter mal mit zu den Vorsorgeuntersuchungen, lassen Sie sich dort die Herztöne vorspielen, und bitten Sie den Arzt, Ihnen das Ultraschallbild genau zu erklären. Und wenn Ihre Vatergefühle trotzdem auf sich warten lassen, dann machen Sie sich nichts daraus: Spätestens, wenn Ihr Baby Sie zum ersten Mal angelächelt hat, wenn Sie es zum ersten Mal eine halbe Nacht im Zimmer herumgetragen haben, weil es so schrie, dann werden Sie das Glück und die Verzweiflung kennen, aus denen Elternliebe gemacht ist.

Ist das jetzt der Anfang vom Alter?
Diese Frage stellen sich vor allem Männer, die es bisher sorgfältig vermieden haben, einen »erwachsenen« Lebensstil anzunehmen. Sie sehen sich plötzlich nicht nur Einschränkungen ihrer Freiheit und neuen Verpflichtungen gegenüber, sondern stellen mit Schrecken fest, daß sie durch das Kind eine Generation weiter geschoben werden. Und das macht ihnen angst, ist es doch für sie ein Abschied von der Jugend. Übrigens: Dies ist auch eine häufige Angst von werdenden Großeltern beim ersten Enkelkind. Es gibt gar nicht wenige Großeltern, die es zumindest anfangs ablehnen, von ihren Kindern Oma/Opa genannt oder mit irgendeinem anderen Kosenamen, der auf ihre Großelternschaft hinweist, gerufen zu werden.

Geht jetzt alles noch mal von vorne los?
Beim zweiten, dritten oder vierten Kind sind die Ängste der Väter – ähnlich wie die der Mütter – meist nicht mehr so groß, dafür aber um so realistischer. Die große Freiheit ist sowieso schon dahin (und wird weniger vermißt als erwartet). Die Verantwortung läßt sich tragen. Aber die durchgewachten Nächte, der Dauerstreß mit dem Baby – wie sollen wir das nur wieder durchstehen? Zum Glück existieren hier aber schon ältere Kinder, die der lebendige Beweis dafür sind, daß auch diese anstrengenden Monate vorbeigehen und eine leichtere Zeit folgt.

Auch Männer brauchen ein offenes Ohr

Männerängste in der Schwangerschaft sind häufiger und gehen tiefer als oft angenommen. Dabei tun sich Männer ja nicht nur schwer, ihre Ängste zu spüren und über sie zu reden, sie haben auch mehr Schwierigkeiten als ihre Frauen, Lösungen zu suchen. Das gilt ganz besonders, wenn das Gespräch unter den Partnern so erschwert ist wie in der Schwangerschaft: Beide, Mann und Frau, wünschen sich die Zuwendung des anderen.

Aber beide können sie sie nicht geben, weil sie eben selbst bedürftig sind. Und so fühlt sich jeder vom anderen vernachlässigt. Alle Psychologen, die wir nach einer Lösung für diese verfahrene Situation gefragt haben, waren sich einig: Es bringt nichts zu sagen: »Reden Sie einfach offen miteinander.« Denn gerade das können Mann und Frau jetzt nicht. Das Problem muß anders angegangen werden. Für die werdenden Väter ist es das Beste, sich erst einmal mit den eigenen Gefühlen zu beschäftigen, denn, so der Hamburger Psychotherapeut Claus Gieseke, der längere Zeit bei »Pro Familia« Paare beraten hat: »Man kann nicht zueinanderkommen, wenn man nicht zu sich selbst kommt!« Praktisch heißt das: Nehmen Sie sich Zeit für sich selbst, und nehmen Sie Ihre Gefühle ernst. Suchen Sie sich Männer, mit denen Sie sich offen austauschen können. Vielleicht gibt es in Ihrem Bekanntenkreis Männer, die schon Kinder haben oder auch bald Vater werden. Wenn nicht, dann können Sie sich mit anderen Männern verabreden, deren Frauen denselben Vorbereitungskurs besuchen. Auch ein Zettel beim Frauenarzt oder im Lokalblättchen hat häufig Erfolg. Sie müssen solch ein Treffen ja nicht gleich als »Männergruppe« bezeichnen, ein wöchentlicher »Väterabend« in der Lieblingskneipe tut's auch. Die Schwierigkeiten einer solchen Gruppe bestehen allerdings darin, daß Männer, auch wenn sie unter sich sind, nur unter Schwierigkeiten über ihre Gefühle sprechen können. Aber gerade das ist wichtig, wenn die Gruppe einen Sinn haben soll. Hermann Bullinger beschreibt das in seinem Buch »Wenn Männer Väter werden« sehr gut und gibt eine Reihe von Tips, wie Männer eine Vätergruppe gründen und führen können, von der sie wirklich etwas haben. Er hat sogar ein mögliches Programm für die ersten neun Treffen skizziert. So sollten alle Teilnehmer wirklich regelmäßig kommen. Es sollten feste Themen für die einzelnen Abende ausgemacht werden, zum Beispiel: »Was kommt als Vater auf mich zu?«, »Wie habe ich meinen eigenen Vater erlebt?«, »Was wird jetzt aus unserer Partnerschaft?« oder »Was erwartet den Vater im Kreißsaal?« Wer meint, auch anhand des Bullinger-Buches eine solche Vätergruppe nicht allein gründen zu können, kann sich mit diesem Vorschlag auch an die Volkshochschule oder an eine Elternschule oder an eine Beratungsstelle für Eltern und Paare wenden.

Vielleicht sind Sie durch Gespräche mit anderen oder einfach durch die Auseinandersetzung mit den eigenen Gefühlen ermutigt, mit Ihrer Partnerin über Ihre Gedanken und Gefühle zu sprechen. Tun Sie das, wenn Sie dabei Vorwürfe vermeiden können! Nehmen Sie sich Zeit für das Gespräch und schildern Sie, was Sie bewegt. Fast jede Frau wird diesen Mut zu schätzen wissen und sich freuen, mit ihrem Partner über die Schwangerschaft reden zu können. Wenn sie sich abweisend verhält oder gar nicht richtig wahrnimmt, daß Sie mit ihr sprechen möchten, dann sagen Sie deutlich: »Ich möchte mit dir reden!« oder vielleicht: »Ich brauche deinen Beistand! – Vater werden ist schließlich auch eine große Umstellung!« Wie gesagt, Offenheit ist wichtig. Es gibt allerdings Themen, die Sie lieber mit einem anderen Menschen klären sollten: wenn Sie zum Beispiel den Wunsch haben, während der Schwangerschaft eine Beziehung zu einer anderen Frau aufzunehmen. Dieser Wunsch ist leider gar nicht so selten. Entgegen landläufiger Meinung entsteht der Wunsch aber oft nicht dadurch, daß der Mann seinen Sexualtrieb woanders ausleben muß, weil seine Frau sich von ihm abwendet. Nach Meinung vieler Psychologen liegt der Grund nämlich nicht im Verhalten der Frau, sondern im Mann, der es nicht ertragen kann, daß seine Frau schwanger ist. Vielleicht wird er jetzt schon von Eifersucht auf das Kind gequält, oder seine Frau erinnert ihn plötzlich (bewußt oder unbewußt) so an seine Mutter, daß er keine sexuelle Beziehung mehr mit ihr haben will. Statt sich mit dem Gedanken an andere Frauen herumzuquälen oder ihn womöglich in die Tat umzusetzen, sollten Sie sich lieber einem Eheberater oder Psychotherapeuten anvertrauen. Dazu unten mehr.

Und die Frauen? Was können sie tun, wenn es bei ihnen so

läuft wie bei Susanne (33): »Ich erwarte jetzt das dritte Kind. Und es ist wieder so wie bei den beiden ersten Schwangerschaften auch: Wenn ich mich vor etwas ängstige und mir Sorgen mache, dann sage ich es erst mal nicht direkt, sondern mehr verschlüsselt. Das ist so meine Art. Der Erfolg: Richard überhört es einfach. Wenn ich ihn dann deutlich anspreche, sagt er nur in entnervtem Tonfall: ›Ach Susanne!‹ Und wenn es ganz schlimm kommt und ich vielleicht sogar weinen muß, wird er sauer und sagt nur noch ›Dann mußt du eben zu einem Facharzt gehen!‹ Dabei will ich doch nur, daß er mal ein bißchen fürsorglich ist und meine Sorgen ernst nimmt!« Wohlgemerkt: Was jetzt kommt, ist keine generelle Entschuldigung für alle unsensiblen, ja rücksichtslosen Männer. Nur: Eine ganze Reihe von Männern schafft es wohl tatsächlich nicht, auf die Sorgen und Ängste ihrer Partnerinnen in der Schwangerschaft angemessen einzugehen. Wenn Sie feststellen, daß Ihr Mann zu diesem Typus gehört und weder ehrlich interessierte Fragen (»Wie geht es *dir* eigentlich als werdendem Vater?«) noch konkrete Forderungen (»Ich will, daß du mich in den Arm nimmst und mir mal in Ruhe zuhörst«) etwas verändern, dann sollten Sie sich seelischen Beistand woanders holen, sei es bei einer Hebamme, einer Freundin oder im Vorbereitungskurs. Auch hier kann eine Kleinanzeige hilfreich sein, und oft entsteht dann aus einer Gesprächsgruppe von Schwangeren gleich die Krabbelgruppe für die Kinder. Denken Sie immer daran: Die meisten Schwangeren haben ganz ähnliche Probleme! Übrigens: Mit unserer traditionellen Rolle ist in den meisten Frauen immer noch das Gefühl tief verankert, für die gute Atmosphäre in der Partnerschaft praktisch allein verantwortlich zu sein – selbst wenn es eindeutig der Mann ist, der sich verschließt. Die Folge: unnötige Schuldgefühle und immer neue, vergebliche Bemühungen, den Mann zu »knacken«. Wenn Sie den Eindruck haben, in dieser Falle zu stecken, dann schütteln Sie die Schuldgefühle ab und kümmern Sie sich um sich selbst!

Wenn sich die Atmosphäre so verhärtet, daß einer von Ihnen

oder beide feststellen, daß Sie so nicht weiter zusammenleben wollen, sollten Sie sich nicht scheuen, eine Eheberatung in Anspruch zu nehmen. Geben Sie sich nicht der Illusion hin, es werde alles wieder in Ordnung kommen, wenn erst das Baby da ist. Sehr wahrscheinlich wird das Gegenteil der Fall sein: Ist das Baby erst geboren, stehen Sie beide so unter Streß, daß sich die Konflikte eher verschärfen werden. Und Sie haben noch weniger Zeit füreinander.

Eheberatung wird von unterschiedlichen Stellen angeboten. Hier die wichtigsten:

- Pro Familia
- Deutsche Arbeitsgemeinschaft für Jugend- und Eheberatung (DAJEB)
- Evangelische Konferenz für Familien- und Lebensberatung
- Katholische Bundesarbeitsgemeinschaft für Beratung. (Die Adressen finden Sie im Anhang, bei diesen Stellen können Sie sich nach Beratungsstellen an Ihrem Ort erkundigen.)

Die Beratung ist in der Regel kostenlos, die Berater sind fachlich ausgebildet und zur Verschwiegenheit verpflichtet. Die Wartezeit für einen Termin kann mehrere Wochen betragen. Für akute Notfälle gibt es aber meist einen Extratermin.

Weitere Adressen finden Sie im Serviceteil der »Gelben Seiten« oder im Telefonbuch unter den Stichwörtern *L*ebens-, *E*he- oder *F*amilienberatung. Oder Sie fragen bei der Telefonseelsorge nach örtlichen Beratungsstellen. Auch niedergelassene Psychotherapeuten bieten Partnerschaftsberatung an (siehe Kapitel »So finden Sie professionelle Hilfe«, Seite 204 ff.) Diese Beratung müssen Sie allerdings bezahlen, falls Ihre Krankenkasse nicht zu den wenigen gehört, die solche Kosten übernimmt.

Väter bei der Geburt: überflüssig oder unentbehrlich?

Viele Gründe sprechen dafür, daß der Vater bei der Geburt seines Kindes anwesend ist: Vor allem kann er seiner Frau beistehen. Er nimmt aber auch am Leben seines Kindes vom ersten Atemzug an teil und kann so leichter eine innige Beziehung aufbauen, als wenn er nur irgendwann später ein gewaschenes, in Windeln verpacktes Baby präsentiert bekommen würde. Mann und Frau erleben die Geburt als gemeinsame Erfahrung, die auch in der Erinnerung später noch verbindend wirkt. So ist es kein Wunder, daß fast alle Väter heute bei der Geburt anwesend sind. Dies ist an sich sehr schön, nur hat dieser Trend auch einen neuen Zwang geschaffen: Ein werdender Vater ist heute so starkem Gruppendruck ausgesetzt, mitzugehen, daß er gar keine eigene Wahl mehr hat. Die österreichische Psychologin Dr. Marianne Ringler sieht auch negative Folgen für die Frauen: »Von diesen gemeinsam entbindenden Paaren geht ein neuer gesellschaftlicher Druck aus auf jene Frauen, die entweder keinen Partner haben oder deren Partner nicht mitkommen wollen. Dies vermag Verlassenheitsängste zu mobilisieren und/oder das Scheitern einer Beziehung deutlich vor Augen zu führen.«*

Ein werdender Vater hat also Zweifel und Ängste gefälligst zur Seite zu schieben, denn schließlich gehört er auf jeden Fall in den Kreißsaal. Wer so denkt, übersieht aber, daß ein Vater, der wider Willen mit in den Kreißsaal geht, weder seiner Frau eine Hilfe ist, noch selbst davon profitiert. Und das läßt dem werdenden Vater gar keine Chance mehr, sich über die eigenen Ängste und seine Rolle während der Geburt Gedanken zu machen. Der folgende Abschnitt soll Männern Mut machen,

* Ringler, Marianne: a.a.O., S.108.

ihre Anwesenheit bei der Geburt bewußt vorzubereiten oder – wenn nötig – darauf zu verzichten.

Bevor es tatsächlich losgeht, haben viele Männer vor allem Angst zu versagen. »Ich weiß nicht, ob ich Blut sehen kann«, »Was mach ich, wenn meine Frau laut schreit?«, »Wenn ich nun selber umkippe?« – das sind typische Zitate von Männern vor der ersten Entbindung. Hierzu gleich ein beruhigender Kommentar: Es kommt äußerst selten vor, daß ein Vater während der Geburt tatsächlich schlappmacht – die meisten vergessen auch die Angst davor, sobald die Geburt im Gange ist. Das Bild des ohnmächtig umfallenden jungen Vaters gehört in den Bereich der (Heb-)Ammenmärchen. Falls Sie sich sehr davor fürchten, Blut zu sehen, sollten Sie sich offenhalten, aus dem Kreißsaal zu gehen, wenn das Kind kommt. Die Erfahrung zeigt aber, daß die Männer auch nach diesem Vorbehalt nicht gerade dann gehen, wenn das Kind endlich zu sehen ist.

Sehr häufig nennen Männer auch die Angst, hilflos daneben zu stehen, wenn ihre Partnerin so schrecklich leidet, womöglich verbunden mit dem Gefühl, an diesem Leiden irgendwie Schuld zu haben. Zuschauer zu sein, während der geliebte Mensch vor Schmerzen schreit, das ist tatsächlich eine unangenehme Situation. Dazu kommt, daß Männer mehr als Frauen das Bedürfnis haben, immer Herr der Lage zu sein. Aber gerade das ist während der Geburt kaum möglich. Und wenn ein Mann tief im Innern das Gefühl hat, daß seine Frau eigentlich sein »Besitz« ist, dann bereitet ihm vielleicht noch dazu die Tatsache Unbehagen, daß Arzt und Hebamme im Intimbereich seiner Frau plötzlich die Experten sind und ihn ausschließen.

Gerade Männer, die sich an den Geburtsvorbereitungen intensiv beteiligen, kennen aber noch eine andere Sorge. Sie fürchten, daß durch das Eingreifen der Geburtshelfer die Geburt nicht mehr ablaufen kann, wie die beiden Eltern es sich wünschen. Praktisch heißt das: Die Väter fürchten, daß Arzt oder Hebamme schmerzstillende oder wehenfördernde Medikamente ohne Zustimmung der werdenden Eltern verabreichen.

Wie können Männer diesen Ängsten und Vorbehalten begegnen:

- Informieren Sie sich ausführlich darüber, wie eine Geburt abläuft, zum Beispiel durch Gespräche mit anderen Vätern und durch Bücher. Denn wenn Sie gut informiert sind, haben Sie nicht nur weniger Angst, Sie können auch Ihre Wünsche und die Ihrer Partnerin besser vertreten. Sie können außerdem Ihre Partnerin besser unterstützen, was Sie wiederum aus der Rolle des hilflosen Zuschauers befreit. Wenn es Ihnen nicht unangenehm ist, dann besuchen Sie am besten den Vorbereitungskurs zusammen mit Ihrer Partnerin. Für den einen Mann ist das selbstverständlich, während der andere es von vornherein ablehnt. Das kommt natürlich sehr auf die Qualität des Kurses und das Wesen des Mannes an. Lassen Sie sich aber auf keinen Fall unter Druck setzen. Wenn es Ihnen nur unangenehm ist, mit wildfremden Männern und Frauen auf dem Boden herumzuturnen und private Dinge zu besprechen (so empfinden viele Männer Geburtsvorbereitungen!), dann lassen Sie sich doch Stunde für Stunde alles von Ihrer Partnerin zeigen! Solch ein Wohnzimmer-Kurs zeigt Ihrer Partnerin außerdem, daß Sie sich für die Geburt sehr interessieren, auch wenn Sie keinen Kurs besuchen möchten.
- Suchen Sie sich eine Klinik, in der Sie beide sich wohl fühlen und in der Sie dem Personal vertrauen können.
- Lassen Sie sich nicht von Horrorgeschichten irremachen, die auch unter Männern (der älteren Generation) kursieren: Es ist ein Märchen, daß Männer später nicht mehr mit ihrer Frau schlafen »können«, weil sie bei der Geburt anwesend waren. Und da wir gerade bei den Ammenmärchen sind: Auch die Angst, daß die Frau nach der Geburt zu »weit« für Sex sei, ist unberechtigt. Begründet ist dagegen die Sorge, daß eine Frau in der ersten Zeit kaum Lust haben wird, selbst wenn körperlich alles überstanden ist: Die erste Zeit mit dem Baby ist einfach viel zu anstrengend.

○ Sprechen Sie mit Ihrer Partnerin offen darüber, ob und warum sie Sie bei der Geburt dabeihaben möchte oder einen anderen Menschen. Sprechen auch Sie Ihre Wünsche offen aus. Es gibt eigentlich nur zwei Gründe, die dagegen sprechen, daß ein Mann seine Partnerin begleitet: Wenn eine(r) von beiden es nicht möchte oder wenn die Beziehung zur Zeit so problematisch ist, daß die Frau sich durch die Anwesenheit ihres Mannes nur verkrampfen würde.

Und was können Sie nun tatsächlich tun, wenn Sie Ihre Frau begleiten? Eine ganze Menge! Sie sind zunächst einmal einfach da, sind ein Teil ihrer vertrauten Welt. Ihre Frau muß sich nicht verlassen und allein unter Fremden fühlen. Außerdem können Sie Ihre Partnerin konkret unterstützen, und zwar um so mehr, wenn Sie vorher die wichtigsten Hilfen gelernt haben: Sie können ihr Eiswürfel zum Lutschen anbieten, sie massieren, ihr in kritischen Phasen das Gesicht abwischen oder sie halten, falls sie sich in der Übergangsphase übergeben muß. Und vor allem können Sie sie in den verschiedenen Geburtspositionen stützen. Viele Väter berichten uns, daß sie nach der Geburt ihrer Kinder mindestens so erschöpft waren wie die Mütter, weil sie ihre Partnerin stundenlang gestützt haben.

Die schwierigste Aufgabe für die werdenden Väter im Kreißsaal ist aber die, zwischen der Frau und den Geburtshelfern zu vermitteln. Im gegebenen Fall soll er sozusagen der Anwalt seiner Frau sein, ein starker Beschützer, der die Bedürfnisse seiner Frau verteidigt, wenn sie selbst dazu nicht mehr in der Lage ist. Will der Vater diese Forderung erfüllen, kommt er aber in einen ähnlichen Rollenkonflikt wie schon während der Schwangerschaft. »Je mehr es ihm gelingt, seine Emotionen auszuschalten, um so besser wird er die Anwaltsrolle wahrnehmen können. Die Ausschaltung der eigenen Emotionen bleibt aber nicht ohne Folgen: Der Vater kann, ja darf auch nicht mehr richtig mitfühlen und ist so an dem Geschehen im Extremfall nur noch als Außenstehender beteiligt.«* Diesen Rollenkonflikt kann ein Vater eigentlich nur dadurch lösen, daß er zusammen mit seiner Frau eine Klinik sucht, in der er seine »Anwaltstätigkeit« nicht oder nur kaum ausüben muß, weil die Geburtshelfer einfühlsam genug sind, die Bedürfnisse der Frau selbst zu erkennen und zu erfüllen. Ist das nicht möglich, sollten die werdenden Eltern erwägen, eine zweite Begleitperson als »Anwalt« mitzunehmen. Denn diese Gefühle können plötzlich überwältigend werden: Während die Mütter ja mit den Schmerzen und der Geburtsarbeit wirklich hinreichend beschäftigt sind, gibt es für den Mann meist längere Abschnitte, in denen er zur Untätigkeit verurteilt ist. Und plötzlich kommen die Ängste hoch. Bernd (42), Elektrotechniker: »Es war in der Nacht. Die Wehen waren schwächer geworden, meine Frau war ein bißchen eingeschlafen. Ich starrte auf das CTG und sah sozusagen das Herz unseres Kindes klopfen. Und plötzlich wurde mir klar: Das ist nicht mehr ein Kind, das irgendwann da ist – wir werden dieses Zimmer mit Kind im Arm verlassen! Und mir wurde fast schlecht vor Angst: Wie sollen wir bloß zurechtkommen mit solch einem Wurm?«

Andere Männer berichten auch von dem Gefühl, während der Geburt nicht nur dem Leben, sondern auch dem Tod besonders nahe gewesen zu sein, eine ganz tiefe, beängstigende Empfindung.

Männer sollten deshalb das Recht haben, auch während der Entbindung ihre Gefühle nicht einfach wegdrücken zu müssen. Väter sollten mehr sein als unbezahlte Hilfskräfte. Dazu Marianne Ringler: »Die derzeitige Forcierung der Anwesenheit des Vaters bei der Geburt hat aber bei aller Hilfe Kehrseiten: Sie täuscht darüber hinweg, daß Frauen nunmehr gemeinsam mit ihren Partnern bei der Geburt zu häufig vom Personal allein gelassen werden. Selbst bei bester Vorbereitung bedürfen beide der Unterstützung.«**

* Bullinger, Hermann: a.a.O., S.137.

** Ringler, Marianne: a.a.O.

Was tun bei Ängsten in der Schwangerschaft?

Haben Sie in Ihrer Kindheit auch die Geschichten von Jim Knopf und Lukas, dem Lokomotivführer, verschlungen? Dann erinnern Sie sich vielleicht auch noch an den Scheinriesen Turtur. Er wohnt in einer Wüste, die die beiden Helden durchqueren müssen. Jim Knopf und Lukas sehen einen furchterregenden, weil unglaublich großen Riesen am Horizont stehen. Aber sie haben keine Wahl, sie müssen sich ihm nähern. Und siehe da, mit jedem Schritt, den sie wagen, wird der Riese kleiner. Schließlich stehen sie ihm gegenüber und stellen fest, daß Herr Turtur nicht nur sehr freundlich, sondern auch genauso groß wie sie ist.

Michael Ende, der bekannte Kinderbuchautor, hat mit dieser Episode sehr gut geschildert, wie wir Menschen mit Dingen umgehen, die uns angst oder Unbehagen machen. Je weiter wir davor flüchten, desto größer erscheinen sie uns. Gehen wir aber wie Jim Knopf und Lukas beherzt darauf zu, kommen wir dem »Scheinriesen« sogar so nahe, daß wir alle Details erkennen können, dann verliert er seinen Schrecken und schrumpft auf Normalgröße. Ja, vielleicht wird er sogar zum Freund.

Schließen Sie Freundschaft mit Ihren Gefühlen!

Was heißt das auf die Schwangerschaft bezogen? Wenn Sie Angst, Wut, Mutlosigkeit oder andere Gefühle spüren, die Ihnen Unbehagen bereiten, dann versuchen Sie nicht, sie zu verleugnen oder wegzudrängen. Gehen Sie Schritt für Schritt darauf zu.

1. Schritt: Machen Sie sich mit Ihren Gefühlen vertraut. Manche sind ja ganz klar: etwa Wut, weil der Partner sich um alles kümmert, nur nicht um seine schwangere Frau. Oder Angst vor den Schmerzen der Geburt. Es gibt aber auch Gefühle, die sind nicht minder intensiv, scheinen aber keinen Grund zu haben: Angst vor nichts Bestimmtem, diffuse Trauer, Wut auf alles. Ignorieren Sie nicht Ihre Bedürfnisse, indem Sie sich sagen, diese Gefühle seien unberechtigt, sondern nehmen Sie sie ernst. Vielleicht reicht schon eine stille Stunde mit sich selbst, vielleicht ein Gespräch mit einem vertrauten Menschen, um dem Grund der Gefühle näherzukommen. Denn greifbare Ängste verlieren ihren Schrecken, greifbare Wut kann sich in Kraft verwandeln, die Dinge zum Positiven zu verändern.

2. Schritt: Versuchen Sie, Ihre Gefühle nicht nach gut und böse zu trennen. Es ist völlig natürlich, wenn Sie sich nicht immer über die Schwangerschaft und das Kind freuen, Ablehnung, Zweifel und Wut gehören auch dazu. (Diese Haltung ist auch eine gute Vorübung für die spätere Erziehung. Wenn Sie mit allen Ihren Gefühlen leben können, dann muß auch Ihr Kind seine Empfindungen nicht verleugnen!)

3. Schritt: Suchen Sie sich alle Hilfe, die Sie brauchen. In erster Linie heißt das: einen guten Frauenarzt, eine gute Geburtsvorbereiterin. Es ist seltsam: auch selbstbewußte Frauen sind in der Schwangerschaft viel eher bereit, einen mittelmäßigen Arzt hinzunehmen, nur weil sie nicht wechseln wollen – gerade jetzt. Überlegen Sie sich das gut – schließlich ist der Frauenarzt während der Vorsorgeuntersuchungen Ihr erster Ansprechpartner. Ähnliches gilt für die Geburtsvorbereiterin: Auch sie ist nur ein Mensch, und vielleicht kommen Sie mit ihrer Kollegin besser zurecht – dann ziehen Sie die Konsequenzen. Stellen Sie alle Fragen, die Ihnen wichtig sind. Ein guter Arzt wird sich dafür Zeit nehmen oder Ihnen einen zweiten Gesprächstermin anbieten. Er wird Ihnen mit Sicherheit nicht das Gefühl geben, daß Ihre Fragen lächerlich oder unerwünscht sind. Wenn Sie so etwas bei Ihrem jetzigen Arzt erleben, dann sollten Sie sich schnell einen anderen suchen – fragen Sie zum Beispiel Ihre Geburtsvorbereiterin oder andere Schwangere nach einem Arzt, der sich Zeit nimmt.

4. Schritt: Bleiben Sie nicht allein mit Ihren Gefühlen. Die Veränderungen und Probleme in der Schwangerschaft und mit kleinen Kindern sind zwar für die Betroffenen neu und einzigartig, im Grunde genommen sind sie aber fast immer sehr ähnlich. Das ist gut, denn wenn Schwangere oder junge Eltern zusammenkommen, stellt sich fast immer der sehr erlösende Effekt des »Denen geht's ja genauso« ein. Suchen Sie sich deshalb unbedingt Genossen in Freud und Leid dieser aufregenden Monate, Sie werden sie manchmal noch mehr brauchen als Arzt und Hebamme.

5. Schritt: Lernen Sie, Risiken zu akzeptieren. Salopp gesagt: Das Leben ist lebensgefährlich, und auch in der Schwangerschaft gibt es Risiken, die selbst bei bester Information und Vorsorge bestehenbleiben. Jetzt gilt es, nicht alle Energie darauf zu verwenden, diese Gefahren anzustarren wie das Kaninchen die Schlange. Dazu die erfahrene Hebamme Irmtraut Borgert-Nicks, die wir in diesem Buch ja schon öfter zitiert haben: »In solchen Fällen ist Verdrängen wirklich das Beste. Ich sehe nämlich oft, daß viele gute Energie in der Schwangerschaft sinnlos verlorengeht, weil Frauen sich nicht mal ein bißchen von diesen Ängsten lösen können. Ich versuche dann, den Schwangeren klarzumachen: Auch wenn das Kind geboren ist, habe ich nie die absolute Sicherheit, daß es mir erhalten bleibt. Es kann ja auch furchtbar krank werden oder mit dem Fahrrad verunglücken. Wenn ich aber immer nur an das Schlimmste denke, was passieren könnte, dann schade ich nicht nur mir selbst, sondern auch noch dem Kind, weil ich kein Vertrauen entwickle. Hier ist die Schwangerschaft auch eine Gelegenheit, die eigene Denkweise zu überprüfen: Wenn eine Frau zu Überängstlichkeit neigt, kann sie jetzt üben, anders mit dem Risiko umzugehen – auch für ihr Kind.« Und noch eine Bemerkung zum Schluß: Da Frauen heute nur noch wenige Kinder bekommen und diese oft auch planen, haben Schwangerschaft und Geburt heute für die Eltern eine viel größere Bedeutung als früher. Die Folge: die Erwartungen an eine glückliche Schwangerschaft und Geburt sind riesengroß geworden. Aber auch heute ist das Kinderkriegen noch etwas Natürliches, und längst nicht immer läuft alles so glatt, wie die Eltern es sich erträumt hatten. Versteifen Sie sich deshalb nicht darauf, wie Schwangerschaft und Geburt abzulaufen haben. Natürlich ist diese Lebensphase sehr wichtig. Aber alles können Sie ohnehin nicht beeinflussen. Und nachher, im Leben mit dem Kind, verliert der Verlauf von Schwangerschaft und Geburt immer mehr an Bedeutung.

Träume: Hausputz für die Seele

Wenn schon die Gedanken und Gefühle der werdenden Mütter nicht immer eitel Sonnenschein sind, dann ist es kein Wunder, daß es auch in ihren Träumen turbulent, zum Teil erschreckend zugeht. Wenn Sie jetzt besonders viel träumen, so kann das zwei Hauptgründe haben. Zum einen schlafen Sie vielleicht schlechter, wachen also öfter auf und können sich an mehr Träume erinnern, die sonst im Schlaf verborgen geblieben wären. (Denn es gibt keinen Menschen, der nicht träumt – es gibt nur Menschen, die sich an ihre Träume nicht erinnern.) Zum anderen sind Träume immer auch ein Gradmesser für den seelischen Zustand, manche inneren Konflikte lassen sich sozusagen »abträumen«. Nicht immer sind in den Träumen der Schwangeren Schwangerschaft, Geburt oder das Baby zu sehen. Es gibt aber typische Traummotive wie schwere Lasten, die getragen werden müssen, oder der Fall in ein endloses Loch, also Symbole für die große Belastung und die Angst vor der ungewissen Zukunft. Viele Träume haben aber auch direkt mit der Schwangerschaft zu tun. Einige Beispiele:

»Ich träumte, die Geburt geht los, und ich hatte mich nicht im geringsten vorbereitet. Ich war in Panik.«

»Ich träumte, ich sei mit Freunden zum Skiurlaub gefahren und hätte dort unbemerkt mein Kind bekommen. Es war so klein, daß ich es in eine Streichholzschachtel packen konnte. Das tat ich und lief dann weiter Ski. Erst abends zeigte ich den Freunden und meinem Mann das Kind in der Schachtel. Alle waren entsetzt, und erst da merkte ich, daß etwas nicht stimmte – es war entsetzlich!«

»Ich träumte, mein zweites Kind sei geboren, und ich hätte nur einen einzigen Strampelanzug, aber den hatte es gerade naßgemacht.«

»Ich träumte, ich hielt mein Kind schon auf dem Arm und wollte es stillen. Da sagte es zu mir, daß ich das nicht könne. Aber ich beharrte darauf – und dann ging es.«

Manche Frauen berichten – wenn sie den Mut dazu haben –, daß sie träumen, ihr Kind zu verletzen oder zu töten. Oder sie träumen, daß ihrem Kind etwas Schreckliches zustößt. Wenn es Ihnen auch so geht: Lassen Sie sich von niemandem einreden, solche Träume seien Wunschträume oder Sie seien geistig nicht in Ordnung. Gewaltträume sind gar nicht so selten, nur traut sich kaum jemand, darüber zu reden. Vielleicht leiden Sie unter Ihren Träumen. Dann suchen Sie sich einen verschwiegenen Zuhörer, der Ihnen nicht gleich eine Deutung überstülpt. Schon durch das laute Aussprechen verlieren die Träume nicht nur von ihrem Schrecken, oft wird auch ihr verborgener Inhalt plötzlich deutlich. Denn Träume sind die Reinigungsarbeit der Seele, so die Münchner Psychotherapeutin Lieselotte Winkler: »Ich vergleiche die verborgenen Konflikte, die in den Träumen hochkommen, gerne mit Geistern, die noch einmal gesehen werden möchten. Ich ermutige die Schwangeren, die Geister ihre Theatervorstellung spielen zu lassen und ruhig zuzuschauen – dann verschwinden sie nämlich meist von selbst.«

Wenn die Angst übermächtig wird: Ulrikes Geschichte

Bisher haben wir uns hauptsächlich mit Ängsten, Zweifeln und Sorgen beschäftigt, die fast jede Frau kennt, die völlig normal und für alle nachvollziehbar sind. Bei manchen Frauen aber wird die Angst in der Schwangerschaft zur Krankheit. Oft hat das mit tiefen, unbewältigten Konflikten zu tun und auch mit der heute unter Frauen sehr verbreiteten Neigung, sich selbst zu überfordern. Der folgende Bericht von Ulrike zeigt, wie so etwas passieren kann. Ulrike (35), ist Angestellte im öffentlichen Dienst und hat sich für die Erziehung ihrer beiden Söhne, sieben und fünf Jahre alt, beurlauben lassen. »Lange bevor ich meinen ersten Sohn bekam, hatte ich schon eine Fehlgeburt. Die Schwangerschaft war zwar damals ungewollt gewesen, aber ich freute mich dann doch – bis in der zehnten Woche die Fehlgeburt passierte. Mit 26 heirateten wir, und ich wollte sofort schwanger werden. Ich hatte mich in diesen Wunsch regelrecht hineingefressen. Aber es klappte lange nicht, bis der Arzt mir dann Hormone verschrieb. Ich war im siebten Himmel: endlich schwanger! Zwar gab es mal Blutungen, und die Bettruhe brachte mich seelisch schon ein wenig durcheinander, aber die Blutungen hörten auch wieder auf, und ich schwebte wie auf Wolken. Ich war so stolz, daß ich sogar schon Umstandskleider trug, als es eigentlich noch gar nicht so nötig war. Denn ich hatte schwangere Frauen immer beneidet. Was mir damals allerdings nicht auffiel: Mich interessierte nur die Schwangerschaft, nicht das Baby, das da eines Tages kommen sollte.

Im sechsten Monat merkte ich, daß mir eigentlich alles zuviel wurde. Aber ich ließ mir nichts anmerken. ›Schwangerschaft ist schließlich keine Krankheit‹, heißt es doch, und früher brachten die Frauen doch ihr Kind neben der Feldarbeit auf die Welt, oder? Ich wollte funktionieren und ignorierte meine Erschöpfung. Ende des sechsten Monats bekam ich starke Schmerzen im Rücken und in der Seite. Meine Kollegin schaffte es, mich zum Arzt zu schicken. Seine Diagnose war eindeutig: vorzeitige Wehen, deshalb strenge Bettruhe, keine Arbeit und wehenhemmende Mittel in Tablettenform. Ich war verzweifelt, weil ich mich jetzt völlig nutzlos fühlte. Die Tabletten nahm ich nicht, nachdem ich die lange Liste der Nebenwirkungen gelesen hatte…

Es ging mir immer schlechter, ich fühlte mich ohnmächtig, war mir selbst und meinen finsteren Gedanken ausgeliefert, und dabei wollte ich doch unbedingt eine fröhliche Schwangere darstellen! An einem Sonnabend nachmittag auf dem Balkon bekam ich dann den ersten Panikanfall: Ich dachte, ich müßte sterben, mein Herz raste, ich zitterte und war verzweifelt. Gleich am Montag ging ich zum Arzt, und der schickte mich für eine Woche ins Krankenhaus. (Er war natürlich entsetzt, daß ich die Wehenhemmer nicht genommen hatte.) Im Krankenhaus war es sehr angenehm, mit meiner Bettnachbarin verstand ich mich gut und auch die Ärzte und Schwestern waren nett. Trotzdem: Über meine Angst traute ich mich auch dort nicht zu reden. Überhaupt konnte ich mich in dieser Zeit niemandem anvertrauen: Meine beste Freundin wartete vergeblich auf ein Kind, die hätte meine Probleme nicht verstanden. Und meinem Mann konnte ich damit auch nicht kommen: Seine Mutter befand sich wegen einer Psychose in einer geschlossenen Anstalt. Ich wollte nicht, daß er sagt: ›Was, du auch noch?‹

Zurück aus dem Krankenhaus, mußte ich die verhaßten Tabletten also nun nehmen. Sie machten alles nur noch schlimmer, denn sie verursachten als Nebenwirkung Herzrasen. Das quälte mich sehr, denn ich wußte nie, ob die Herzbeschwerden nun von dem Medikament oder vom nächsten Angstanfall kamen. Ich war mir sicher, daß ich irgendwann tot umfallen würde. Schließlich vertraute ich mich meinem Arzt an, der mir die Adresse eines Psychiaters gab, der auch Psychotherapie anbietet. In den Gesprächen dort wurde mir recht schnell klar, weshalb ich so litt: Eigentlich wollte ich gar kein Kind, sondern nur schwanger sein. Vor der Verantwortung für das Kind hatte ich solche Angst, daß ich mich schon beim Kurs für

Säuglingspflege völlig überfordert fühlte. Die vorzeitigen Wehen waren wohl auch ein Zeichen dafür gewesen, daß ich das Kind eigentlich loswerden wollte. Diese Gespräche brachten zwar natürlich keine Wunderheilung, denn mit der bevorstehenden Mutterrolle konnte ich mich nur sehr schwer aussöhnen. Aber es gab doch schon mal Phasen, in denen es mir besserging. Mein Sohn kam einen Tag vor dem Termin. Die Therapie habe ich dann gleich abgebrochen, ich meinte, jetzt müßte ich mich nicht mehr mit den Problemen auseinandersetzen, die hinter der Angst steckten. Aber die Angst holte mich ein: Zwei Jahre nach der Entbindung starb meine Schwiegermutter, und am Tag der Beerdigung setzten die Anfälle wieder ein. Ich nahm die Therapie wieder auf und führte sie diesmal zu Ende, ein Jahr später. Beim zweiten – ungeplanten – Kind habe ich übrigens kaum noch unter Ängsten gelitten.«

Ulrike hatte Glück im Unglück, sie konnte in einer Psychotherapie die Hintergründe ihrer Probleme erkennen und verarbeiten.* Den richtigen Weg zu einer fachlichen Beratung schildern wir gleich im folgenden Abschnitt. Vorher aber noch ein Hinweis: In seltenen Fällen können sehr starke Ängste auch Anzeichen einer Schwangerschaftspsychose sein. Der zentrale Unterschied zu den bisher geschilderten Symptomen ist die Tatsache, das die Frau die Realität um sie herum nicht mehr richtig wahrnehmen kann, Wahnvorstellungen bekommt oder sich völlig abkapselt. Sie selbst wird davon aber wahrscheinlich gar nichts merken. Um so wichtiger ist es, daß ihre Angehörigen und Freunde solche Anzeichen ernst nehmen und notfalls auch ohne ihre Zustimmung den Arzt alarmieren. Er wird wahrscheinlich einen Psychiater hinzuziehen, der die Frau zur Abklärung der Symptome und zur Behandlung in stationäre Behandlung überweisen wird.

* Alles über Ursachen, Symptome und Behandlung von solch plötzlichen Angstzuständen, wie Ulrike sie erlebt hat, finden Sie in unserem Buch »Die Angst aus heiterem Himmel – Panikattacken und wie man sie überwinden kann.« München 1994.

So finden sie professionelle Hilfe

Was tun, wenn die Gespräche mit der Freundin oder dem Partner nicht mehr helfen, wenn die Angst oder die Traurigkeit die Schwangerschaft schwer überschattet? Das sollten Sie nicht einfach hinnehmen, sondern Ihren Frauenarzt um ein Beratungsgespräch bitten. Wenn er sehr einfühlsam ist und sich die Zeit nimmt, kann er Ihnen vielleicht schon helfen. Oder wenden Sie sich an eine Hebamme oder eine andere Geburtsvorbereiterin. Da aber weder Ärzte noch Hebammen normalerweise in Psychotherapie ausgebildet sind, kann es sinnvoll sein, sie nach Adressen von einer Beratungsstelle und einem niedergelassenen Psychotherapeuten zu fragen. Es kommt ja öfter vor, daß Schwangere seelische Schwierigkeiten haben, deshalb können Frauenärzte und Hebammen oft gute Empfehlungen geben.

Was tut ein Psychotherapeut eigentlich? Da viele falsche oder schiefe Ansichten über Psychotherapie kursieren, hier erst einmal, was ein seriöser Psychotherapeut nicht tut: Er gibt keine guten Ratschläge. Er überschüttet den Ratsuchenden nicht mit komplizierten Deutungen, die doch nichts bewirken. Er macht seinen Klienten nicht auf Jahre von der Therapie abhängig. Und er überlistet oder beeinflußt den Klienten nicht auf geheimnisvolle Weise. Statt dessen hört der Psychotherapeut erst einmal zu, und zwar aufmerksam und lange. Er macht mit dem Klienten ein festes Ziel der Therapie aus, etwa das Verschwinden der Angstzustände, und schätzt zumindest grob die Zeit, bis dieses Ziel erreicht sein wird. Dabei soll der Klient sich nicht passiv behandeln lassen, sondern wird sozusagen zum Experten für die Lösung seiner eigenen Probleme ausgebildet. Durch die Therapie wird es dem Klienten möglich, seine ausgetretenen Grübelpfade zu verlassen und neue Wege zu gehen, um seine Schwierigkeiten zu überwinden.

Vielleicht wird der Frauenarzt Sie auch an einen Psychiater überweisen. Dies ist auf jeden Fall richtig, wenn eine Frau an einer Schwangerschaftspsychose leidet. Bei den viel häufigeren einfachen seelischen Problemen ist der Psychiater aber nur dann die richtige Adresse, wenn er auch eine Ausbildung in Psychotherapie hat.

Wie Sie selbst eine psychologische Beratungsstelle in Ihrer Nähe finden können, haben wir schon auf Seite 129f. beschrieben. Ein Nachtrag: In größeren Städten gibt es inzwischen auch Frauentherapiezentren – ihre Adressen erfahren Sie aus dem Telefonbuch oder aus den »Gelben Seiten«.

Hier noch ein paar Tips, was Sie beachten sollten, wenn Sie eine Beratung oder Therapie bei einem niedergelassenen Therapeuten beginnen wollen:

- Achten Sie darauf, daß der Therapeut eine fundierte Ausbildung hat. Die Bezeichnungen »Psychologe« oder »Therapeut« reichen nicht. Die beste Gewähr ist der Titel »Diplom-Psychologe«, weil damit garantiert ist, daß der Betreffende ein Hochschulstudium der Psychologie abgeschlossen hat. Um behandeln zu können, braucht er aber noch eine Zusatzausbildung als Psychotherapeut. Wenn der Therapeut Ihrer Wahl den Titel »Klinischer Psychologe« trägt, können Sie sichergehen, daß er über alle nötigen Qualifikationen verfügt, um Psychotherapie auszuüben. Lassen Sie sich genau sagen, in welcher Therapierichtung er ausgebildet ist, wie eine Beratung oder Therapie bei ihm aussieht und was sie kostet.
- Klären Sie vorher, ob Ihre Krankenkasse die Behandlung bezahlt. Oft gibt es einen Ermessensspielraum bei den entscheidenden Angestellten, lassen Sie sich deshalb nicht am Telefon abspeisen, sondern bleiben Sie hartnäckig und bitten am besten um ein persönliches Gespräch.
- Vereinbaren Sie ein Erstgespräch mit dem Berater. Dabei können Sie einander kennenlernen und feststellen, ob Sie beide psychotherapeutisch miteinander arbeiten können. (Denn in dieser »Behandlung« steckt ja viel Arbeit auf beiden Seiten.) Wenn Sie meinen, zu diesem Therapeuten kein

Vertrauen fassen zu können, dann sagen Sie ab und suchen weiter. Das ist besser, als wenn Sie sich durch mehrere Gesprächstermine quälen, bis Sie merken, daß es wirklich nicht geht. Bei diesem Gespräch sollten Sie auch klären, was genau Sie von der Therapie erwarten: nur eine Beratung/seelische Unterstützung für eine kurze Zeit oder eine grundlegende Therapie, weil Ihnen tiefe seelische Konflikte das Leben zur Hölle machen?

Es kann recht mühsam sein, den richtigen Beratungs- oder Therapieplatz zu finden. Bitte geben Sie trotzdem nicht auf, sondern suchen Sie so lange weiter, bis Sie jemanden gefunden haben, bei dem Sie sich gut aufgehoben fühlen. Denken Sie immer daran: Ihr körperliches und seelisches Wohlbefinden ist nicht nur für Sie selbst ungeheuer wichtig. Es ist auch die beste Gewähr dafür, daß Ihr Kind sich genauso wohl fühlt.

Glücklose Schwangerschaft

Wenn unsere Großmütter und Mütter ein Baby erwarteten, dann hieß es: Sie sind guter Hoffnung. In unserer Generation ist dieser Ausdruck als altmodisch weitgehend aus dem Sprachgebrauch verschwunden. An seine Stelle ist die geplante, glückliche Schwangerschaft getreten, die mit der sanften Geburt des gesunden Wunschkindes endet. Dahinter aber versteckt sich ein Perfektionsanspruch, der immer mehr Bereiche unserer modernen, technisierten Welt bestimmt: Alles ist planbar, alles ist machbar. Dabei wissen wir eigentlich ganz genau, daß das nicht stimmt, daß Gelingen und Mißlingen, Erfolg und Mißerfolg untrennbar miteinander verbunden sind, weil wir Menschen und die Natur ständig »Fehler« machen. Doch wir verdrängen diese Unzulänglichkeiten. Um so härter trifft uns dann die Erfahrung, wenn unsere langersehnte Schwangerschaft mit einer Fehlgeburt zu Ende geht oder unser Kind ohne Überlebenschancen zu früh auf die Welt kommt. So bitter dieses Schicksal ist, es ist nicht selten: Etwa zehn Prozent aller Schwangerschaften enden glücklos.

Bei unseren Recherchen mußten wir feststellen, daß trotz einzelner engagierter Ansätze das Thema glücklose Schwangerschaft leider immer noch ein Tabuthema ist, über das nur selten offen gesprochen wird. Meist versuchen die Beteiligten jeder für sich alleine mit dem Erlebten fertig zu werden: die Frauen mit ihrer Verzweiflung, dem Verlust des Selbstwertgefühls und bohrenden Selbstvorwürfen. Ihre Partner mit ihrer Enttäuschung und Sprachlosigkeit, aber auch ihrer Ungeduld, wieder ins Alltagsleben zurückkehren zu wollen (und zu müssen). Und die Ärzte, Hebammen und Schwestern mit ihrer

Hilflosigkeit, aus der sich manch schroffes Verhalten erklären läßt. Wir haben uns daher entschlossen, in diesem Buch ausführlicher auf das Thema glücklose Schwangerschaft einzugehen, als das gewöhnlich in Schwangerschaftsratgebern üblich ist. In diesem Kapitel werden wir nicht nur über die möglichen Ursachen schreiben, sondern auch über die Möglichkeiten der gemeinsamen Bewältigung einer glücklosen Schwangerschaft und die Chancen für eine neue Schwangerschaft.

Fast jede Frau hat irgendwann eine Fehlgeburt

In Deutschland verlieren jährlich etwa 75 000 Frauen ihr Kind durch eine Fehlgeburt. Doch nur etwa der Hälfte dieser Frauen können die Ärzte auch genau sagen, warum. Das liegt nicht nur daran, daß Fehlgeburten bis in die siebziger Jahre als eine völlig normale, schicksalhafte Erscheinung galten, deren Gründe nicht weiter erforscht zu werden brauchten. Auch die moderne Ursachen- und Therapieforschung hat bislang leider nur wenig neue Erkenntnisse erbracht.

Von einer Fehlgeburt (med.: Abortus) spricht die Medizin, wenn eine Schwangerschaft vor der 28. Schwangerschaftswoche zu Ende geht. Lebt das Kind, dann handelt es sich um eine Frühgeburt, bei der das Kind leider trotz der riesigen Fortschritte der modernen Frühgeborenenmedizin wegen seiner extremen Unreife nur sehr geringe Überlebenschancen hat.

Bei dieser Zählweise nicht eingerechnet sind die sehr frühen Fehlgeburten innerhalb der ersten Tage oder ein, zwei Wochen nach der Empfängnis, von der die Frau nichts merkt, außer vielleicht einer etwas verspäteten, stärkeren Regelblutung. Nach neuestem medizinischen Kenntnisstand nisten sich zwischen 40 und 70 Prozent aller befruchteten Eizellen nicht oder nicht richtig an der Gebärmutterwand ein, sondern gehen noch innerhalb des Zyklus verloren, ohne daß die Frau von dieser kurzen Schwangerschaft überhaupt etwas wußte. Das bedeutet auch: Praktisch jede Frau hat irgendwann eine frühe Fehlgeburt, ohne sie zu bemerken.

Gründe für eine Fehlgeburt

Mit einem Anteil von etwa 60 Prozent sind *Chromosomenanomalien* der häufigste Grund für eine Fehlgeburt innerhalb des ersten Schwangerschaftsdrittels. Die Ursache sind fehlerhafte oder beschädigte Ei- und/oder Samenzellen sowie Fehler bei der Verschmelzung von Ei- und Samenzelle und der daraus folgenden Bildung des kindlichen Chromosomensatzes aus den Chromosomen der Eltern.

Das bedeutet: Die Erbinformationen sind entweder unvollständig oder falsch zusammengesetzt, es kann sich kein lebensfähiges Kind entwickeln. Mit der Fehlgeburt hilft sich die Natur sozusagen selbst. Auch in späteren Schwangerschaftsmonaten können Chromosomenanomalien die Ursache für eine Fehlgeburt sein, wenn auch sehr viel seltener.

Meist sind fehlerhafte Ei- und Samenzellen oder Störungen bei ihrer Verschmelzung eine einmalige Erscheinung. Auf die nächste Schwangerschaft hat das keine Auswirkungen. Nur in sehr seltenen Fällen handelt es sich um angeborene Störungen, die sich durch bestimmte Laboruntersuchungen feststellen lassen.

Auch Fehlbildungen und Erkrankungen der Gebärmutter, Hormonstörungen und immunologische Unverträglichkeiten sowie schwere Infektionen und andere Erkrankungen der Mutter können schon im ersten Schwangerschaftsdrittel Fehlgeburten auslösen. Insgesamt bilden sie aber die Hauptursachen für Fehlgeburten in den späteren Schwangerschaftsmonaten.

Zu den *Fehlbildungen und Erkrankungen der Gebärmutter* gehört auch die »zu kleine«, also die unterentwickelte Gebärmutter, die aber nach einer Fehlgeburt meist nachreift. Die Aussichten für eine neue Schwangerschaft sind dann günstig. Außerdem können gutartige Geschwülste (Myome) sowie

Narben und Verwachsungen nach vorausgegangenen Unterleibsoperationen verhindern, daß sich die Schwangerschaft hält. In vielen Fällen hilft die operative Entfernung der Myome und der Verwachsungen oder die operative Korrektur der Fehlbildung.

Eine häufige Ursache für Fehlgeburten im zweiten Schwangerschaftsdrittel ist eine *Schwäche des Gebärmutterhalses*, eine sogenannte Cervixinsuffizienz. Der Gebärmutterhals ist zu weich, der Muttermund öffnet sich zu früh. Das kann sehr plötzlich passieren, ohne daß noch eine Chance zur Hilfe besteht. Wird die Cervixinsuffizienz aber frühzeitig entdeckt, dann legen die Ärzte häufig eine Cerclage. Das bedeutet dann nichts anderes, als daß der Gebärmutterhals mit einem Faden oder durch einen Ring verschlossen wird. Etwa 14 Tage vor dem errechneten Geburtstermin wird dieser Verschluß wieder geöffnet. Zu einer Cerclage werden die Ärzte immer dann raten, wenn die vorherige Schwangerschaft wegen einer Cervixschwäche zu früh zu Ende ging.

Für die Stabilität einer Schwangerschaft sind die sogenannten *Schwangerschaftshormone*, vor allem das Gelbkörperhormon (Progesteron), zuständig. Leider sind etwaige Hormonstörungen in der Frühschwangerschaft nur außerordentlich schwer zu erkennen, ihre genaue Ursache zu finden, ist noch schwieriger. Trotzdem hat sich in einigen Fällen die Gabe von Gelbkörperhormonen bewährt. Aber auch *andere Hormonstörungen*, die zunächst gar nichts mit der Schwangerschaft zu tun haben, wie zum Beispiel eine zu geringe Insulinproduktion (Diabetes) oder eine starke Überfunktion der Schilddrüse (Hypertyreodismus) können, wenn sie unbehandelt bleiben, die Schwangerschaft beeinträchtigen und eine Fehlgeburt verursachen. Bei einer erneuten Schwangerschaft kommt es wesentlich darauf an, daß diese Hormonstörungen schon vorher medikamentös und mit einer entsprechenden Ernährung gut »eingestellt« werden und die Frau alle notwendigen Kontrolluntersuchungen sorgfältig wahrnimmt.

Eine weitere, aber eher seltene Ursache für Fehlgeburten

auch in späteren Schwangerschaftsmonaten sind *schwere Infektionen der Mutter*, die manchmal auch auf das Kind übergehen und es schädigen. Dazu zählen vor allem Virusinfektionen wie Röteln, Masern, Mumps, aber auch die echte Grippe (Influenza) und die Hepatitis. Etwas häufiger sind nach neueren Erkenntnissen die Herpes-simplex-Viren (Herpes genitalis) an Fehlgeburten beteiligt. Seit einiger Zeit stehen auch sehr kleine, bakterienähnliche und sexuell übertragbare Krankheitserreger, wie zum Beispiel die Clamydien, die sich in der Vagina ansiedeln und in die Gebärmutter aufsteigen können, im Verdacht, Fehl- und Frühgeburten verursachen zu können.

Wurde die Fehlgeburt durch eine der sogenannten Kinderkrankheiten verursacht (Masern, Röteln, Mumps), dann besteht für die nächste Schwangerschaft keine Gefahr mehr, da die Frau durch die Infektion immun geworden ist. Das gilt auch für den jeweiligen Grippeerreger: Da aber die Grippeerreger sehr oft mutieren, wäre bei der nächsten Schwangerschaft, auch aus seelischen Gründen, eine vorherige Impfung zu diskutieren. Bei einer Hepatitis-Infektion ist die Lage etwas problematischer, da die Infektion auch chronisch verlaufen und daher den allgemeinen Gesundheitszustand der Frau beeinträchtigen kann. Hier läßt sich ein eventuelles Risiko für eine erneute Schwangerschaft nur individuell einschätzen. War ein Herpes genitalis oder eine andere aufsteigende Genitalinfektion die mutmaßliche Ursache für die Fehlgeburt, dann müssen die Erreger vor einer erneuten Schwangerschaft durch Medikamente abgetötet oder, im Falle einer Herpes-Infektion, unschädlich gemacht werden, die Medizin spricht hier von der »Sanierung der Geburtswege«. Regelmäßige Kontrollabstriche sind zu empfehlen.

Auch *Unfälle, Schockerlebnisse und andauernde Überanstrengung* durch schwere körperliche Arbeit können ebenfalls Fehlgeburten auslösen, jedoch nach neueren Erkenntnissen weitaus seltener, als allgemein angenommen wurde. Auch *Blutgruppenunverträglichkeiten* verursachen heute nur noch selten eine Fehlgeburt, weil sie inzwischen frühzeitig behandelbar sind. Dagegen rücken die sogenannten immunologischen Unverträglichkeiten stärker ins Blickfeld der medizinischen Forschung. Bei einer immunologischen Unverträglichkeit identifiziert die körpereigene Abwehr der Mutter das Kind, das ja zur Hälfte mit den Chromosomen des Vaters ausgestattet ist, als fremden Eindringling und versucht, es durch die Bildung von Antikörpern abzustoßen. Hier hat die Forschung in den letzten Jahren eine ganze Reihe verschiedener Verfahren entwickelt, mit denen sich die mütterliche Abwehr vor einer neuen Schwangerschaft überlisten bzw. desensibilisieren läßt. Dazu zählt die Gabe von bestimmten Immunglobulinen* sowie von Leukozyten bzw. Lymphozyten des Vaters oder anderer Spender.

Auch *Störungen der Plazentafunktion* (Plazentainsuffizienz) können Fehlgeburten und vor allem sehr frühe Frühgeburten, bei denen das Kind kaum Überlebenschancen hat, verursachen. Ist die Plazentafunktion beeinträchtigt, kann das Kind nicht mehr ausreichend versorgt werden. Eine solche Störung kann sehr plötzlich auftreten, dann handelt es sich um eine akute Insuffizienz, sie kann aber auch langsam beginnen, dann spricht die Medizin von einem chronischen Verlauf. Die Gründe für eine Störung der Plazentafunktion sind sehr vielfältig und im Einzelfall oft nicht genau festzustellen. Häufig spielen auch mehrere Einflußfaktoren, auch einige der bereits genannten, die sich gegenseitig verstärken, eine Rolle. Eindeutig nachgewiesen ist allerdings die verheerende Wirkung von Nikotin, das die Durchblutung und damit die Sauerstoff- und Nährstoffversorgung der Plazenta schwer beeinträchtigt. Ähnlich verhält es sich auch mit dem Alkohol. Auch eine extrem einseitige Ernährung, besonders wenn die Frau ohnehin schon untergewichtig ist, kann die Plazentafunktion stark schwächen. Das gilt auch für bestimmte schwere Erkrankungen der Mutter, wie etwa ein schwerer unbehandelter Blut-

* Diese Methode wurde 1989 auf dem Deutschen Kongreß für Perinatologie in Berlin von Dr. Gertrud Mueller-Eckhard aus Gießen vorgestellt.

hochdruck. Ferner können auch Erkrankungen der Plazenta selbst sowie Tumore, Infarkte oder Blutungen eine Fehlgeburt verursachen. Die Prognose für eine erneute Schwangerschaft hängt hier sehr stark von den Ursachen der Plazentainsuffizienz ab. Grundsätzlich gilt: Lassen sich die Risikofaktoren ausschließen, was bei Ernährungsfehlern und Nikotin und Alkohol nun überhaupt keine Frage ist, dann sind die Aussichten für die nächste Schwangerschaft günstig.

Immer häufiger wird in letzter Zeit auch der Einfluß von seelischen Belastungen diskutiert. Unbestritten ist, daß *andauernder psychischer Streß* (die Betonung liegt hier auf andauernd), vor allem seine Folgen wie Nikotin- und Alkoholmißbrauch sowie Ernährungsfehler, Schlafmangel, erhöhter Blutdruck und vorzeitige Wehentätigkeit die Schwangerschaft gefährden können.

Nicht zuletzt ist das Risiko für eine Fehlgeburt auch nach einer *Chorionbiopsie* und einer *Fruchtwasserentnahme* zur Amniozentese sowie nach *Invitro-Fertilisation* (IVF) erhöht.

Hilfen für die Zeit danach

Nach einer Fehlgeburt* stehen die meisten Frauen zunächst unter Schock. Manche weinen und schreien ihren Schmerz und ihre Verzweiflung hemmungslos heraus. Andere reagieren völlig apathisch. Und wieder andere wirken nach außen hin erstaunlich gefaßt. Wie jede einzelne darauf reagiert, hängt sehr von ihrer Persönlichkeit ab, läßt sich aber nicht voraussagen, denn der Verlust des eigenen Kindes bringt häufig unbewußte oder lang verdrängte Ängste, Erlebnisse und Phantasien an die Oberfläche. Auf den Schock folgen dann häufig die Verleugnung der Fehlgeburt, anschließend große Traurigkeit und eine oft sehr selbstquälerische Suche nach dem Schuldigen und

* Wie auch nach einer Frühgeburt, bei der das Kind keine Überlebenschancen hatte, und nach einer Totgeburt.

schließlich das Abschiednehmen und die Trauer um den Verlust des Kindes. Dieses Reaktionsmuster gilt übrigens, obwohl häufig nicht so stark ausgeprägt, auch für den Partner.

Der Schockphase, die die Frau je nach Zeitpunkt der Fehlgeburt entweder zu Hause oder in der Klinik erlebt, stehen die meisten Menschen, ob nun Partner, Angehörige oder Ärzte, Hebammen und Krankenschwestern, ausgesprochen hilflos gegenüber. Ist die Frau völlig von ihrem Schmerz über den Verlust des Kindes überwältigt, greifen Ärzte (häufig auf Verlangen der Angehörigen) immer noch schneller zu Beruhigungsmitteln. Reagiert die Frau völlig apathisch, muß sie sich oft genug so hilflose wie unbedachte »aufmunternde« Bemerkungen anhören wie: »Davon geht die Welt nicht unter«, oder »Sie sind doch noch jung, beim nächsten Mal wird alles bestimmt gut« oder »Es war doch noch gar kein richtiges Kind«. Erscheint die Frau dagegen ruhig und gefaßt, schlägt das Mitgefühl in Vorwürfe um wie: »Der macht das gar nichts aus« oder »Die ist gar keine richtige Mutter«. All diese Bemerkungen »sitzen«. Auch wenn die Frau in der aktuellen Situation nicht direkt darauf reagiert, trägt sie sie oft monatelang, ja jahrelang als zusätzliche schwere Verletzung mit sich herum. Und es hilft ihr später auch nur wenig zu erfahren, daß all diese Bemerkungen nicht aus Bösartigkeit gefallen sind, sondern in den meisten Fällen aus Hilflosigkeit der Beteiligten, die so ihre eigene Enttäuschung und Traurigkeit zu bewältigen und die eigene Fassung zu bewahren versuchten.

Inzwischen wächst die Sensibilität im Bereich der Gynäkologie. Zwei Kongresse der Deutschen Gesellschaft für psychosomatische Gynäkologie und Geburtshilfe, an der nicht nur Ärzte, sondern auch Hebammen, Schwestern und Psychologen teilnahmen, stellten das Thema Begleitung bei glückloser Schwangerschaft in den vergangenen Jahren in ihren Mittelpunkt. Und im Gegensatz zu anderen medizinischen Fachkongressen, bei denen menschliche Schicksale oft kühl und distanziert als interessante Fälle abgehandelt werden, herrschte bei diesen beiden Kongressen eine bewegende Atmosphäre des

Mitgefühls und Mitleidens im wahrsten Sinne des Wortes. Aber dies nur am Rande.

Was kann nun den Frauen in der Schockphase helfen? Dr. Karl-Heinz Wehkamp, der lange Jahre an einer Bremer Frauenklinik Frauen nach glückloser Schwangerschaft beriet und betreute, rät: Möglichst keine Beruhigungsmittel, denn die Frau muß den Verlust, so schmerzlich er auch ist, klar und deutlich realisieren, um ihn später auch verarbeiten zu können.*

Dazu kann auch gehören, daß die Frauen (Eltern) bei einer Fehlgeburt in späteren Schwangerschaftsmonaten ihr Kind sehen dürfen oder die Klinik ein Foto von dem Kind machen läßt, das die Frau später, wenn sie möchte, mitnehmen kann. Auch viele, vor allem aufmunternde Worte sind fehl am Platze. Das, was die Frauen brauchen, ist Beistand: eine Hand, die sie halten können, ein Arm, der sie hält, eine Schulter, an der sie sich ausweinen können. In einigen Kliniken werden inzwischen Laienhelferinnen aus den Selbsthilfegruppen »Regenbogen« oder »Verwaiste Eltern« (Anschriften im Anhang) geholt, die selber durch diese schweren Zeiten gegangen sind und Frauen während der Schockphase – auch zu Hause – beistehen.

---

* Auf die Problematik der Beisetzung des Kindes, das zu früh, ohne gelebt zu haben, auf die Welt gekommen ist, können wir hier ausführlich nicht eingehen. Nur so viel: Viele Frauen (Eltern) wünschen sich einen Ort, an dem sie ihres Kindes gedenken können. Zumindest in Bayern, so stellten die dortigen Innen- und Sozialministerien im Oktober 1992 ausdrücklich klar, können *alle* Kinder, unabhängig davon, wann sie gestorben sind, beigesetzt werden. Nach Angaben der Ministerien soll die bisher unmißverständliche Formulierung im Bayerischen Bestattungsgesetz, die eine Bestattungspflicht erst ab einem Gewicht von 1000 Gramm vorsieht, geändert werden (Münchner Abendzeitung vom 30. 10. 1992). In anderen Bundesländern gelten zum Teil ähnlich mißverständliche Regelungen, zum Teil ist die Bestattung von sehr kleinen Kindern zwar nicht erlaubt, aber durchaus möglich: So können die Eltern das Kind beisetzen, indem sie es in einem anderen Grab beilegen lassen. Informationen und entsprechende Bescheinigungen erteilt die Selbsthilfegruppe »Regenbogen«. Eltern, die diese Möglichkeit wahrnehmen wollen, müssen die Klinik umgehend informieren, damit das Kind einige Tage in der Pathologie der Klinik bleibt, und sich nicht von abwehrenden Argumenten beeinflussen lassen. Auch hier wächst die Sensibilität der Beteiligten.

Diese Helferinnen können die Frauen (und ihre Partner) auch in den nächsten Phasen, der Verdrängungsphase, in der »alles wie ein böser Traum ist«, und in der Phase der Schuldsuche unterstützen. Vor allem, wenn die Ärzte keine Ursache für die Fehlgeburt finden können, quälen sich die Frauen mit Selbstvorwürfen: War es das Glas Wein am Abend vorher, hätte sie nicht mit ihrem Partner schlafen dürfen? Auch die Berufstätigkeit und die völlig normalen zwiespältigen Gefühle gegenüber der Schwangerschaft werden als schuldhaft empfunden. Frauen, die vorher irgendwann einmal einen Schwangerschaftsabbruch hatten, bewerten die Fehlgeburten häufig als Strafe. Später suchen sie oft auch die Schuld beim Partner, beim Arzt oder bei der Klinik. Nicht selten zerbrechen Partnerschaften an dieser Belastung, vor allem wenn die Partner in stummer Verzweiflung nebeneinander herleben. Oft verlieren die Frauen das Vertrauen zu ihren Ärzten, weil sie es doch hätten wissen müssen, und wechseln zu einem neuen. Diese Schuldsuche ist ein völlig normaler und angemessener Prozeß. Denn die Frauen, die keine Erklärung haben, warum sie als Mutter versagten, brauchen zunächst Erklärungen, um das Erlittene zu ertragen. Zu Beginn der letzten Phase, in der sie erkennen müssen, daß es einfach keine Erklärung gibt, entwickeln sie häufig Wut und Ärger auf das Kind, weil es sie verlassen hat. Diese Gefühle, so herzlos und wiederum oft schuldbeladen sie den Frauen auch vorkommen mögen, sind bereits ein erster Schritt zum Abschiednehmen, zur Trauer, zum Annehmen des Verlustes. Wie lange die einzelnen Phasen dauern, ist sehr unterschiedlich. Während die Schock- und Verleugnungsphase meist nur wenige Tage dauert, vergehen bei der Suche nach der Schuld bis zu zwei, drei Monate. Die Trauerphase ist die längste und kann ein halbes Jahr, aber auch zwei Jahre andauern.*

---

* Allen Eltern, die ihr Kind verloren haben, noch ehe es gelebt hat, möchten wir das Buch »Gute Hoffnung, jähes Ende« von Hannah Lothrop, 2. Auflage, München 1992 empfehlen. Die Autorin beschreibt in sehr einfühlsamer, aber auch sehr praktischer Weise, wie Eltern mit dem Verlust ihres Kindes leben und welche Hilfe Angehörige leisten können.

Sofort wieder schwanger?

Vor allem Angehörige, aber auch manche Ärzte raten Frauen nach einer Fehlgeburt, möglichst schnell wieder schwanger zu werden. Aus rein körperlicher Sicht ist dagegen auch meistens nichts einzuwenden, im Gegenteil: Untersuchungen der Columbia University New York haben belegt, daß Frauen nach einer Fehlgeburt im ersten Schwangerschaftsdrittel besonders fruchtbar sind.

Die meisten Frauen sträuben sich aber ganz intuitiv gegen eine sofortige neue Schwangerschaft. Auch wenn sie das zunächst nicht so formulieren (können), sie wollen erst einmal den Verlust ihres Kindes verarbeiten. Denn, das zeigten unsere Gespräche mit betroffenen Frauen und eher psychosomatisch orientierten Gynäkologen und Geburtshelfern sehr deutlich: Mit einer Fehlgeburt verliert eine Frau nicht »ein« Kind, sondern sie verliert »ihr« Kind. Dabei ist es ziemlich gleichgültig, in welchem Schwangerschaftsmonat sich die Fehlgeburt ereignete: Bei einer Fehlgeburt im zweiten Schwangerschaftsdrittel haben die Frauen meistens schon ein konkretes Bild von ihrem Kind, weil sie es bei den Ultraschalluntersuchungen gesehen, vielleicht schon Kindsbewegungen gespürt haben. Der Verlust ist für sie vor allem auf körperlicher Ebene deutlich spürbar. In den ersten Schwangerschaftsmonaten sind es dagegen die Vorstellungen von dem eigenen Kind und die Hoffnungen, die zerbrechen. Beide Verluste werden von vielen Frauen als gleichwertig empfunden: Für sie (häufig auch für den Partner) war es immer ein »einzigartiges Kind«, das in einem bestimmten »einzigartigen Moment« entstanden war, auf das sie sich gefreut, auf das sie so viele Hoffnungen gesetzt hatten. Deswegen empfinden Frauen, die eine frühe Fehlgeburt erleiden, Kommentare wie »Es war doch noch gar kein richtiges Kind« auch als sehr verletzend.

»Ich mußte erst mal Abstand gewinnen«, erzählte uns Ute (25), Verkäuferin, deren Schwangerschaft im dritten Monat durch eine Fehlgeburt zu Ende gegangen war, ohne daß die Ursache geklärt werden konnte. »Als mir meine Ärztin riet, schnell wieder schwanger zu werden, war ich richtig wütend. Ich will aber nicht so leben, nach dem Motto: Auto kaputt, nächstes kaufen, Kind weg, nächstes zeugen. Als ob das Kind nie existiert hätte. Mir war ganz klar: Ein neues Kind wäre erst mal nur ein Ersatz gewesen.« Noch drastischer formulierte es die Lehrerin Ursula (27), die ihr erstes Kind im fünften Schwangerschaftsmonat wegen einer vorzeitigen Plazentaablösung verloren hatte: »Wäre mein Mann gestorben, hätte ich ja auch nicht gleich den nächsten geheiratet!«

Genauso spüren die Frauen, daß das »Beim nächsten Mal wird bestimmt alles gut« überhaupt keine Garantie für einen wirklich glücklichen Verlauf der Schwangerschaft ist. Rein körperlich gesehen mag das zwar in den meisten Fällen stimmen, aber in seelischer Hinsicht kann eine verfrühte Schwangerschaft nach einer Fehlgeburt sehr belastet und belastend sein.

Gerade nach einer Fehlgeburt, deren Ursache nicht genau oder überhaupt nicht zu klären war, sehen sich die Frauen plötzlich mit ihren ambivalenten Gefühlen zum Kinderkriegen konfrontiert, die sie während der Schwangerschaft verdrängt hatten. Ambivalente Gefühle sind, wie wir bereits im Abschnitt »Die große Veränderung«, Seite 19 ff., erläutert haben, völlig normal. Trotzdem verdrängen viele Frauen diese Gedanken, weil sie nicht zu »ihrem Bild von einer glücklich schwangeren Mutter« passen. Nicht nur die angehende Ärztin Bettina (25) empfand die Zeit nach der Fehlgeburt »als eine Chance, mir nochmals alles durch den Kopf gehen zu lassen: Bin ich jetzt wirklich bereit für ein Kind, oder möchte ich erst mal in meinem Beruf etwas erreichen?« Auch die zweifache Mutter und Hausfrau Gabriele (32) war »nach dem ersten fürchterlichen Schock, daß ausgerechnet ich nach völlig problemlosen Schwangerschaften so versagen würde, für die Denkpause ganz dankbar. Die dritte Schwangerschaft war ungeplant, ich hatte sie nach dem Motto ›Wo zwei satt werden, wird auch noch ein Drittes satt‹, einfach hingenommen. Mehr hatte ich einfach nicht zugelassen. Nach der Fehlgeburt habe ich mir dann ganz genau überlegt, ob ich wirklich noch ein drittes Kind haben will.« (Während Bettina zunächst ihren Beruf wählte, entschied sich Gabriele nach einem Jahr für einen neuen Versuch. Ihr drittes Kind kam vor wenigen Monaten zur Welt.)

Wenn die Uhr abläuft

Ganz besonders belastend ist eine Fehlgeburt für Frauen Ende Dreißig, Anfang Vierzig, die nach langem Warten auf ein Kind eine Fehlgeburt erleiden. Sie fürchten, daß nun bald ihre (biologische) Uhr abläuft und geraten nicht selten in Panik, möglichst schnell wieder schwanger zu werden. Leider werden sie oft auch von ihren Ärzten in ihren Befürchtungen bestätigt. Monika (38), Geschäftsführerin, die sich so sehr ein zweites Kind wünscht, aber in den vergangenen Jahren zwei Fehlgeburten erlitt, wechselte schließlich die Ärztin: »Nachdem sie mir beim letzten Besuch gesagt hatte: ›Nun müssen Sie sich aber mal ranhalten‹, war ich völlig am Boden zerstört. Die beiden Schwangerschaften hatten einfach aufgehört, sich weiterzuentwickeln, warum, konnte sie mir auch nicht sagen. Mein neuer Arzt meinte, ich sollte mich nicht unter Druck setzen, es wäre noch reichlich Zeit. Erst war ich ziemlich mißtrauisch, ob er mich nicht einfach nur trösten wollte. Aber langsam merke ich, daß ich wirklich ganz verbissen bin. Ich glaube, ich muß erst mal an mir ein wenig arbeiten.« (Ein halbes Jahr nach unserem Gespräch ist Monika noch immer nicht wieder schwanger, fühlt sich aber viel freier, konzentriert sich mehr auf ihr erstes Kind und versucht auch, ihren sehr fordernden Beruf etwas lockerer zu sehen.)

Ganz prekär wird die Situation, wenn die erste Schwangerschaft nach jahrelangem Warten durch eine Fehlgeburt zu Ende geht oder die Frau bereits mehrere Fehlgeburten erlitten hat. All diesen Frauen wollen die Kinderwunsch-Sprechstunden helfen, die mittlerweile an allen großen Frauenkliniken eingerichtet sind und auch Kontakte zu örtlichen Selbsthilfegruppen von Eltern mit unerfülltem Kinderwunsch vermitteln. Auch viele niedergelassene Frauenärzte bieten solche Sprechstunden an, gewöhnlich außerhalb der normalen Sprechzeiten. Eine gute Kinderwunsch-Sprechstunde läßt sich übrigens leicht daran erkennen, daß die Ärzte das Thema, von dem die Frauen (Paare) verständlicherweise zunächst am wenigsten hören wollen, ansprechen: Und was ist, wenn es nicht (mehr) klappt?

Aber auch Frauen, die hofften, mit der Schwangerschaft und dem Kind eine Partnerschaft zu retten oder die Leere in ihrem Leben zu füllen, haben oft das Gefühl, als sei ihnen nun die Zeit davongelaufen, und alles sei vorbei. Zunächst ist das häufig auch so: Der Partner, der sich wegen der Schwangerschaft zum Bleiben verpflichtet fühlte, geht. Zu dem Verlust des Kindes kommt noch der Verlust des Partners. So schmerzlich und schwer solche Situationen auch sind, hier kann nur die ehrliche Auseinandersetzung mit sich selbst und den eigenen Motiven neue Perspektiven eröffnen.*

Die nächste Schwangerschaft

Auf die nächste Schwangerschaft nach einer Fehlgeburt reagieren die meisten Frauen (Eltern) zunächst mit verhaltener Freude. Zu groß ist die Sorge, es könne wieder schiefgehen, obwohl die Statistik beweist, daß 90 Prozent aller Frauen, die

* Wir können hier nicht ausführlich auf Wege zur Bewältigung solcher Krisen eingehen, sondern möchten auf die im Anhang angegebene Literatur verweisen und alle Leserinnen ermutigen, wenn sie das Gefühl haben, nicht mehr weiterzukommen, professionelle Hilfe von Beratungsstellen wie Pro Familia, Diakonie oder Caritas in Anspruch zu nehmen und/oder sich einer der ebenfalls im Anhang genannten Selbsthilfegruppen anzuschließen.

eine Fehlgeburt erlitten haben, danach wieder schwanger werden und gesunde Kinder bekommen. Viele Frauen behalten die Schwangerschaft zunächst sogar ganz für sich, erzählen noch nicht einmal ihrem Partner oder ihren engsten Angehörigen und Freunden davon. »Die ersten Monate waren wie eine Schwangerschaft auf Probe«, das hörten wir immer wieder. Einzigartig und sehr bedrückend war der Bericht einer Sekretärin, die nach drei Fehlgeburten wieder schwanger geworden war, auf Geheiß ihres Ehemannes aber keinem Menschen davon erzählen durfte, damit er, falls es wieder schiefgehe, im Kollegenkreis nicht als Versager bzw. Ehemann einer Versagerin dastehe. (Die Frau erlitt tatsächlich eine vierte Fehlgeburt, trennte sich kurz darauf von ihrem Mann, heiratete erneut und bekam vor einem Monat ihr erstes Kind.)

Erst wenn das magische Datum, der Zeitpunkt der vorangegangenen Fehlgeburt überschritten ist, lassen die Frauen ihren Gefühlen freien Lauf und erlauben sich vorbehaltlose Freude. Doch bis dahin kann eine lange Zeit vergehen, die mit Sorgen und Ängsten um das Wohlergehen des Kindes sehr belastet ist. Oft schränken sich die Frauen in ihrem täglichen Leben freiwillig stark ein, damit ja nichts dem Kind passiere: Sie gehen nicht mehr aus, lassen alle Freizeitaktivitäten sausen, verzichten auf Sex, was, wenn der Partner nicht mitzieht, erhebliche Partnerschaftsprobleme mit sich bringen kann, manche verbringen die meiste Zeit auf dem Sofa oder gar im Bett. Natürlich ist in einzelnen Fällen eine solch strikte Einschränkung notwendig, um die Schwangerschaft zu halten. Die Regel ist das allerdings nicht, so verständlich die Übervorsicht der Frauen auch ist.

Manchen Frauen platzt aber auch nach einiger Zeit der Kragen: Martha (37), Werbegraphikerin, war sechs Monate nach ihrer ersten Fehlgeburt wieder schwanger geworden, und zwar diesmal völlig ungeplant: »Bei der ersten Untersuchung stellte mein Arzt ganz leichte Schmierblutungen fest und verdonnerte mich zu absoluter Bettruhe. Jeden Freitag mußte ich zum Ultraschall in die Praxis kommen, wo er stets zufrieden feststellte, daß alles in Ordnung sei. In die Arbeit hat er mich aber dennoch drei Monate nicht gehen lassen. Später erfuhr ich dann auch, warum: Er kannte unseren Laden sehr gut, eine Freundin von ihm hatte einige Zeit bei uns gearbeitet. Daher wußte er, welch riesigen Streßjob wir alle machten, und wollte natürlich kein Risiko eingehen. Am Anfang bin ich auch brav im Bett geblieben, doch nach vier Wochen hatte ich die Schnauze voll. Diese ständige Angst, bei jedem Gang auf die Toilette, ob nicht doch etwas Blut kommt. Ich war schon ganz verrückt. Und dann hatte ich plötzlich über Nacht eine neue Einstellung zu meinem Kind. Ich dachte: ›Wenn du wirklich bei mir bleiben sollst, dann bleibst du auch, wenn ich jetzt aufstehe und die Wände streiche.‹ Wirklich, ich hab am Tag zwei, drei Stunden gemalert und bin viel spazierengegangen. Die Schwangerschaft verlief bis zur Geburt ganz problemlos, ab der 16. Woche bin ich auch wieder ins Büro gegangen.«

Marthas Eigenmächtigkeit ist natürlich nicht unbedingt zur Nachahmung empfohlen. Ihre Geschichte zeigt aber, wie eine Schwangerschaft nach vorausgegangener Fehlgeburt unbelasteter verlaufen kann.

So gaben die wöchentlichen Ultraschalluntersuchungen Martha die Sicherheit, daß alles in Ordnung ist. Dieses Sicherheitsgefühl hielt auch immer einige Tage an. Außerdem hatte der Arzt richtig erkannt, daß Martha sich erst mal mit der neuen, diesmal ungeplanten, aber sehr erwünschten Schwangerschaft anfreunden mußte, ihre Arbeitsbelastung im Büro und ihr eigener Ehrgeiz ihr aber keine Zeit dazu lassen würden. Durch die verordnete Bettruhe hatte sie aber genügend Zeit, in sich hineinzuhören und sich auch von den unangenehmen Gedanken und Befürchtungen nicht ablenken zu lassen. Der wöchentliche Arzttermin gab ihr die Gelegenheit, über Probleme und neue Fragen zu sprechen. Dadurch konnte Martha in aller Ruhe eine stabile, gefühlsmäßige Einstellung zu ihrer Schwangerschaft gewinnen, was sicherlich die Stabilität der Schwangerschaft selbst unterstützte.

Über plötzliche Gefühlsveränderungen von Angst und

Furcht zu (demütiger) Zuversicht berichteten uns übrigens mehrere Frauen. Manche wußten plötzlich: »Diesmal geht es gut«, andere ergaben sich ihrem Schicksal: »Was sein muß, muß sein«, fühlten sich dabei erleichtert und befreit.

Neben der engmaschigen ärztlichen Betreuung kann auch die zusätzliche Begleitung durch eine niedergelassene Hebamme, die auf Schwangerenbetreuung spezialisiert ist, helfen, die schwierige Zeit zu erleichtern. Häufig sprechen Frauen lieber mit Frauen über ihre Ängste und Sorgen. Doch eines sollten sie dabei nicht vergessen: Auch die Männer brauchen meistens in dieser anstrengenden Phase Unterstützung, auch wenn sie selbst nicht darüber sprechen (wollen). Marthas Arzt löste dieses Problem auf eine, wie wir finden, sehr gute Weise: Während sich Martha im Nebenzimmer auf die Untersuchung und den Ultraschall vorbereitete, fragte der Arzt ihren Lebensgefährten, der allerdings nicht jede Woche mitkommen konnte: »Und wie geht es Ihnen?« Martha: »Manchmal saßen die beiden eine ganze Weile da draußen zusammen. Was sie genau besprochen haben, weiß ich nicht, wollte ich auch gar nicht wissen, aber mein Freund kam mir danach immer ziemlich erleichtert vor.«

Erschöpfung und Depressionen nach der Geburt

Endlich ist das Baby da. Überglücklich schließt es die Mutter in die Arme, Freudentränen laufen ihr über die Wangen. So oder ähnlich enden die meisten Berichte über Schwangerschaft und Geburt. Aber Mütter kennen noch andere Tränen. Tränen der Erschöpfung und Verzweiflung, daß nichts so ist, wie sie es sich vor der Geburt vorgestellt und erträumt hatten. Doch darüber wird nur selten gesprochen, in Schwangerschaftsratgebern, in der Geburtsvorbereitung oder beim Arzt, und später in der Familie oder im Freundeskreis. Nur die »Heultage« im Wochenbett werden als lästiges Übel erwähnt, das aber schnell vorübergeht. Tatsache ist aber, daß nach einer englischen Statistik jede zehnte Frau (und damit natürlich auch die Partnerbeziehung) nach der Geburt in eine mehr oder minder schwere Krise gerät. Wir haben uns daher entschlossen, nicht zuletzt angeregt durch die vielen Gespräche mit Müttern und Vätern, auch auf dieses Thema ausführlicher als allgemein üblich einzugehen.

In diesem Kapitel werden Sie erfahren, wie sich Krisen nach einer Geburt ankündigen und bemerkbar machen, welche Ursachen sie möglicherweise haben, wie Sie ihnen vorbeugen können und welche Hilfen Sie in Anspruch nehmen sollten, falls Sie das Gefühl haben, alleine nicht mehr zurechtzukommen. Diesen letzten Aspekt halten wir deshalb für so besonders wichtig, weil wir Frauen uns häufig scheuen, Hilfe und Unterstützung in Anspruch zu nehmen oder gar einzufordern, sondern statt dessen so lange versuchen, Fassaden aufrechtzuerhalten, bis wir unsere Kraftreserven restlos erschöpft haben und dann wirklich nicht mehr können. Oder wir warten geduldig, daß unsere Umgebung von selbst darauf kommt, uns zu helfen. Aber da können wir meist lange warten.

Die vier Krisen nach der Geburt

Die psychosomatisch orientierte Gynäkologie und Geburtshilfe unterscheidet vier verschiedene Krisen, die nach einer Geburt auftreten können: Baby-Blues (Heultage), postnatale (= nach der Geburt) Erschöpfung, postnatale Depression und Wochenbettpsychose. Die drei erstgenannten Krisen sind meist eine völlig normale, ja gesunde Reaktion auf die veränderten Lebensumstände, den anstrengenden Alltag, die meist noch anstrengenderen Nächte und die immensen körperlichen Veränderungen, besonders die hormonelle Umstellung innerhalb eines sehr kurzen Zeitraums. Problematisch werden sie nur dann, wenn die Frau keine Möglichkeit sieht, ihre Umstellungs- und Anpassungsschwierigkeiten zu bewältigen und zu überwinden.

In solchen Situationen besteht zudem die Gefahr, daß die Krise chronisch wird. Das kann bedeuten: Aus einer völlig normalen postnatalen Erschöpfung, die durchaus mehrere Wochen oder gar Monate anhalten kann, entwickelt sich ein chronischer Erschöpfungszustand mit massiven körperlichen und seelischen Beschwerden. Oder der Baby-Blues geht nahtlos in eine postnatale Depression über, die ebenfalls Wochen oder Monate andauern kann und im Laufe der Zeit in einer allgemeinen Depression mündet. Und nicht nur das: Auch die Überwindung der Krise und die Behandlung der Beschwerden werden um so schwieriger, je später die Frau Hilfe sucht.

Einige wenige Frauen werden nach der Geburt seelisch schwer krank. Sie geraten in eine psychotische Phase, die sogenannte Wochenbettpsychose, die als ein Tabuthema in unserer Gesellschaft gilt. Aber auch diese sehr schwerwiegende Erkrankung ist heute in den meisten Fällen heilbar.

Der Baby-Blues

Zwischen dem dritten und dem achten Tag nach der Geburt findet sich jede zweite Frau plötzlich in Tränen aufgelöst wieder. Im Volksmund werden diese Tage »Heultage« genannt, wir bevorzugen den amerikanischen Ausdruck »Baby-Blues«, weil er nicht so abwertend wirkt. Die Ursachen für den Baby-Blues sind wissenschaftlich nur selten untersucht worden und bis heute nicht eindeutig geklärt, obwohl die meisten Ärzte von einem rein hormonellen Geschehen ausgehen. Vermutlich sind es, wie in so vielen Bereichen unseres Lebens, ganz verschiedene Faktoren, die sich gegenseitig beeinflussen und verstärken.

Genauso wie wir nach großen persönlichen Erfolgen in anderen Bereichen, zum Beispiel nach glücklich überstandener Examensprüfung, selig auf Wolken schweben, fühlen wir uns auch nach der riesigen körperlichen und seelischen Anstrengung der Geburt außer uns vor Stolz und Freude über unser Kind und unsere Leistung. Obwohl letzteres die wenigsten Frauen so offen zugeben würden, denn sie denken, das gehöre sich nicht. Und statt sofort in einen erholsamen Tiefschlaf zu verfallen, wie es nach einer solchen Anstrengung eigentlich zu erwarten wäre, sind Frauen nach der Geburt hellwach, ja oft richtig euphorisch. Diese Euphorie, die durch die beginnende hormonelle Umstellung verstärkt wird, hat auch einen ganz praktischen Grund, der allerdings heute in unserer westlichen Welt keine so zentrale Rolle mehr spielt: Die Mutter soll sich so schnell wie möglich von der Geburt erholen, um das hilflose Baby versorgen und beschützen zu können. Bei Naturvölkern ist dieser angeborene Mechanismus immer noch überlebenswichtig.

Doch wie in anderen Ausnahmesituationen folgt auch auf die Euphorie nach der Geburt eine Phase der Erschöpfung und der Ernüchterung. Genauso wie wir nach der rauschenden Examensfeier oft erst mal etwas verängstigt in unsere berufliche

Zukunft schauen, fühlen sich auch Mütter unsicher und fragen sich, ob sie das wohl alles schaffen werden. Aber während frischgebackene Schul- oder Uniabsolventen nur den Restalkohol zu verdauen haben, müssen Mütter mit ganz anderen Umstellungen fertig werden.

Das Durcheinander der Hormone

Da ist zunächst die immense hormonelle Veränderung, die direkt nach der Geburt beginnt. So sinken die Progesteron- und Östrogenwerte, die während der Schwangerschaft etwa fünfzigmal über ihren Normalwerten lagen, innerhalb von 24 bis 36 Stunden auf ihr Ausgangsniveau. Auch die Schilddrüse und die beiden Nebennieren drosseln ihre Tätigkeit und setzen weniger Thyroxin bzw. körpereigene Kortikoide (Adrenalin, Noradrenalin) frei. Heute weiß die Medizin, daß Hormone auch mit Gefühlen in Zusammenhang stehen. So gilt ein Progesteronmangel zumindest als Mitverursacher für Erregungs- und Angstzustände, ein Östrogenmangel als Ursache für Niedergeschlagenheit und Depressionen. Eine Unterfunktion der Schilddrüse führt ebenfalls zu Niedergeschlagenheit, Apathie und Antriebsschwäche. Zuwenig Adrenalin lähmt die Körperkräfte, ein Mangel an Noradrenalin steht ebenfalls im Verdacht, für depressive Verstimmungen mitverantwortlich zu sein.

Da sich diese hormonelle Umstellung nicht langsam vollzieht, sondern praktisch ohne Vorwarnung wie ein gewaltiger Sturm über den Körper hereinbricht, ist es kein Wunder, wenn auch die Gefühle nach der Geburt Achterbahn fahren und unkontrollierbar zwischen Freude, Niedergeschlagenheit, Verzweiflung, Angst, Aggression und Hoffnung hin- und herschwanken. Die britische Ärztin und Psychologin Katharina Dalton, die als eine der wenigen Spezialisten auf dem Gebiet der »postnatalen Krisen« gilt, vergleicht die Auswirkungen dieser Hormonumstellung sogar mit einem Drogenentzug.

Aber die Hormonproduktion wird nicht nur heruntergefahren, es kommen auch neue Hormone hinzu. Das wichtigste ist das Prolaktin, das von der Hirnanhangdrüse (Hypophyse) ausgeschüttet wird und die Milchbildung in Gang setzt. Ob Prolaktin beim Baby-Blues eine Rolle spielt, ist bislang ungeklärt. Zwar fühlen sich viele Frauen gerade an dem Tag, an dem die Milch einschießt, besonders erschöpft oder niedergeschlagen, was auf einen Einfluß des Prolaktins deuten könnte. Genauso denkbar ist aber, daß der Milcheinschuß nur zeitlich mit den Nachwirkungen der nachlassenden Hormonproduktion zusammentrifft, zwischen beiden aber kein ursächlicher Zusammenhang besteht.

Zu diesen Hormonschwankungen kommt meistens noch ein Schlafdefizit hinzu, das sich häufig schon in den Wochen vor der Geburt langsam aufgebaut hat, weil der dicke Bauch einfach im Weg war oder Sodbrennen und Rückenschmerzen eine erholsame Nachtruhe verhinderten. Außerdem verliert die Frau bei der Geburt etwa 300 bis 500 Milliliter Blut, nach der Geburt scheidet ihr Körper verstärkt Wasser und damit natürlich auch bestimmte Mineralstoffe und Spurenelemente aus dem Gewebe aus. Schlafmangel sowie Blut- und Flüssigkeitsverlust machen aber nicht nur einfach schlapp und müde, sondern stören ebenfalls das hormonelle Gleichgewicht.

Auch die Seele muß sich umstellen

Außer den rein körperlichen Veränderungen und Umstellungen spielen seelische Faktoren beim Baby-Blues eine große Rolle. Zum Beispiel fühlen sich viele Mütter, vor allem beim ersten Kind, sehr unsicher, ob sie alles richtig machen, ob sie das Baby richtig halten, ob sie es richtig wickeln, ob sie sein Weinen richtig verstehen (hat es Hunger, ist es naß, tut ihm vielleicht sogar etwas weh?). Wegen ihrer *Unsicherheit* fürchten diese Mütter häufig, keine guten Mütter zu sein. Sie fühlen sich minderwertig und sind daher sehr leicht aus der Fassung zu bringen.

Andere Frauen spüren zunächst gar *keine Muttergefühle*, sie betrachten ihr Baby eher gleichgültig, ja manchmal sogar widerwillig oder wollen es in den ersten Tagen nicht sehen. Auch sie reagieren auf ihre eigene Distanziertheit mit Versagens- und Schuldgefühlen. Die Gründe für eine anfängliche Gleichgültigkeit oder Ablehnung des Kindes sind sehr verschieden, aber fast immer nachvollziehbar und verständlich: So ist die Mutter vielleicht nach einer langen und schweren Geburt einfach völlig erledigt und keiner Gefühlsregung mehr fähig, sondern muß sich erst einmal erholen. Oder die Mutter ist zunächst einfach »sauer« auf ihr Kind, weil es ihr eine sehr schmerzhafte Geburt bereitet hat. Bei Karin (30), Briefträgerin, waren es beide Gründe: »Nach fast 18 Stunden Wehen entschieden sich die Ärzte zum Kaiserschnitt, weil einfach nichts voranging. Danach war ich erst mal so fertig, daß ich meinen Sohn zwei Tage lang nicht sehen wollte. Aber nicht nur, weil ich ihm die schwere Geburt übelgenommen habe. Ich hatte auch Angst, daß ich ihn beim erstenmal zu unfreundlich anschaue und ihm damit weh tue. Und gleichzeitig habe ich mich unheimlich geschämt über meine Gefühle. Es hat lange gedauert, bis ich darüber hinweg war.«

Auch Mütter, die schon ein oder mehrere Kinder haben, betrachten den Neuankömmling häufig eher mit Gleichmut und ohne überschwengliche Begeisterung. Und zwar keineswegs, weil sie das Baby nicht liebhaben, sondern weil sie gleich den Alltag sehen. So dachte Ulla (35), dreifache Mutter und Heilpädagogin, schon nach der zweiten Geburt »nur daran, daß jetzt der Tanz mit den Windeln und der ewigen Wäscherei wieder anfängt, wo wir das doch gerade überstanden hatten. Ich hab das ein bißchen scherzhaft auch zur Säuglingsschwester gesagt. Die meinte, ich sei ein undankbares Monster und hat mich gleich zur Schnecke gemacht. Da war ich unheimlich verletzt und bekam prompt meinen Heultag.«

Frauen, deren Kind mit einem *Kaiserschnitt* geholt werden mußte, sind häufig sehr enttäuscht. Das gilt besonders dann, wenn die Entscheidung zur Schnittentbindung wegen völliger

Erschöpfung von Mutter und/oder Kind während der Geburt fiel. Sehr oft machen sich diese Mütter schwere Vorwürfe, sie fühlen sich als Versagerin, weil sie noch nicht einmal eine »richtige Geburt hingekriegt haben«, wie Inge im Kapitel zum Kaiserschnitt sagte. Zu diesen Schuldgefühlen kommen dann noch die Wundschmerzen, die körperliche Schwäche und die Bewegungsunfähigkeit. Daher ist es wirklich kein Wunder, daß die Mütter erst mal völlig erschöpft sind und sich am liebsten verkriechen würden. Ähnlich enttäuscht und niedergeschlagen wie Kaiserschnittmütter sind übrigens auch viele Frauen nach einer Saugglocken- oder Zangengeburt – und das ist ebenso verständlich.

Manche Mütter fühlen nach der ersten Euphorie eine tiefe Trauer, weil plötzlich lang *verschüttete seelische Verletzungen* wieder aufbrechen oder ihnen bewußt werden. Eine große Rolle spielt hier zum Beispiel die Auseinandersetzung mit den eigenen Eltern, vor allem mit der eigenen Mutter. Gar nicht so selten erschrecken Frauen bei der Vorstellung, durch die Geburt wie ihre eigene Mutter zu werden, was sie niemals gewollt haben. Besonders häufig ist das, wenn sich auch die äußeren Lebensumstände von Mutter und Tochter ähneln, etwa Alter, Beruf, Partnerschaft, Geschlecht des ersten Kindes oder gleiche Kinderzahl wie die Mutter, womöglich sogar Töchter und/oder Söhne in gleichem Abstand. Unter solchen Bedingungen fühlen sich die jungen Mütter häufig in einer ausweglosen Situation gefangen. Katrin (31), Elektrotechnikerin: »Bei meiner Mutter und mir waren die Umstände völlig identisch: Schwieriger Partner, erste Geburt (ein Sohn) mit 19 Jahren, dann arbeitslos, zweite Geburt (eine Tochter) mit 21 Jahren. Nach der zweiten Geburt dachte ich nur: Das war's dann wohl, jetzt kannste dich gleich einsargen lassen. Ich kann gar nicht sagen, daß ich besonders verzweifelt war oder meine Kinder nicht mochte. Ich hab halt nur für mich nichts mehr erwartet, ich lag völlig schicksalsergeben und apathisch im Bett und wollte gar nicht mehr aus dem Krankenhaus weg. Erst als mir plötzlich klar wurde, daß ich mich auch wie meine

Mutter verhalte, bin ich aufgewacht und hab bald reinen Tisch gemacht.« (Katrin trennte sich ein halbes Jahr nach der Geburt ihrer Tochter von ihrem Partner und begann eine Umschulung.)

Gar nicht so selten sind Frauen über das *»falsche« Geschlecht* ihres Kindes enttäuscht. Statt der heißersehnten Tochter wurde es »nur« ein Sohn oder umgekehrt. Hinter dieser Enttäuschung verstecken sich ebenfalls häufig tiefsitzende Konflikte mit den eigenen Eltern oder Probleme mit dem eigenen Selbstverständnis der Mutter. So kann der Wunsch nach einem bestimmten Geschlecht des Kindes daraus resultieren, die Familienkonstellation der elterlichen Familie verhindern oder kopieren oder sich von einem Elternteil abgrenzen zu wollen. Letzteres war bei Lea (65), Verwaltungsangestellte, der Fall. Sie hatte sich immer nur Söhne gewünscht, »weil die leichter zu haben sind«. Der Zufall wollte es denn auch so, sie bekam vier. Erst nach dem Tod ihrer eigenen Mutter und seitdem sie zwei Enkeltöchter hat, begann sie den wahren Grund für ihren Wunsch zu erahnen: »Meine Mutter war eine kalte, abweisende und sehr hysterische Person, keiner konnte mit ihr auskommen. Da sich angeblich ja die Charakterzüge in der zweiten Generation wieder durchsetzen, fürchtete ich, daß meine Töchter genauso werden könnten. Das hätte ich nicht ertragen. Außerdem wäre ich wohl ziemlich voreingenommen gewesen.«

Ganz ähnlich war es auch bei Larissa (41), Redakteurin, die ihren Vater nur als frauenverachtenden Tyrannen erlebt hatte und sich deshalb nur als Mutter von Töchtern vorstellen konnte. »Beim ersten Mal hatte ich auch Glück – es war eine Tochter. Beim zweiten Mal war ich genauso auf ein Mädchen fixiert, doch im sechsten Monat zeigte der Ultraschall: ein Junge. Meine damals fünfjährige Tochter, die bei mir war, reagierte total begeistert, daß sie einen Bruder bekommen sollte. Ich war völlig fertig. Im nachhinein bin ich sehr froh, daß ich frühzeitig ›gewarnt‹ war, sonst wäre ich nach der Geburt bestimmt ausgeflippt.« In einem Gespräch mit einer Freundin entdeckte Larissa für sich, daß das zweite Kind nicht zufällig ein Sohn werden würde: »Ich sollte wohl an ihm wachsen und meine eigene Geschichte endlich verarbeiten.«

Auch *Trennungserlebnisse* können in den ersten Tagen nach der Geburt plötzlich wieder präsent werden. In ihrem sehr empfehlenswerten Buch »Eigentlich sollte ich glücklich sein«* berichtet Carol Dix von einer Frau, die nach der Geburt ihres ersten Kindes tagelang ununterbrochen weinte, ohne daß ihr jemand helfen konnte. Als ihre Tränen schließlich doch versiegten, berichtete die Frau, sie habe um ihre eigene Mutter geweint und sich von ihr verabschiedet. Es stellte sich heraus, daß die Frau im Alter von eineinhalb Jahren adoptiert worden war. Durch die Geburt wurde dieses weit zurückliegende, unverarbeitete Trennungserlebnis wieder aktiviert. Mit ihrem hemmungslosen Weinen konnte die Frau nicht nur die eigenen Verlassenheitsgefühle von damals, sondern auch den Trennungsschmerz der eigenen Mutter praktisch stellvertretend für sie bewältigen und sich von ihr verabschieden.

Das Wiederaufbrechen von lange verdrängten Trennungsschmerzen hat übrigens sehr viel damit zu tun, daß die Geburt selbst ja auch ein Trennungserlebnis ist, und zwar ein sehr tiefgehendes. Denn durch die Geburt wird die symbiotische Einheit von Mutter und Kind zerstört, was keineswegs, wie die traditionelle Psychologie behauptet, nur für das Kind mit Verlustängsten verbunden ist. Auch die Mutter leidet unter dem Trennungsschmerz – worüber aber höchst selten gesprochen wird.

Larissa erlebte diese Traurigkeit bei ihren beiden Kindern, und zwar nicht nur nach der Geburt, sondern schon vorher. »Ich hatte beide Male wegen einer Plazenta praevia einen geplanten Kaiserschnitt. Jedesmal habe ich die halbe Nacht vorher geheult, auch auf dem Weg in den OP. Aber nicht, weil ich

---

* Dix, Carol: Eigentlich sollte ich glücklich sein – Hilfe und Selbsthilfe für überforderte Mütter, 1. Auflage, Zürich 1987. Taschenbuchausgabe: Carol Dix: Depressionen nach der Geburt. Reinbek 1991.

Angst vor der Operation hatte, wie alle in der Klinik dachten. Sondern weil die schöne Zeit der Einheit vorbei war. Es war wie ein Abschiedsschmerz. Der einzige Mensch, der das verstand, ohne daß wir jemals darüber gesprochen haben, war mein (kinderloser) Schwager. Er schickte mir kurz vor der zweiten Geburt eine Karte, auf der er mir und dem Baby ›alles Gute für unsere erste Trennung‹ wünschte. Alle Blumen und Glückwünsche nach der Geburt haben mich nicht im entferntesten so berührt und getröstet wie diese paar Worte.«

Und nicht zuletzt bedeutet die Geburt eines Kindes, vor allem des ersten, auch Trennung und *Abschiednehmen vom bisherigen Alltag*, zum Beispiel von beruflichen Plänen, vom Ungebundensein, von Spontaneität und leider allzu häufig auch von Freunden. Zwar machen sich diese Veränderungen meist erst nach einigen Wochen bemerkbar, sie werfen aber häufig schon in den Tagen nach der Geburt ihre Schatten voraus. Da sind zum Beispiel die Kollegen, die bei der Besichtigung des Nachwuchses mit Unverständnis auf Fragen nach dem Büro reagieren. »Laß uns das mal machen, kümmere du dich um dein Kind« oder »Na ja, da spielst du jetzt keine Rolle mehr« – solche gar nicht mal böse gemeinten Bemerkungen können für die Frau furchtbar verletzend sein.

Außer den eben genannten Faktoren können auch schon länger bestehende *Partnerschaftskonflikte* oder *Ärger mit nahen Angehörigen und Freunden* das seelische Gleichgewicht einer Frau nach der Geburt aus dem Lot bringen. Darauf werden wir im nächsten Abschnitt ausführlicher eingehen. Auch Mütter (und Väter) von *frühgeborenen oder behinderten Kindern* müssen mit ganz besonders schweren Belastungen fertig werden, die manchmal das Ertragbare überschreiten. Da diese Probleme in der Regel sehr von der jeweiligen Situation abhängen, werden wir hier auf allgemeine Anmerkungen verzichten, die dem Einzelfall doch nicht gerecht würden. Statt dessen möchten wir alle Eltern ermuntern, so schnell wie möglich Kontakt zu anderen Eltern aufzunehmen, die ähnliche Situationen durchgemacht haben. Anschriften entsprechender Selbsthilfegruppen können oft schon die Kliniken vermitteln. Ein sehr hilfreicher Wegweiser ist auch das Buch »Eltern-Selbsthilfegruppen«*, das die Anschriften inklusive Telefonnummern und Kurzporträts von 77 verschiedenen Elternselbsthilfegruppen in Deutschland enthält.

Nicht alles gefallen lassen

In diesem Abschnitt geht es uns darum, aufzuzeigen, warum Frauen, die ansonsten die widrigsten Situationen mühelos bewältigen, im Wochenbett plötzlich den Baby-Blues bekommen: Es ist das Zusammentreffen der immensen körperlichen Umstellung mit der fundamentalen seelischen Herausforderung, die das seelische Gleichgewicht so zerbrechlich werden läßt. Da genügt eine wenig einfühlsame Bemerkung des Stationsdrachens, des Partners oder der besten Freundin (womöglich dann, wenn es mit dem Stillen noch nicht so recht klappt), die ständige Unruhe im Zimmer, eine unsympathische Bettnachbarin oder nerviger Besuch, das frühe Wecken, oder ein Täßchen Tee statt des bestellten Kaffees zum Frühstück – und die Tränen fließen.

Aber es müssen gar nicht Tränen sein, wie der Begriff »Heultage« uns glauben machen will. Einer amerikanischen Studie zufolge spüren 80 Prozent aller Mütter nach der Geburt den Baby-Blues, aber nur jede zweite weinte auch. Der Rest reagiert eher wütend und aggressiv, beschimpft das Pflegepersonal oder die Ärzte, den Partner oder die Freunde und gilt allgemein als schwierige Mutter, die die Klinik so schnell wie möglich loswerden will. Dabei sind beide, die Tränen und die Wut, ein wichtiges Ventil, um sich von emotionalem Druck zu befreien.

Das heißt aber nicht, daß sich Mütter nach der Geburt alles

* Schmid, Raimund/Engelmohr, Ines/Maidhof-Schmid, Katharina: Eltern-Selbsthilfegruppen – Kranke Kinder + Aktive Eltern. Lübeck 1992.

gefallen lassen müssen, weil sie im Wochenbett sowieso unzurechnungsfähig sind. Gerade weil ihr seelisches Gleichgewicht in den ersten Tagen nach der Geburt besonders zerbrechlich ist, brauchen Mütter Ruhe und Rücksichtnahme. Und wenn schon die Umgebung nicht dafür sorgt, muß eben die Frau selbst aktiv werden. Dazu kann zum Beispiel gehören, einen nervigen Besuch abzusagen oder vor die Tür zu setzen. Das trauen Sie sich nicht zu? Sagen Sie einfach: »Tut mir leid, mir geht es heute nicht so gut, besucht mich doch nächste Woche zu Hause.« Oder: »Entschuldigt bitte, aber ich bin so erschöpft und würde jetzt gerne etwas schlafen, bevor das Baby wieder kommt.« Jeder einigermaßen einfühlsame Mensch wird für Sie Verständnis haben. Versucht der Besuch aber, wie es gerade nahe Verwandte gerne tun (besonders Mütter und Schwiegermütter), aus Ihrer Ablehnung eine Grundsatzdiskussion zu machen, hilft nur noch ein klares »Nein, jetzt nicht« oder die Flucht ins Stillzimmer der Station. Bereiten Sie sich aber darauf vor, daß Sie die Auseinandersetzung mit den lieben Verwandten zu einem späteren Zeitpunkt nachholen müssen (mehr dazu in den nächsten beiden Abschnitten).

Auch schnodderige oder ironische Bemerkungen des Pflegepersonals oder der Ärzte müssen Sie nicht schlucken. Machen Sie aber kein großes Aufhebens darum, sondern geben Sie in ruhigem Ton zurück: »Ich empfinde Ihre Worte als verletzend.« Sie sollten zwar nicht erwarten, daß sich die Betreffenden sofort bei Ihnen entschuldigen werden – obwohl das gar nicht so selten ist. Aber erstens haben Sie reagiert (und das macht Sie stark!), und zweitens bleiben Sie in Zukunft sicher von abwertenden Bemerkungen verschont.

Ein wichtiges Thema ist die Abstimmung mit der Bettnachbarin. Nicht jede ist jeder sympathisch, und nicht alle Frauen können oder wollen sich ein Einzelzimmer leisten. Hier helfen ebenfalls nur ehrliche und offene Worte: Für Fernseher und Radio gibt's Kopfhörer. Nervt der Besuch der Nachbarin (vielleicht geht ihr das mit Ihrem Besuch genauso), lassen sich die Besuchszeiten sicher abstimmen (viele Kliniken haben inzwischen auch Besucher-Cafés). Sollte überhaupt keine Verständigung möglich sein – auch das gibt es –, sollten Sie die Stationsschwester bitten, Sie in ein anderes Zimmer zu verlegen.

Wenn Sie das Gefühl haben, daß Ihnen alles über den Kopf wächst, Sie sich hilflos und ängstlich fühlen oder plötzlich schmerzhafte Erlebnisse aus der Vergangenheit auftauchen: Scheuen Sie sich nicht, um Unterstützung zu bitten. Häufig sind Angehörige aber gerade jetzt nicht die besten Gesprächspartner, weil sie die Geburt erst selbst verarbeiten müssen (gilt vor allem für den Partner). Oder weil sie sich schlecht in die Lage der Frau versetzen können, das vielleicht auch gar nicht wollen. Oder weil die Probleme der Frau direkt mit ihnen zusammenhängen. In solchen Situationen können zum Beispiel Hebammen eine wichtige Hilfe sein, weil sie meist viel Erfahrung mit Müttern und ihren typischen Sorgen im Wochenbett haben. Sagen Sie einer Schwester, zu der Sie Vertrauen haben, daß Sie gerne mit einer Hebamme sprechen möchten, oder rufen Sie selbst im Hebammenzimmer an. Die wenigsten Frauen wissen, daß sie sich nach der Geburt (und auch schon vorher) auch von einer niedergelassenen Hebamme auf Krankenschein betreuen lassen können. Wenn Sie noch keine niedergelassene Hebamme kennen, rufen Sie am besten Ihre Geburtsvorbereiterin an und bitten um eine Adresse. Wenn Sie es wünschen, wird die Hebamme sicher auch schon zum ersten Gespräch zu Ihnen in die Klinik kommen. Oft hilft schon ein einziges Gespräch, um wieder neuen Mut zu fassen. Viele Frauen empfinden auch nur die Sicherheit, im Notfall eine vertraute Person anrufen zu können, als große Erleichterung.

Manchmal reicht ein einziges Gespräch aber nicht aus, weil die Probleme zu groß sind und sich meist schon über Jahre angestaut haben. Hier können die psychologischen Dienste, die vor allem große Frauenkliniken anbieten, eine gute erste Unterstützung sein und weitere Hilfe organisieren. Meist sind es Psychologinnen oder psychosomatisch weitergebildete Ärztinnen und Ärzte, die sich auf die Beratung von Schwangeren und jungen Müttern spezialisiert haben. Leider scheuen sich viele Frauen, nicht nur junge Mütter, eine psychologische Beratung in Anspruch zu nehmen, weil sie nicht als »verrückt« gelten wollen. Das ist aber grundfalsch. Psychologen sind nicht dazu da, Ihnen einen Stempel aufzudrücken, sondern Sie in einer schwierigen Situation zu unterstützen. Wir haben in unserer modernen Gesellschaft für fast alles unsere Experten, warum sollte das ausgerechnet für solche wichtigen Bereiche wie unser seelisches Wohlbefinden nicht gelten? In früheren Zeiten übernahmen die kirchlichen Seelsorger und Gemeindeschwestern diese Funktion, heute sind es eben auch die Psychologen. Übrigens: Psychologen und Hebammen sind genauso wie Ärzte und Seelsorger an die Schweigepflicht gebunden.

Nehmen Sie bitte Hilfe in Anspruch, sobald Ihnen danach ist. In der Klinik haben Sie dazu sehr viel mehr Ruhe als später zu Hause, wenn Sie sich in den neuen Alltag hineinfinden müssen. Außerdem kann ein frühzeitiges Gespräch viele Probleme lösen, die sich im Laufe der Zeit nur verstärken würden und dann sehr viel schwieriger zu bewältigen sind, wie die nächsten beiden Abschnitte zeigen werden.

Erschöpfung, Ernüchterung und Depressionen

Daß der Alltag mit einem Neugeborenen kein reines Zuckerschlecken ist, hat sich inzwischen erfreulicherweise herumgesprochen. Dennoch meinen die meisten Menschen, die Mütter müßten spätestens sechs Wochen nach der Geburt wieder so fit, leistungsfähig, schlank und sexy wie vor der Geburt sein. Das meinen auch viele Frauen von sich selbst. So setzen sie sich unter Druck, versuchen, alles auf einmal zu schaffen und brechen über kurz oder lang zusammen.

Dabei brauchen wir uns doch nur einmal vor Augen führen: Neun Monate haben unser Körper und unsere Seele Zeit, sich *auf die Geburt* des Kindes vorzubereiten. Und *nicht auf das Leben* mit dem Kind. Alles, was wir an Vorbereitungen für das Leben mit dem Kind treffen, basiert auf vagen Vermutungen und Wünschen, wie es denn sein könnte. Wie es wirklich ist, wissen wir erst, wenn das Baby auch wirklich da ist. Und diesen neuen Alltag sollen wir dann schon in wenigen Wochen voll im Griff haben? Warum eigentlich? Uns Autorinnen und Müttern von je zwei Kleinkindern ist jedenfalls trotz angestrengtem Nachdenken kein plausibler Grund dafür eingefallen. Und wir wetten, Ihnen wird es genauso gehen.

Ähnlich wie nach der Geburt sind auch die ersten Tage nach der Entlassung aus der Klinik eine Zeit der Euphorie. Freunde, Verwandte und Nachbarn geben sich zum Gratulieren die Klinke in die Hand, die Geschenke und Glückwunschkarten stapeln sich, spätestens jetzt wird auch die Geburtsanzeige, möglichst noch mit einigen persönlichen Zeilen versehen, verschickt, und der Partner hat meistens noch ein paar Tage Urlaub. Doch spätestens, wenn der Gatte wieder ins Büro geht und Mutter/Schwiegermutter die Koffer gepackt hat, kehren der Alltag und damit auch die Ernüchterung ein.

Jetzt bestimmt das Baby

Zunächst stellen die Mütter fest, daß sie nicht mehr selbst entscheiden können, was sie wann tun (Mütter mit mehreren Kindern kennen das natürlich schon). Immer ist es das Baby, das den Tagesablauf festlegt. Zwar ist das ganz normal und die meisten Mütter »wußten« das auch schon vorher, doch nicht allen fällt diese Fremdbestimmung leicht. Elisabeth (32): »Nichts kannst du zu Ende machen, immer bist du auf dem Sprung. In Ruhe auf die Toilette gehen? Vergiß es. Duschen? Dann schreit das Baby bestimmt, oder der Große trommelt an die Tür. Schnell mal einkaufen gehen? Entweder regnet's gerade, oder du selbst bist immer noch nicht angezogen.«

Zu dem neuen Tagesablauf kommen die anstrengenden Nächte hinzu. Kaum eine junge Mutter, die nachts nicht mindestens drei- oder viermal aufstehen muß, um das Baby zu wickeln, zu stillen oder ihm das Fläschchen zu geben. Wickeln und Flasche geben könnten die Väter zwar genauso. Doch nur wenige tun es. Und wenn, dann meist nur am Wochenende, denn unter der Woche bestehen die neuen Hauptemährer der Familie auf ihrem Schlaf. So stellt sich schnell ein chronisches Schlafdefizit ein.

Stillen geht an die Substanz

Auch das Stillen kann eine sehr große Belastung sein, nicht nur in körperlicher, sondern vor allem in seelischer Hinsicht. »Heute gibt es einen neuen Normendruck, den wir uns selbst geschaffen haben. Zum Gefühl des Versagens, wenn wir nicht natürlich und ohne Schmerz gebären, kommt noch die Furcht, keine von Milch überströmende Erdmutter zu sein.«* Carol Dix findet deutliche Worte für unsere Neigung zur Selbstüberforderung. Stillen oder Nichtstillen, das ist heute leider auch eine ideologische Frage, die nicht zuletzt dazu führt, daß die ganz normalen Stillprobleme in den ersten Wochen nach der Geburt häufig überbewertet werden.

Zum Beispiel ist es völlig normal, daß die Milchproduktion nach der Entlassung aus der Klinik in den ersten Tagen zu Hause etwas nachläßt, weil sich Mutter und Kind erst auf die neue Umgebung einstellen müssen. Und genauso normal sind die Stillprobleme, die gewöhnlich zwischen der vierten und sechsten Woche nach der Geburt auftreten: In dieser Zeit haben Mütter oft das Gefühl, ihr Baby nicht satt zu bekommen. Das liegt aber nicht an ihnen, sondern am Kind, das in dieser Zeit einen kräftigen Wachstumsschub hat und deswegen besonders hungrig ist. Gewöhnlich löst sich das Problem

* Dix: a. a. O., S. 111 f.

in wenigen Tagen, wenn sich die Milchproduktion auf den erhöhten Bedarf eingestellt hat.

Aber nicht jede Frau hat die Kraft und die Geduld, das Baby zwei, drei Tage fast ständig an der Brust zu haben, zumal wenn die Brustwarzen schon wund sind oder sie noch größere Kinder versorgen muß. Trotzdem versuchen die Frauen durchzuhalten, weil das eben als ungeschriebene Qualifikation für eine gute Mutter gilt. Und das tut weder ihnen noch den Kindern gut.

Larissa: »Beim zweiten Kind habe ich beschlossen: Kein Stilltheater mehr, wenn es nicht geht, dann gibt's die Flasche. Als mein Sohn etwa sechs Wochen alt war und nicht mehr satt wurde, habe ich ihm abends noch eine halbe Flasche gegeben. Nach zwei Wochen wollte er die nicht mehr, meine Milch war ihm wieder genug.« Larissas Erfahrung zeigt: Die vielzitierte Warnung: »einmal Flasche – immer Flasche« ist falsch. Und selbst wenn das Baby lieber aus der Flasche trinken sollte oder die Mutter das Stillen einfach leid ist und deshalb zur Flasche greift, ist das kein Zeichen für eine schlechte Mutter-Kind-Beziehung. Im Gegenteil: Ist das Baby zufrieden, fühlt sich auch die Mutter besser bzw. ist die Mutter zufrieden, fühlt sich auch das Baby besser.

Koliken: Und immer ist die Mutter schuld

Babys sind niedliche kleine Wesen, die nach dem Füttern und Wickeln selig im Stubenwagen schlummern. Zweifellos gibt es auch solche, doch die meisten machen mehr oder weniger viel Krach. Meistens aus Langeweile oder aus Einsamkeit. Nimmt sie die Mutter hoch und trägt sie herum, sind sie zufrieden. Doch manchen Babys ist gar nichts recht: Immer brüllen sie, vor den Mahlzeiten, nach den Mahlzeiten und natürlich in der Nacht. Der Grund: Sie haben Koliken, ihre Verdauung macht ihnen schmerzhaft zu schaffen. Die genauen Ursachen für diese Koliken sind immer noch nicht gefunden, daher können die Kinderärzte auch kein sicher wirksames Medikament anbieten. Gewöhnlich dauern Koliken drei Monate, manchmal aber auch »nur« sechs Wochen. Dabei reichen schon zwei Schreitage, um die Mutter an den Rand des Nervenzusammenbruchs zu bringen.

Kolikbabys sind aber nicht nur wegen ihres permanenten Geschreis extrem anstrengend, sondern vor allem deswegen, weil sie das Selbstverständnis der Mutter ständig in Frage stellen: So nehmen Mütter von Kolikbabys zunächst natürlich an, daß das Baby vor Hunger schreit und sie zuwenig Milch haben. Gewöhnlich stellt sich aber schnell heraus, daß dem nicht so ist. Dann versuchen die Mütter herauszufinden, was der Schreihals nicht verträgt: Bei Flaschenkindern werden die Milchpräparate gewechselt, stillende Mütter untersuchen ihren Speiseplan auf blähende Bestandteile. Doch trotz des Verzichts auf Kohl, Zwiebeln, Hefe, frisches Brot etc. schreien echte Kolikbabys unbeirrt weiter. Spätestens jetzt fangen die Mütter an, sich mit Selbstzweifeln und Versagensängsten zu quälen: Behandeln sie das Baby wirklich richtig? Haben sie es nicht richtig lieb? Haben sie während der Schwangerschaft etwas falsch gemacht? Sind sie zu nervös? Kurz: Sie sind schuld an den Koliken, auch wenn sie nicht herausfinden können, warum.

Das fortwährende Geschrei und die Selbstzweifel machen auch die geduldigste Frau mit der Zeit mürbe. Hinzu kommen der völlig verständliche Ärger und die Wut auf das schreiende Bündel, worunter die Frauen wiederum leiden, weil so eine gute Mutter nicht denken darf. Außerdem fürchten sich die Frauen vor den wohlmeinenden Ratschlägen anderer (Super)mütter und vor Ärger mit den Nachbarn. Annemarie (25), Schneiderin: »Mein Sohn hat 18 Wochen fast ununterbrochen gebrüllt. Ich habe mich mit ihm nicht mehr unter die Leute getraut, bin bei Wind und Wetter fast den ganzen Tag draußen im Feld herumgefahren und habe immer gedacht: Irgendwas machst du falsch. Das fand mein Mann natürlich auch. Später war ich so fertig, daß ich den Kinderwagen in die hinterletzte

Ecke im Garten geschoben habe, mit einem furchtbar schlechten Gewissen.« Obwohl Annemaries Sohn schließlich von einem Tag auf den anderen mit der Brüllerei aufhörte und ein ganz pflegeleichtes Baby wurde, brauchte Annemarie Monate, um sich zu erholen. »Der Stachel sitzt noch immer tief. Meine Freundin hat jetzt auch ein Schreibaby, aber was mache ich? Ich denke insgeheim: Die macht bestimmt was falsch. Dabei müßte ich es doch am besten wissen.«

Partnerschaftskonflikte

Junge Eltern müssen in ihr »Elterndasein« erst einmal hineinwachsen. Und das geht nicht ohne Konflikte ab. Im Kapitel »Die große Veränderung«, siehe Seite 19 ff., sind wir bereits ausführlich auf mögliche Reibungspunkte eingegangen. Aber nicht nur alte Befürchtungen bewahrheiten sich, auch neue Konfliktfelder, an die die Partner vielleicht im Traum nicht gedacht hätten, kommen hinzu. Das liegt ganz einfach daran, daß kein Mensch mit Sicherheit voraussagen kann, wie er in welcher Situation reagieren wird. Zudem können sich Eltern beim besten Willen nicht realistisch vorstellen, wie der Alltag mit dem Kind aussehen wird. Denn das hängt auch von dem Kind ab, und zwar keineswegs nur beim ersten, sondern auch bei allen weiteren.

Aus der Fülle der möglichen Konfliktpunkte wollen wir hier nur den offenbar wichtigsten aufgreifen, zumindest wurde er in unseren Gesprächen am häufigsten erwähnt: Mithilfe im Haushalt/bei der Kinderbetreuung.

»Seit der Geburt habe ich nicht nur ein kleines, sondern auch ein großes Kind.« Diesen Satz hörten wir in den vielfältigsten Variationen. Damit ist die durch zahllose Studien belegte Erfahrung von Frauen gemeint, daß Männer, die bislang ihren Anteil an der Hausarbeit wie selbstverständlich erledigten, mit der Geburt plötzlich Putzlappen und Einkaufstüte fallenlassen, häufig mit der unmißverständlichen Mitteilung:

»Das ist jetzt deine Aufgabe, ich muß ja die Familie ernähren.«* Gegen eine solche Arbeitsteilung wäre an sich auch gar nichts einzuwenden, wenn sie gemeinsam beschlossen und nicht einseitig vom Mann diktiert würde und wenn der Mann rund um die Uhr, einschließlich des Wochenendes, im Dienste des Familieneinkommens tätig wäre. (Natürlich gibt es auch solche Männer, aber die sind in der Regel unheilbar von Arbeitssucht befallen; was aber meistens so viel Geld einbringt, daß sich die Familie zumindest einen Babysitter oder gar eine Haushaltshilfe leisten kann, die den Hausarbeitsanteil des Vaters mit erledigt.) Normale Väter haben jedoch eine 40-Stunden-Woche einschließlich eines geruhsamen Mittagessens in der Kantine. Welche Mutter kann das von sich behaupten?

Einige Männer geben auch offen zu, daß sie sich hilflos und ausgeschlossen fühlen. Matthias (36), Bankangestellter: »Solange sie stillt, bin ich überflüssig. Das Baby ist doch voll auf die Mutter fixiert.« Natürlich, stillen können Männer nun mal nicht, aber wer sagt denn, daß sie nicht wickeln, mit dem Kind spielen oder spazierengehen können, damit die Mutter wenigstens am Wochenende mal einen Mittagsschlaf halten kann. Gar nicht so selten haben Männer auch schlicht Angst davor, Gefühle zu zeigen, mit dem Baby herumzualbern, weil sie sich dabei lächerlich machen könnten, und überlassen das Kind lieber gleich der Mutter.

Manchmal sind es allerdings auch die Mütter selbst, die ihrem Partner den Zugang zum gemeinsamen Kind und die Mitarbeit im Haushalt erschweren: Wenn sie schon die ganze Hausarbeit und Kinderbetreuung leisten, dann wollen sie wenigstens dort auch die Oberhand und Entscheidungsgewalt behalten. Eine zwar verständliche Einstellung, für eine wirkliche Partnerschaft jedoch ist sie Gift.

---

* Und selbst wenn manche Partner zunächst engagiert das Baby wickeln und klaglos ihre Hausaufgaben erledigen: Spätestens beim zweiten Kind ziehen sich fast alle Väter aufs Geldverdienen zurück.

Leider halten viele Paare diese Konflikte für unvermeidlich, ja für unlösbar. Keiner wagt den ersten Schritt zum klärenden Gespräch, bei dem beide möglicherweise eine liebgewonnene und bequeme Einstellung aufgeben müßten. So schwelen die Konflikte unter der Oberfläche munter weiter, verbrauchen wertvolle seelische Energien, die beide Partner gerade jetzt anderweitig dringend bräuchten. Zudem haben Konflikte die unangenehme Eigenschaft, sich Nebenkriegsschauplätze zu schaffen. Einer davon ist das Bett.

Wir meinen hier nicht die bekannten Anlaufschwierigkeiten beim Sex nach einer Geburt, die vor allem Frauen betreffen. Diese Probleme sind ganz normal, denn viele Frauen haben noch lange nach der Geburt Schmerzen im Dammbereich. Oder sie sind infolge des anstrengenden Alltags und der gestörten Nächte restlos übermüdet und verspüren daher keine Lust auf Liebe. Das sehen leider viele Männer aber erst dann ein, wenn sie mal selbst – und sei es nur ein Wochenende – die Familienarbeit übernommen haben. Hier geht es uns um die bewußte oder unbewußte Verweigerung im Zusammenhang mit einem ungelösten Partnerschaftskonflikt, zum Beispiel um die Hausarbeit.

Wenn sich eine Frau ihrem Partner verweigert, dann tut sie das aus Rache. So weitverbreitet diese Ansicht auch ist, so falsch ist sie (zumindest nach unseren Beobachtungen). Immer wieder berichten uns unsere Gesprächspartnerinnen, daß sie sich nicht verweigern, um ihren Partner zu verletzen oder um sich zu rächen, sondern um eine vordergründige Versöhnung zu vermeiden. Maria (37) brachte das auf den Punkt: »Wenn wir uns streiten, ohne eine Lösung zu finden, mag ich danach nicht mit meinem Mann schlafen. Ich habe ganz einfach Angst, daß er dann meint: ›Jetzt ist alles wieder in Butter‹, und alles bleibt beim alten.« Auch Eva (24), Buchhändlerin, empfindet ähnlich: »Wenn zuviel Unausgesprochenes zwischen uns liegt, kann ich einfach nicht. Ich glaube, es gibt so ein Sprichwort: ›Wenn sich die Herzen nicht berühren, finden sich auch nicht die Hände.‹ Genauso geht es mir. Mit Rache hat das gar nichts zu tun, ich leide ja selber darunter.«

Leider sprechen die wenigsten Paare offen über solche Gefühle. Statt dessen ärgert sich und leidet jeder für sich alleine, bis schließlich auch im Bett totale Funkstille herrscht.

Streß mit den lieben Verwandten

Für eine junge Mutter könnte die eigene Mutter oder die Schwiegermutter eine große Hilfe und Unterstützung sein. Könnte, denn leider erweist sich nicht selten das glatte Gegenteil. Dabei ist der Grund nicht reine Böswilligkeit (auch das gibt's natürlich), sondern mangelnde Einfühlsamkeit und vor allem Rechthaberei. Maria: »Am ersten Abend zu Hause schrie das Baby natürlich irgendwann. Ich wollte es auf meinen Armen in den Schlaf wiegen, so wie ich das schon in der Klinik gemacht hatte. Meine Schwiegermutter, offenbar genervt von dem Gebrüll, griff nach dem Baby und wollte es ins Bett stecken. Als sie dann noch mit Vorträgen anfing, daß man auch schon Babys ordentlich erziehen müsse, habe ich ihr ganz deutlich gesagt: ›Das ist mein Kind, und da entscheide ich.‹ Das ist jetzt sechs Jahre her. Sie ist immer noch beleidigt und erzählt überall, wie undankbar ich sei.« Auch Ulla mußte unerbetene Erziehungstips über sich ergehen lassen. »Ich kann's nicht mehr hören. ›Man‹ macht das so. Klar weiß ich, daß unsere Mütter kaum Anerkennung für ihre Arbeit bekommen haben und jetzt endlich ihre Chance wittern. Aber ich hab's einfach satt, dieses ständige: ›Mutti, versteh doch, du hast das damals so gemacht, aber ich mache es halt anders.‹ Warum muß ich denn für alles Verständnis haben?«

So ist es denn auch kein Wunder, wenn junge Mütter auf die eigentlich dringend benötigte Hilfe ihrer Mütter und Schwiegermütter verzichten, weil ihnen der Preis einfach zu hoch ist. Besonders schwierig wird eine solche Situation, wenn die Generationen unter einem Dach leben. Falls sich die Konflikte nicht durch klare Abmachungen lösen lassen, kann leicht ein untragbarer Druck entstehen.

Selbstverleugnung und Isolation

Daß viele Mütter noch mittags im Bademantel heraumlaufen, ist ein sicheres Indiz dafür, daß sie sich selbst zu wenig wichtig nehmen. Sobald das Baby schläft, kommt schnell die Hausarbeit dran: Aufräumen, Putzen, Wäsche in den Keller tragen. Statt sich selbst ein wenig auszuruhen, den fehlenden Nachtschlaf nachzuholen oder vielleicht einfach nur mal etwas zu lesen, wirbeln die Frauen in der Wohnung, als müßten sie einen Wettbewerb gewinnen. Außerdem ist die Kleidung für viele Mütter nach der Geburt sowieso ein Problem: Die alten schicken Jeans passen noch nicht wieder, die ausgeleierten Schwangerschaftsklamotten können sie verständlicherweise nicht mehr sehen. Doch für die kurze Zeit bis zur alten Figur etwas Neues zu kaufen, sehen viele nicht ein und schlüpfen daher tagaus, tagein in die praktischen Jogginganzüge. Und das nicht zuletzt auch deswegen, weil sie sowieso niemand sieht.

Die Isolation ist eines der Hauptprobleme, mit denen sich viele junge Mütter herumschlagen müssen. Sobald sie ihre erste Neugierde befriedigt haben, rufen Freunde und Bekannte, vor allem aus dem Kollegenkreis, immer seltener an und bleiben schließlich ganz weg. Auch die vertrauten Gespräche mit der besten Freundin sind leider nicht mehr das, was sie einmal waren, es sei denn, die Freundin hat ebenfalls gerade ein Baby bekommen. Daß langjährige Freundschaften durch die Geburt eines Kindes auseinandergehen, kommt sehr häufig vor, weil sich einfach die Interessen verändern. Doch neue Freundschaften zu schließen, fällt jungen Müttern oft sehr schwer, obwohl es im Supermarkt oder auch auf dem Spielplatz nur von Müttern wimmelt. Aber entweder trifft die Frau schon auf feste Gruppen, die die Neue erst einmal abwertend beäugen, oder die Mütter machen sich gegenseitig vor, wie toll und perfekt sie doch alles im Griff haben. Keine findet den Mut, dieses ungeschriebene Gesetz der Supermütter zu durchbrechen und von ihren Unsicherheiten und ihrer Einsamkeit zu sprechen, obwohl fast alle darunter leiden. Und je länger die Mütter den anderen und schließlich auch sich selbst vormachen, welch tolle Supermütter sie doch sind, desto geringer wird die Chance für eine ehrliche Freundschaft.

Erschöpfung und Depression: nur eine Frage der Zeit

Fordernder Alltag, schlaflose Nächte, das anstrengende Stillen: Diese Belastungen allein genügen schon, daß Mütter wenige Wochen nach der Geburt körperlich und seelisch restlos erledigt sind und eigentlich dringend Urlaub bräuchten. Wenn sich Mütter schlapp und müde fühlen, unter körperlichen Beschwerden wie Kopfschmerzen, Rückenschmerzen, ständigen Erkältungen oder Magen-Darm-Beschwerden leiden, dann spricht die Medizin von einer postnatalen Erschöpfung. Sie stellt sich meist innerhalb des zweiten oder dritten Monats nach der Geburt ein.

Kommen noch andere Faktoren, wie etwa die im Abschnitt »Der Baby-Blues«, siehe S. 226, genannten seelischen Belastungen (zum Beispiel Versagensgefühle nach schwerer Geburt, Unsicherheiten im Umgang mit dem Baby, Wiederauftauchen von Trennungserlebnissen) hinzu, kann sich leicht eine postnatale Depression entwickeln. Sie macht sich dadurch bemerkbar, daß sich die Mütter niedergeschlagen und traurig von einem Tag zum nächsten schleppen, auch mit dem Kind keine Freude mehr haben, ihr Äußeres vernachlässigen, bisweilen stark zunehmen, ängstlich und kontaktscheu werden und manchmal heimlich zu Alkohol und Tabletten greifen. Eine postnatale Depression kann innerhalb des gesamten ersten Jahres nach der Geburt scheinbar plötzlich einsetzen. Bei genauer Analyse der Krankengeschichte stellt sich jedoch meistens heraus, daß die Beschwerden nicht aus heiterem Himmel kamen, sondern sich langsam entwickelten.

Grundsätzlich sind, wie die britische Ärztin Katharina Dalton beobachtete, drei Verläufe möglich: (1) Die Depression folgt direkt auf einen heftigen Baby-Blues. (2) Sie entwickelt sich aus einer postnatalen Erschöpfung. (3) Sie tritt tatsächlich isoliert auf.

Bei allen drei Verläufen ist es vermutlich ein Zusammenspiel von körperlichen, seelischen und hormonellen Faktoren. So verhindern bei den beiden ersten Verläufen vermutlich schwerwiegende körperliche und seelische Belastungen in den ersten Tagen und Wochen nach der Geburt, daß sich ein neues, stabiles hormonelles Gleichgewicht einpendelt. Die isoliert auftretende Depression, die sich gewöhnlich erst im zweiten Halbjahr nach der Geburt einstellt, ist dagegen eher eine Reaktion auf veränderte und entmutigende Lebensumstände, die nicht direkt mit dem Geburtserlebnis zusammenhängen, sondern eher mit dem neuen Alltag. Auch hier kann Überforderung das hormonelle Gleichgewicht, das innerhalb des ersten Jahres nach der Geburt immer noch zerbrechlich ist, leicht stören. Das gilt besonders für stillende Mütter. Ihr Hormonhaushalt verändert sich wegen der schwankenden Prolaktinproduktion praktisch ständig: Je mehr das Baby trinkt, desto mehr Prolaktin wird ausgeschüttet. Erst wenn die Frau abstillt, kann sich ein endgültiges Gleichgewicht der Hormone einpendeln. Daß Schwankungen der Prolaktinproduktion beim Entstehen von postnatalen Depressionen zumindest mitbeteiligt sind, legt auch eine Beobachtung von Katharina Dalton nahe. So behandelte sie etliche Frauen, die erst nach dem Abstillen mit Depressionen zu kämpfen hatten.

Hilfe für erschöpfte und depressive Mütter

Erschöpfte und depressive Mütter lassen sich meistens sehr viel Zeit, bis sie Hilfe suchen. Erst wenn sie einfach nicht mehr können, gehen sie zum Hausarzt, um sich Medikamente verschreiben zu lassen, damit sie ihren Alltag wieder bewältigen können. Dabei zählen die verordneten Vitamin- und Aufbaupräparate und die Kreislaufmittel noch zu den harmloseren Medikamenten. Häufig verschreiben die Ärzte jedoch Aufputsch- oder Beruhigungsmittel sowie Antidepressiva. In Einzelfällen, vor allem bei einer ausgeprägten Antriebsschwäche, kann durchaus die Verordnung von Antidepressiva notwendig sein, um der Frau überhaupt wieder auf die Beine zu helfen. Als Therapie der Wahl sind diese Medikamente bei postnataler Erschöpfung und Depression jedoch nur sehr eingeschränkt geeignet. Der Grund: Sie ändern nichts an den Ursachen der Beschwerden. Denn die sind das Resultat eines überfordernden und krank machenden Alltags.

Das bedeutet: Die Frauen müssen lernen, sich selbst wichtig zu nehmen, ihren Alltag neu organisieren, ihr Arbeitspensum und ihre Ansprüche an die eigene Leistungsfähigkeit zurückschrauben und vor allem ihre Isolation durchbrechen. Wie das geht, wollen wir in den folgenden Abschnitten skizzieren.

Richtige Ernährung

Es ist schon erstaunlich, wie sehr Mütter, die die Ernährung ihrer Kinder peinlich genau nehmen, sich selbst vernachlässigen. Das fängt schon in der Stillzeit an: Viele Mütter können sich einfach nicht daran gewöhnen, für den notwendigen Flüssigkeitsnachschub zu sorgen. »Ich kann einfach nicht soviel trinken« ist die häufigste Entschuldigung, wenn sich herausstellt, daß die Stillprobleme auf ungenügende Flüssigkeitszufuhr und die Müdigkeit auf den damit verbundenen Mineralstoffmangel zurückzuführen sind. Andere trinken literweise Diätlimonade, essen aber nichts, weil sie »abnehmen müssen«. Und während später das Baby den Obst-Getreide-Brei aus garantiert biologisch-dynamischem Anbau mampft, ißt die Mutter das dritte Toastbrot mit Streichkäse, eine Dosensuppe oder die kalten, übriggebliebenen Spaghetti mit Ketchup vom Großen – womöglich noch im Stehen.

Auch hier war es wieder Katharina Dalton, die herausfand, warum Mütter von einer Sekunde auf die andere urplötzlich gereizt, nervös, ja aggressiv reagieren oder sich am Rande eines Kreislaufkollaps entlanghangeln. Mit ihrer schlechten und mangelhaften Ernährung bescheren sich die Mütter nicht nur einen Vitamin- und Mineralstoffmangel, sondern auch einen latenten Unterzucker, den der Körper durch Heißhungeranfälle auf Süßes anzeigt und schubweise mit einer verstärkten Adrenalin-Produktion auszugleichen versucht. Daher eben die Nervosität und Aggression. Weil Mütter aber fast ständig auf Achse sind, brauchen sie auch eine kontinuierliche Nährstoff-, vor allem Kohlenhydratzufuhr. Das heißt: Nicht drei große Mahlzeiten am Tag und dazwischen Hunger leiden, sondern fünf oder mehrere kleine Mahlzeiten. Katharina Dalton empfiehlt sogar, einen Rhythmus von drei Stunden zwischen den Mahlzeiten einzuhalten.

Und was ist geeignet? Praktisch alles, was Kohlenhydrate enthält, aber keine reinen Zuckerprodukte, denn das sind leere Kalorien. Also: Kartoffeln, alle Getreideprodukte, möglichst natürliche Vollkornprodukte wegen der Ballaststoffe. Gut als Zwischenmahlzeit geeignet sind auch Müslis oder Müsliriegel aus dem Reformhaus, Studentenfutter und eine kleine Portion Pudding.

Starke Erschöpfungszustände können auch die Folge eines Eisen- oder Kaliummangels sein. Ein Kaliummangel tritt meist nur bei Nierenfunktionsstörungen und nach Einnahme von entwässernden Medikamenten auf, was aber in der Spätschwangerschaft nicht gerade selten vorkommt. Eine Blutuntersuchung kann hier Aufschluß geben. Beide Mangelzustände lassen sich ebenfalls gut durch die Ernährung ausgleichen: Besonders reich an verfügbarem Eisen sind rotes Fleisch, Vollkornprodukte sowie Sojabohnen (wichtig: Zitronensaft oder Vitamin C in anderer Form gleichzeitig einnehmen, um die Eisenaufnahme des Körpers zu unterstützen). Kalium ist vor allem in Bananen, Orangen(saft) und Tomaten(saft) enthalten.

Früher rieten Ärzte bei nervösen Erschöpfungszuständen auch gerne zur Einnahme von Vitamin-B_6-Präparaten. Inzwischen hat sich jedoch herausgestellt, daß die künstliche Zufuhr von Vitamin B_6 gesundheitsschädlich sein kann. Daher auch hier der Rat: Ernährung umstellen. Bananen, Vollkornbrot, Lachs und Makrele sind die besten Vitamin-B_6-Spender.

Entlastung im Haushalt

Das Wichtigste zuerst: Organisieren Sie Ihren Arbeitstag wie ein Profi. In Ihrem früheren Beruf haben Sie ja auch nicht alles auf einmal gemacht. Jetzt haben Sie einen neuen Beruf, den Sie genauso professionell angehen sollten. Vielleicht hilft Ihnen ein Tagesplan, in den Sie das tägliche Pensum eintragen. Überfrachten Sie ihn nicht, und planen Sie Pausen ein, in denen Sie wirklich nichts anderes tun, als auszuruhen (wie früher in der Kantine). Und planen Sie zwei »freie« Tage ein, an denen Sie wirklich nur das Notwendigste machen.

Wie sich die Hausarbeit, vor allem die lästige Putzerei, sehr viel schneller und kräftesparender bewältigen läßt, verrät das Buch »Putzen mit Köpfchen« von Don Aslett (wir schwören darauf!).

Sie müssen auch nicht jeden Tag einkaufen gehen. Ein Großeinkauf pro Woche, den durchaus der Partner übernehmen kann, genügt vollkommen. Natürlich: Frischwaren müssen Sie außer der Reihe holen. Aber: Hetzen Sie nicht kurz vor dem Mittag- oder Abendessen los, sondern verbinden Sie die

Einkauferei mit einem geruhsamen Spaziergang am frühen Nachmittag. Da ist im Supermarkt ohnehin nicht viel los.

Und wenn Sie ihn nicht schon längst haben: Schaffen Sie sich schnellstens einen Wäschetrockner an. Viele Frauen betrachten dieses Gerät als Luxusanschaffung, die sie sich vielleicht später leisten können. Sie brauchen den Trockner aber jetzt, nicht erst, wenn die Kinder aus dem Haus sind.* Das neue Auto dagegen kann ruhig ein halbes Jahr warten. Außerdem: Markengeräte mit kleinen Lackkratzern sind fast überall preiswert zu haben. Sie brauchen nur in den Anzeigenteil der Lokalzeitung zu schauen.

Eine gute Lösung: Müttergruppen

Während sich noch unsere Großmütter und zum Teil auch noch unsere Mütter auf den Beistand ihrer Mütter, Schwestern und Tanten stützen konnten, leben heute viele junge Mütter in Isolation. Das liegt nicht nur daran, daß die Großfamilie nicht mehr existiert und nach der Geburt alte Freundschaften auseinandergehen. Gar nicht selten ziehen junge Familien kurz vor oder nach der Geburt in eine neue Wohnung, meist in Neubausiedlungen am Rande der Stadt, wo sie keinen Menschen kennen. Während die Männer weiter ins Büro gehen und dort auch ihre gewohnten Kontakte haben, finden sich die Frauen allein in einer fremden Umgebung wieder. Auch Frauen, die eigentlich sehr aktiv und kontaktfreudig sind, scheuen sich plötzlich, oft zu ihrem eigenen Erstaunen, einfach die Nachbarin anzusprechen. Dabei ist die Wahrscheinlichkeit nicht gering, daß diese in haargenau derselben Situation ist.

So berichtete vor Jahren eine junge Mutter in einer Zeitschrift, wie sie sich nach langem Zögern selbst zur Gründung

* Dann können Sie getrost wieder auf den Trockner verzichten, auch aus ökologischen Gründen.

einer Müttergruppe entschlossen hatte. Da sie in ihrer Vorortsiedlung keinen Bedarf entdeckt hatte, legte sie das erste Treffen in das Gemeindezentrum der nächstgelegenen Stadt. Um so verblüffter war sie, als von den zahlreichen Interessentinnen acht aus ihrer Siedlung kamen, die sie alle vom Sehen her kannte.

Die Gründung einer Müttergruppe hat gegenüber zufälligen Kontakten auch den Vorteil, daß dort auch Tabuthemen gezielt bearbeitet werden können. Natürlich müssen die Frauen auch hier erst einmal ihre Scheu überwinden: Aber wenn zum Beispiel eine Hebamme, eine Frau von der Mütterberatung oder eine Stillberaterin eingeladen werden, ergibt sich das Gespräch schon fast von selbst. Denn diese Expertinnen wissen aus Erfahrung ganz genau, wo jungen Müttern der Schuh drückt.

Hier liegt auch der wichtigste Unterschied zu den reinen Krabbelgruppen: Während in Krabbelgruppen sich alles ums wohlgeratene Kind dreht und die Mütter eher dazu geneigt sind, wieder Vergleiche zu ziehen (»Mein Kind kann das aber schon«), und sich als Supermutter darstellen müssen, stehen in der Müttergruppe wirklich die Mütter im Mittelpunkt. Beide Ansätze lassen sich aber meist gut miteinander verbinden, wenn sich die »Krabbel«-Mütter auch mal alleine treffen können.

Erfahrungsgemäß entwickeln sich mit der Zeit zwischen einzelnen Frauen intensive Freundschaften, bis schließlich die Gruppe selbst überflüssig wird oder sich andere Aufgaben stellen. Das kann dann zum Beispiel eine Elterninitiative zur Gründung eines Kindergartens sein.

Nichts wie raus aus den eigenen vier Wänden

Isolation resultiert auch häufig daraus, daß die Mütter ihr Leben ganz auf ihre Kinder und ihren Partner konzentrieren und den Kontakt zu anderen Menschen erst gar nicht vermissen. Ulla: »Als mein Mann kurz nach der Geburt unseres zweiten Kindes eine leitende Position angeboten bekam und er deswegen plötzlich ständig auf Dienstreisen war, wurde ich viel aktiver. Vorher hatte ich meinen ganzen Tagesablauf auf den Abend ausgerichtet. Mein Mann war mein einziger erwachsener Ansprechpartner. Jetzt fing ich an, wieder Briefe zu schreiben, Freundinnen, bei denen ich mich länger nicht gemeldet hatte, anzurufen und mich mit Müttern aus dem Kindergarten zum Schwimmen zu verabreden. Ich ging sogar mit meinen Kindern in den Zoo und aufs Volksfest. Dinge, die ich früher nur zusammen mit meinem Mann am Wochenende gemacht hatte. Das Wichtigste war aber, daß ich mich selbst im Alltag als handelnde Person erlebte, die selbst die Entscheidungen traf. Und plötzlich kam ich auch mit den Kindern viel besser zurecht.«

Zurück in den alten Beruf

Auch das kann eine Lösung sein. Nicht alle Frauen sind mit ihrem neuen Beruf der Haus- und Familienfrau glücklich. Obwohl sie den ganzen Tag auf Achse sind, fühlen sie sich unterfordert, eingesperrt oder abhängig und sehnen sich nach ihrem alten Arbeitsplatz und ihrem Kollegenteam zurück. Oder sie haben Anlaß zur Sorge, daß ihnen der Wiedereinstieg nicht mehr gelingen könnte, was in bestimmten Berufen durchaus der Fall sein kann. Daher kann ein begrenzter Ausstieg von ein oder drei Jahren aus dem Erwerbsleben für die Frauen zu lang sein. Denn nichts nutzt den Kindern weniger als eine Mutter, die in ihrem neuen Alltag unglücklich ist.

Erfreulicherweise ändert sich die Einstellung zu berufstätigen Müttern in unserer Gesellschaft, wenn auch langsam und zäh. Immer noch fehlt es an Kinderkrippen und Kindergartenplätzen. Doch mehr und mehr Unternehmen erkennen, daß sie auf die Arbeitskraft von Müttern nicht verzichten können und beteiligen sich an der Einrichtung betrieblicher Kinderkrippen und -gärten (nicht zuletzt auch deswegen, weil das inzwischen für das öffentliche Image des Unternehmens Pluspunkte bringt). Manche zahlen auch einen Zuschuß zu den Kinderbetreuungskosten, zum Beispiel für eine Tagesmutter. Allerdings bekommt frau das zu selten auf dem silbernen Tablett präsentiert, sie muß schon selbst nachfragen und darum kämpfen. Und auch wenn Sie die Kosten für die Kinderbetreuung selbst tragen müssen und Ihnen nicht mehr allzuviel vom Gehalt übrigbleibt, kann sich die vorzeitige Rückkehr an den alten Arbeitsplatz dennoch sehr lohnen. Wie gesagt: Ist die Mutter zufrieden, geht es auch den Kindern besser.

Außerdem müssen Sie ja nicht gleich wieder eine Vollzeitbeschäftigung beginnen bzw. den ganzen Tag in der Firma verbringen. Eine gute Möglichkeit ist zum Beispiel das Jobsharing, das auch in höher qualifizierten Berufen durchaus möglich ist, oder die Einrichtung eines häuslichen Büros mit Computerverbindung in die Firma. Auch hier gilt wieder: Mit vagen Wünschen und Ideen kommen Sie nicht weiter. Sie müssen Ihrem Arbeitgeber schon ein ausgefeiltes, praktikables Konzept vorlegen.

Aber genauso, wie wir bei der Hausarbeit vor Überforderung gewarnt haben, möchten wir auch bei der Rückkehr in den alten Beruf ausdrücklich vor überzogenen Ansprüchen an die eigene Leistungsfähigkeit warnen. Nicht selten fühlen sich Berufsrückkehrerinnen mit kleinen Kindern einem immensen Druck (der auch tatsächlich bestehen kann) ausgesetzt, mehr Leistung zu erbringen als ihre kinderlosen Kolleginnen und Kollegen, um anerkannt zu werden und den Arbeitsplatz nicht zu verlieren. Dazu kann auch noch Druck vom Partner kommen, der zu Hause alles wie gehabt vorzufinden wünscht. Wehren Sie sich offensiv, nutzen Sie Ihre Rechte und achten Sie auf sich selbst, die Signale Ihres Körpers und Ihrer Seele, damit Sie nicht vom Regen in die Traufe kommen.

Ein offenes Gespräch wirkt Wunder

Wenn Sie sich einfach mal aussprechen wollen: Rufen Sie doch eine niedergelassene Hebamme an und vereinbaren Sie einen Termin. Und selbst wenn Ihre Krankenkasse den Hausbesuch nicht mehr zahlt, weil die Achtwochenfrist nach der Geburt schon überschritten ist, sollten Sie sich diesen Termin leisten. Hebammen mit eigener Praxis kennen die Probleme und Sorgen junger Mütter sehr genau. Sie können Ihnen mit Rat und Tat zur Seite stehen, Kontakte zu anderen Müttern vermitteln oder einfach nur zuhören. Wenn Gedanken, die einem seit Wochen immer nur im Kopf kreisen, endlich einmal ausgesprochen werden, klärt sich schon vieles von selbst.

Eine andere Möglichkeit, gerade bei Problemen mit den Kindern, wäre auch ein Termin bei der städtischen oder kommunalen Mütterberatung. Leider sind diese Beratungsstellen, die meist von erfahrenen Säuglings- und Kinderkrankenschwestern geleitet werden, oft hoffnungslos überlaufen und die Wartezeiten auf einen Termin entsprechend lang. Dafür kennen sich die Beraterinnen meist sehr gut aus und haben beste Kontakte zu weiteren Beratungsstellen und niedergelassenen Therapeuten der verschiedensten Fachrichtungen.

Medikamente: nur im Notfall

Bei schweren Erschöpfungszuständen und Depressionen sollten Sie natürlich immer zum Arzt gehen. Weisen Sie ihn ausdrücklich darauf hin, daß Ihre Beschwerden nach der Geburt aufgetreten sind. Zudem sollte der Arzt aber nicht nur mögliche Mangelzustände abklären, sondern auch kontrollieren, ob nicht eine andere organische Ursache, etwa eine Schilddrüsenfunktionsstörung, vorliegt. Erst wenn solche Erkrankungen ausgeschlossen sind, darf er die Verordnung von Antidepressiva oder Beruhigungsmitteln in Betracht ziehen.

Während Antidepressiva nur dann sinnvoll sind, wenn sich die Depression schon über einen längeren Zeitraum verfestigt hat, gehören Beruhigungsmittel zu den absoluten Notfallmitteln, etwa wenn sich die Frau in einem akuten Erregungszustand befindet. Als Dauermedikation sind sie nicht nur wegen ihres Suchtpotentials völlig ungeeignet, sondern weil sie, wie gesagt, nichts an den Ursachen für die Beschwerden ändern. Aber auch bei einer Behandlung mit Antidepressiva muß sich die Frau (gemeinsam mit ihrem Partner) um eine Änderung ihrer belastenden Lebensumstände bemühen. Ein verantwortungsvoller Arzt wird daher immer zu einer begleitenden Psychotherapie, etwa einer Gesprächstherapie, raten – und Sie sollten diesem Rat folgen.

Die von Katharina Dalton entwickelte und heftig propagierte Progesteron-Gabe zur Behandlung von postnatalen Depressionen sowie zur Vorbeugung hat sich in Deutschland (noch) nicht durchgesetzt. Dalton geht davon aus, daß die Substitution von Progesteron das normalerweise rapide Absinken der körpereigenen Progesteronwerte verlangsamt und damit auch die massiven Stimmungsschwankungen verhindert.

Bei heftigem Baby-Blues oder starken postnatalen Depressionen empfiehlt die Ärztin die Gabe von täglich 100 Milligramm Progesteron über einen Zeitraum von sieben Tagen als intramuskuläre Injektion, danach zweimal täglich 400 Milligramm als Vaginalzäpfchen, bis die Menstruation wieder einsetzt. Bei einer vorausgegangenen postnatalen Depression beginnt Dalton zur Vorbeugung bereits unmittelbar nach der Geburt mit der Progesteron-Substitution nach demselben Schema.*

---

* Mehr über die Progesteron-Therapie erfahren Sie aus: Dalton, Katharina: Mütter nach der Geburt – Wege aus der Depression. Frankfurt 1992. Die Autorin konzentriert sich allerdings sehr auf die organischen, vor allem hormonellen Ursachen von Erschöpfung und Depressionen nach der Geburt und vernachlässigt leider die individuellen lebensgeschichtlichen und sozialen Begleitumstände. Zudem ist das Buch nicht sehr übersichtlich gegliedert.

Die Wochenbettpsychose

Die vierte postnatale Krise ist die sogenannte Wochenbettpsychose oder postnatale Psychose. Nur wenige Mütter, ein bis zwei von 1000, erkranken an dieser schweren seelischen Störung, sie bedürfen aber unbedingt ärztlicher, vor allem psychiatrischer Behandlung. Die Heilungsaussichten sind heute nicht zuletzt aufgrund der modernen Medikamente ausgesprochen gut.

Nach Beobachtung von Katharina Dalton setzen die meisten Wochenbettpsychosen bis zum 21. Tag nach der Geburt ein, mit einem Schwerpunkt zwischen dem dritten und siebten Tag sowie innerhalb der dritten Woche nach der Geburt. Allerdings können Wochenbettpsychosen auch nach dem eigentlichen Wochenbett, also nach den ersten sechs bis acht Wochen nach der Geburt auftreten, etwa in Verbindung mit einem extremen Erschöpfungszustand, schweren Depressionen oder auch nach dem Abstillen.

Hinweise auf eine Wochenbettpsychose sind hochgradige Unruhe, Schlaflosigkeit, Angst- und Verwirrtheitszustände sowie Wahnvorstellungen und Halluzinationen. Die Frauen verlieren den Kontakt zur Realität. Zum Beispiel können sie sich nicht mehr räumlich orientieren, sehen alles auf dem Kopf stehen, oder sie fühlen sich verfolgt und werfen Ärzten oder Schwestern vor, daß sie ihr Kind falsch behandeln, es vor ihnen verstecken oder vergiften. Oder sie entwickeln religiöse Wahnvorstellungen, halten sich selbst oder das Kind für eine Gottheit oder den Teufel. Besonders gefährlich für Mutter und Kind können Halluzinationen werden, wenn etwa eine innere Stimme der Frau befiehlt, sich selbst oder dem Kind etwas anzutun.*

---

* Immer wieder berichten die Zeitungen über Familientragödien, bei denen junge Mütter scheinbar aus heiterem Himmel ihre Kinder vergiften oder ertränken und sich selbst das Leben nehmen. Doch selbst aus den zumeist knappen Schilderungen der Begleitumstände läßt sich häufig auf

Wochenbettpsychosen können sich langsam über mehrere Tage entwickeln oder aber praktisch über Nacht einsetzen. Während im ersten Fall häufig die Frau selbst noch merkt, daß ihre Wahrnehmung langsam abdriftet und sie daher selbst noch um Hilfe bitten kann, setzt die Psychose im zweiten Fall wie ein Filmriß ohne Vorwarnung ein. In beiden Fällen hilft es nichts, erst einmal abzuwarten, ob sich die Frau von selbst wieder erholt, oder (wenn die Psychose noch in der Klinik einsetzt) sie gar nach Hause zu entlassen, weil sie vielleicht dort in der gewohnten Umgebung besser zurechtkommt als im Krankenhaus. Frauen mit einer Wochenbettpsychose brauchen schnellstens ärztliche Hilfe. Je früher die Behandlung beginnen kann, desto besser sind die Aussichten auf eine baldige Genesung. Warum das so ist, erklärt ein Blick auf die mutmaßlichen Ursachen.

Wie bei vielen anderen seelischen und körperlichen Erkrankungen sind auch beim Entstehen einer Wochenbettpsychose mehrere Faktoren ursächlich beteiligt. Als wichtigste gelten: die immense und rapide Hormonumstellung nach der Geburt, starke seelische Belastungen während und nach der Geburt und eine angeborene oder erblich bedingte erhöhte Bereitschaft (Disposition) zu psychotischen Reaktionsweisen. Für sich alleine genommen wäre wahrscheinlich jeder Faktor zu bewältigen, kommen jedoch mehrere zusammen, kann das Gleichgewicht zusammenbrechen.

Carol Dix hat für diesen Vorgang das anschauliche Bild vom »durchgebrannten Hypothalamus« gefunden. Dazu müssen wir uns etwas näher mit dem menschlichen Gehirn befassen. Der Hypothalamus ist ein Teil desselben und gilt als das Steuerzentrum für alle vegetativen (unwillkürlichen) und hormonellen Prozesse. Seine Befehle erhält er von den sogenannten

---

Wochenbettpsychosen als Ursache für diese Tragödien schließen, eine Beobachtung, die wir nicht nur in der Fachliteratur bestätigt fanden, sondern auch in unseren Gesprächen mit Gynäkologen, Kinderärzten und Psychiatern.

limbischen Strukturen des Gehirns, die alle sinnlichen Wahrnehmungen und Denkvorgänge sortieren, benennen und die entsprechenden körperlichen, vor allem hormonellen Reaktionen festlegen. Ein Beispiel: Haben die limbischen Strukturen aus bestimmten Informationen das Gefühl »Angst« abgeleitet und darauf die Reaktion »Angriff« gewählt, dann erhält der Hypothalamus den Befehl, das Programm »Angriff« abzurufen und die darin festgelegten Prozesse in Gang zu setzen. In diesem Falle wäre das vor allem die Ausschüttung der Hormone Adrenalin und Noradrenalin, um die Körperkräfte für den Angriff zu aktivieren.

Da unsere Sinnesorgane und unser Gehirn in jeder Sekunde zahllose Reize aufnehmen und verarbeiten, ist der Hypothalamus ständig in Aktion. Aber auch seine Kapazität hat Grenzen. Genauso wie jeder Computer irgendwann schlappmacht und etwa Buchstaben in wirrer Folge auf den Bildschirm schickt, wenn wir ihn nur mit genügend vielen widersprüchlichen Befehlen traktieren, gibt auch der Hypothalamus bei Überforderung durch zu viele Befehle eines überreizten limbischen Systems auf. Er »brennt durch«. Das bedeutet: Er aktiviert wahllos irgendwelche Programme. Da aber diese Programmwahl nicht mehr den Erfordernissen der zugrundeliegenden Situation entspricht, sondern völlig überzogen ist oder überhaupt nichts mehr mit ihr zu tun hat, sind auch die Reaktionen des Menschen völlig unangemessen – eben realitätsfern oder psychotisch.

Nun könnte man annehmen, daß sich der Hypothalamus wieder fängt, sobald die Reizüberflutung abgestellt ist, und die psychotische Phase damit endet. Leider ist das nicht so: Vermutlich durch Rückkoppelungsprozesse bringt die falsche Programmwahl des Hypothalamus die gesamte Wahrnehmung des Menschen und damit seine Persönlichkeit aus dem Lot. Der inzwischen wieder funktionsfähige Hypothalamus ruft dann zwar tatsächlich die der Wahrnehmung entsprechenden Programme richtig ab. Nur: Die Wahrnehmung entspricht nicht mehr der Realität. Daher bleiben die psychotischen Reaktionsweisen bestehen. Ihre Ursache muß durch ärztliche Behandlung, insbesondere Medikamente, beseitigt werden. Und diese Behandlung muß möglichst rasch beginnen, bevor sich die fehlerhafte Wahrnehmung im limbischen System, das durchaus lernfähig ist, verfestigt und dann sehr viel schwieriger zu lösen ist.

Die Behandlung einer Wochenbettpsychose (wie auch der meisten anderen Psychosen) erfordert zumindest am Anfang einen Aufenthalt in einer (Fach-)Klinik. Während früher Mutter und Kind stets getrennt wurden, das Kind entweder auf der Säuglingsstation oder bei den Angehörigen blieb, versucht man heute in großen Kliniken, vor allem Universitätskliniken, den Kontakt zwischen Mutter und Kind nach Möglichkeit nicht zu unterbrechen. So wird die Frau zwar auch dort auf die psychiatrische Station verlegt, sie kann aber ihr Baby, das auf der Säuglingsstation bleibt oder wieder aufgenommen wird, mit Unterstützung der dortigen Schwestern und ihrer Angehörigen versorgen.*

Frauen mit Wochenbettpsychosen werden heute vor allem mit antipsychotischen Medikamenten behandelt. Dazu gehören in erster Linie Neuroleptika, die vermutlich bestimmte Dopaminrezeptoren an den Übergängen der Nerven blockieren. Da Dopamin die biochemische Vorstufe der »Streßhormone« Adrenalin und Noradrenalin ist, kann die Blockade der Dopaminrezeptoren die Überreizung des hormonellen Systems stoppen. Auch bestimmte Antidepressiva werden bei Wochenbettpsychosen verordnet, besonders dann, wenn Angstgefühle oder Antriebsschwäche dominieren. Bei akuten Erregungszuständen sowie Suizidgefahr kann die vorübergehende Verordnung von stark wirksamen Beruhigungsmitteln angezeigt sein. Steht bei der Psychose eine manische

---

* Leider scheitert die Wiederaufnahme des Kindes auf der Säuglingsstation inzwischen in einigen Kliniken am Pflegepersonalmangel. Auch die Einrichtung spezieller Mutter-Kind-Stationen in der Psychiatrie, wie etwa in den USA und England, bleibt bei uns wegen finanzieller Engpässe ein Wunschtraum.

Komponente im Vordergrund, kann unter Umständen auch die Gabe von Lithiumsalzen, die sich bei der Behandlung der manischen Depression bewährt haben, Erfolg bringen.

Zusätzlich zur medikamentösen Therapie ist bei der Wochenbettpsychose immer auch eine psychotherapeutische Behandlung notwendig. Denn die Frauen müssen lernen, Belastungssituationen zu bewältigen bzw. sich vermeidbaren Belastungen zu entziehen (ausführliche Erläuterung siehe Abschnitt »Hilfe für erschöpfte und depressive Mütter« in diesem Kapitel).

Wir haben das Thema Wochenbettpsychose deswegen in diesem Buch so ausführlich dargestellt, weil psychiatrische Erkrankungen in unserer Gesellschaft immer noch mit einem großen Tabu belegt sind und sich deswegen nicht nur die Mütter selbst, sondern auch Angehörige und Freunde nicht trauen, frühzeitig ärztliche Hilfe zu holen. Aber gerade bei den Wochenbettpsychosen gilt: Frühzeitige Hilfe ist rechtzeitige Hilfe.

Daher bitten wir: Wenn Sie als Mutter plötzlich ungewohnte Gefühle haben, zum Beispiel am offenen Fenster oder auf dem Balkon den starken Drang verspüren, das Baby hinunterwerfen zu müssen oder selbst hinunterzuspringen, oder Sie sich beim Baden kaum des Zwangs erwehren können, das Baby unterzutauchen, oder Sie sich nicht mehr in die Nähe von Messern wagen, weil sonst ein Unglück passieren könnte: Rufen Sie Ihren Partner, eine Freundin oder eine Nachbarin und bitten Sie sie, das Baby zu übernehmen. Sie müssen nicht gleich die Wahrheit sagen. Sagen Sie zum Beispiel einfach, Ihr Kreislauf sei ein wenig schwach, und bitten Sie darum, nicht allein gelassen zu werden. Und rufen Sie sofort oder spätestens am nächsten Morgen Ihren Arzt oder Ihre Hebamme an und schildern Sie Ihre Empfindungen dann offen und ehrlich. Nur so kann Ihnen geholfen werden. Wenn Sie noch in der Klinik sind, rufen Sie ebenfalls die Hebamme oder einen Arzt.

Auch die Partner möchten wir bitten: Wenn Sie im Verhalten Ihrer Partnerin nach der Geburt plötzlich ungewohnte und unerklärliche Veränderungen bemerken, versuchen Sie mit ihr darüber zu sprechen. Aber bitte keine Vorwürfe, bleiben Sie sachlich und verständnisvoll. Falls Sie auch nur den geringsten Hinweis haben, daß Ihre Partnerin Hilfe braucht, bitten Sie Ihren Arzt oder Ihre Hebamme umgehend um einen (Haus-)Besuch.

Wochenbettpsychosen sind keine Heimsuchung einer finsteren Macht, sondern das Resultat einer schwerwiegenden organischen, vor allem hormonellen, und seelischen Überforderung. Carol Dix: »Wir alle sind störanfällig und können unter übermäßigen Belastungen zusammenbrechen. Leider werden die Grenzen der Belastbarkeit oft erst nach einer Geburt sichtbar.« *

* Dix: a. a. O., S. 94.

Noch ein Hinweis zum Schluß

Wir haben uns bemüht, in diesem Buch all die Informationen zusammenzutragen, die Sie brauchen, um Schwangerschaft, Geburt und Wochenbett gut zu überstehen und wenn möglich auch genießen zu können. Diese Zeit ist eine der wichtigsten Lebensphasen – für die Eltern, aber auch für das Baby. Was wir ganz bestimmt mit diesem Buch nicht wollten: In den Chor derer mit einstimmen, die meinen, Schwangerschaft und Geburt müssen heute um jeden Preis und in jedem Detail perfekt verlaufen.

Die Natur hält immer wieder Überraschungen bereit. Kaiserschnitt, gesundheitliche Probleme oder einfach die »falschen« Gefühle trotz gut verlaufender Schwangerschaft und Geburt kommen vor. Wenn also bei Ihnen nicht alles so läuft, wie Sie es sich vorgestellt hatten, dann nehmen Sie das Geschehene als geschehen. Versuchen Sie, nach vorn zu blicken: Jetzt beginnen die schönen, anstrengenden und turbulenten Jahre mit Kind(ern).

Anhang

Literaturverzeichnis

Ahlheim, Birgit: Welche Infektionsprophylaxe, wenn eine schwangere Frau in die Tropen reisen will? In: Ärzte-Zeitung vom 27. Februar 1989.

Albrecht, H. / Siekmann, U.: Operative Geburtshilfe heute und morgen – Umfrage zur derzeitigen Situation zunehmend hoher Kaiserschnittfrequenzen in der BRD, in: Der Frauenarzt, 30. Jahrgang, 7/1989, S. 685–692.

*Aslett, Don: Putzen mit Köpfchen, Bempfingen 1987.

Bartels, Iris et al.: Fetale Chromosomenanomalien bei auffälligem Ultraschallbefund, in: Der Frauenarzt, 33. Jahrgang, 1/1992, S. 61–64.

Basler, H.-D.: Raucherentwöhnung in der Schwangerschaft – eine Aufgabe für die ärztliche Praxis, in: Der Frauenarzt, 32. Jahrgang, 9/1991, S. 1051–1054.

Beck, Lutwin (Hg): Zur Geschichte der Gynäkologie und Geburtshilfe, Berlin – Heidelberg – New York 1986.

Beck-Gernsheim, Elisabeth: Die Kinderfrage – Frauen zwischen Kinderwunsch und Unabhängigkeit, 1. Auflage, München 1988.

Becker, Kai Uwe: Anschnallen – aber richtig, in: Ärztliche Praxis, Nr. 47 vom 13. Juni 1992.

Berg, Dietrich: Schwangerschaftsberatung und Perinatologie, 3. Auflage, Stuttgart – New York 1988.

ders.: Pränatale Diagnostik heute – eine Auseinandersetzung, in: Der Frauenarzt, 30. Jahrgang, 3/1989, S. 235–240.

ders.: Stellungnahme zum Beitrag »Die Hausgeburt – Eine

Standortbestimmung«, in: Der Frauenarzt, 33. Jahrgang, 5/1992, S. 525.
Berufsverband der Frauenärzte: Niedriger Blutdruck kann Schwangerschaft gefährden, Pressemitteilung September 1988.
ders.: Ein Kind – trotz Diabetes? Pressemitteilung Juli 1990.
ders: Wenn der Frauenarzt nach Kinderkrankheiten fragt, Pressemitteilung September 1991.
Beumer, G. / Schönian, S.: Die Hausgeburt – Eine Standortbestimmung, in: Der Frauenarzt, 33. Jahrgang, 5/1992, S. 521.
*Bullinger, Hermann: Wenn Männer Väter werden. Schwangerschaft, Geburt und die Zeit danach im Erleben von Männern, Reinbek 1991.
Bundesgesundheitsamt (Hg): BGA weist Schwangere auf Risiko beim Verzehr von Leber hin, bga-Pressemitteilung 41/1992 vom 23. Sept. 1992.
*Chamberlain, David: Woran Babys sich erinnern – die Anfänge unseres Bewußtseins im Mutterleib, München 1990.
Dalton, Katharina: Mütter nach der Geburt – Wege aus der Depression, Frankfurt 1992.
Davies-Osterkamp, Susanne: Psychologie und Gynäkologie, in: Koch, Uwe (Hg): Psychologie in der Medizin, Weilheim 1991.
Diehl, Renate: Herpes genitalis – Vaginal entbinden – Aciclovir macht's möglich, in: Ärztliche Praxis, Nr. 45 vom 6. Juni 1992.
Dincer, Cigdem et al: Psychosomatische Begleitung von Paaren bei ungünstigen pränatalen Diagnosen, in: Dmoch, Walter / Stauber, Manfred / Beck, Lutwin: Psychosomatische Gynäkologie und Geburtshilfe 1989/90, Berlin 1990.
Disch, Gabriele et al.: Ernährung in der Schwangerschaft mit besonderer Berücksichtigung von Magnesium und Eisen, in: Der Frauenarzt, 32. Jahrgang, 1/1991, S. 69–80.
*Dix, Carol: Eigentlich sollte ich glücklich sein – Hilfe und Selbsthilfe für überforderte Mütter, 1. Auflage, Zürich 1987.

Taschenbuchausgabe: Depressionen nach der Geburt. Reinbek 1991.
*Dreyer, Petra: Ungeliebtes Wunschkind – Eine Mutter lernt ihr behindertes Kind anzunehmen, Frankfurt 1991.
Enders, Gisela: Stellungnahme zu den Ausführungen »Gefahren durch Varizella-Zoster-Virus bei Schwangerschaft und Geburt«, in: Der Frauenarzt, 31. Jahrgang 1/1990, S. 31.
*Erhardt, Ute / Johnen, W.: Frauen steigen wieder ein. München, 1991.
Fedor-Freybergh, Peter C. (Hg): Pränatale und perinatale Psychologie und Medizin – Begegnung mit dem Ungeborenen, Älvisjö 1987.
Field, T. / Sandberg, D. / Quetel, D.: Effects of ultrasound feedback on pregnancy anxiety, fetal activity and neonatal outcome, in: Obstetrics and Gynecology, 66, S. 525–528.
Friedrich, Wolfgang et al.: Schwangerer Mann – was nun? Eine Gradwanderung, 1. Auflage, Braunschweig 1985.
Friese, K.: Medikamentöse Therapie von Infektionen in der Früh- und Spätschwangerschaft, in: Hessisches Ärzteblatt, 6/1992, S. 266–271.
Fthenakis, W. F.: Zur Psychologie der Vater-Kind-Beziehung, Band 1, München 1985.
Gaisbauer, Georg: Kaiserschnitt oder vaginale Entbindung bei Beckenendlage, in: Der Frauenarzt, 32. Jahrgang, 2/1991, S. 167–170.
Gloger-Tippelt, Gabriele: Schwangerschaft und erste Geburt. Psychologische Veränderungen der Eltern, Stuttgart 1988.
*Gratkowski, Marion von (Hg): Zwillingsmütter berichten … über Schwangerschaft, Geburt und Alltag mit Zwillingen, Eching 1988.
*Hahn-Lepper, Monika: Nicht zum Leben geboren, Frankfurt 1990.
Haug-Schnabel, Gabriele: »Ich bin doch nur die Mutter!« In: Psychologie heute, 19. Jahrgang, Heft 11/1992, S. 58–62.
Huch, Renate: Bildschirmarbeit unbedenklich auch im ersten Trimenon – bisher unterschätzt: berufsbedingtes Stehen in

der 2. Schwangerschaftshälfte, in: Ärztliche Praxis, Nr. 98 vom 6. Dezember 1988.
Janus, Ludwig: Wie unser Vorleben uns bis ins Alter beeinflußt, in: Psychologie heute, 16. Jahrgang, Heft 11/1989, S. 50–57.
*ders.: Wie die Seele entsteht, München 1991.
Junge, Burckhard: Kinder als Passivraucher, in: Der Allgemeinarzt, 14/1992, S. 22–30.
Junghanns, K.-H. / Jürgens, J.: Akupunktur in der Geburtshilfe, in: Der Frauenarzt, 32. Jahrgang, 8/1991, S. 859–864.
Katz Rothman, Barbara: Schwangerschaft auf Abruf, Marburg 1989.
Kaulhausen, H.: Zur Aussagekraft klinisch-chemischer Parameter in der Diagnostik und Überwachung des Schwangerschaftshochdrucks und der Präeklampsie, in: Der Frauenarzt, 30. Jahrgang, 1/1989, S. 39–42.
Kelm-Kahl, Inge: Wird die transabdominale Chorionbiopsie Screening-Methode der Zukunft? In: Ärzte-Zeitung vom 19. Oktober 1988.
Kirschbaum, Michael / Künzel, W.: Das geburtshilfliche Vorgehen bei Beckenendlagen, in: Der Frauenarzt, 32. Jahrgang, 9/1991, S. 1047–1048.
dies.: Erwiderung auf die Anmerkung von W. Michel zum Artikel »Das geburtshilfliche Vorgehen bei Beckenendlagen«, in: Der Frauenarzt, 33. Jahrgang, 5/1992, S. 527–528.
Knörr, Karl: Schwangerschaftsvorsorge, München – Wien – Baltimore 1983.
Krejci, Jorinde: Segen oder Fluch der Pränataldiagnostik, in: Selecta, Nr. 36, vom 5. September 1988, S. 2480–2490.
dies.: Prävention vor, unter und nach der Geburt, in: Selecta, Nr. 51 vom 19. Dezember 1988, S. 3536–3543.
Langer, Martin: Somatopsychische Gynäkologie. Grundlagen, Krankheitsverarbeitung, Betreuung, Wien 1990.
Lauritzen, Christian: Gibt's spezielle Tips für schwangere Vegetarierinnen? In: Ärztliche Praxis, Leser fragen, Nr. 24 vom 24. März 1992.

Loch, E.-G.: Pharmakotherapie in der Schwangerschaft, in: Hessisches Ärzteblatt, 6/1992, S. 265–266.

Löser, Hermann: Geistige und seelische Störungen bei Kindern mit Alkoholembryopathie, in: Der Frauenarzt, 30. Jahrgang, 8/1989, S. 815–818.

*Lothrop, Hannah: Gute Hoffnung, jähes Ende, 2. Auflage, München 1992.

Lukesch, Helmut: Schwangerschafts- und Geburtsängste, Stuttgart 1981.

*Lutz, Gottfried / Künzer-Riebel, Barbara (Hg): Nur ein Hauch von Leben. Eltern berichten vom Tod ihres Babys und von der Zeit ihrer Trauer, Frankfurt 1991.

Maltzahn, Birgitt von: Der Schwangerschaftskalender, München 1992.

Michel, Wolf: Anmerkungen zum Artikel »Das geburtshilfliche Vorgehen bei Beckenendlagen, Der Frauenarzt, 32, 9/1991, in: Der Frauenarzt, 33. Jahrgang, 5/1992, S. 526.

*Minker, Margaret: Mit eigenen Augen sehen. Ein Handbuch für Frauen, 1. Auflage 1989.

Molinski, Hans: Die unbewußte Angst vor dem Kind, München 1972.

*Mühlratzer, Eva / Horkel, Wilhelm: Kaiserschnitt – ein praktischer und psychologischer Ratgeber, München 1990.

Murken, Jan (Hg): Pränatale Diagnostik und Therapie, 2. Auflage, Stuttgart 1987.

Mußmann, J.: Medikamente in der Schwangerschaft – ein immer aktuelles Problem und Herausforderung an den betreuenden Arzt, in: Hessisches Ärzteblatt, 6/1992, S. 271–272.

Neuhäuser, Gerhard: Menschen mit Down-Syndrom unter uns – Entwicklungen und Perspektiven, in: Arbeitskreis Down-Syndrom e.V. Mitteilungen, Beiheft 3, September 1992, S. 6–10.

*Nilsson, Lennart: Ein Kind entsteht, Neuausgabe München 1991.

*Nitsch, Cornelia et al.: Sexualität im Familienalltag – Von

der Lust während der Schwangerschaft bis zum ersten Partner des Kindes. München 1992.
Öney, T.: Antihypertensive Therapie bei schwerer Präeklampsie/Gestose, in: Der Frauenarzt, 31. Jahrgang, 2/1990, S. 157–160.
Offenberger, Monika: Vorsorge mit Lackmuspapier, in: Süddeutsche Zeitung Nr. 186 vom 13. August 1992.
Pauleikhoff, Bernhard: Seelische Störungen in der Schwangerschaft und nach der Geburt, Stuttgart 1964.
Pavelka, R. / Ringler, M. / Loziczky, G.: Die Angst der Schwangeren: Verhaltenstherapeutische Ansätze zu ihrer Bewältigung, in: Wiener Klinische Wochenschrift 92, S. 346–351.
Petersen, Eiko: Infektionsprophylaxe in der Schwangerschaft, in: Der Frauenarzt, 30. Jahrgang, 5/1989, S. 498–502.
Petersen, Peter / Schwerdtfeger, Julia: Das Erleben der frühen Schwangerschaft, Sonderdruck aus: Geburtshilfe und Frauenheilkunde, 43. Jahrgang, Heft 5, Mai 1983, S. 273–350.
Pschyrembel Klinisches Wörterbuch, 256. Auflage, Berlin – New York 1990.
Reich, R.: Interdisziplinärer Arbeitskreis für Lippen-Kiefer-Gaumenspalten – Mitteilung für Geburtshelfer und Pädiater, in: Der Frauenarzt, 31. Jahrgang, 8/1990, S. 729.
Rieck, Wolf: Alkohol und Schwangerschaft – Befragung der Mitglieder des Berufsverbandes der Frauenärzte, in: Der Frauenarzt, 31. Jahrgang, 9/1990, S. 899–900.
Ringler, Marianne: Psychologie der Geburt im Krankenhaus, Wien 1985.
Rust, Meinhard: Schmerzempfindung bei Schwangerschaft und Geburt. Endophinerge Schmerzmodulation, in: Bergmann H. (Hg): Anästhesiologie und Intensivmedizin, Band 209, Berlin 1989.
Schattenfroh, Silvia: Pränatale Diagnose als Entscheidung über Leben und Tod, in: Frankfurter Allgemeine Zeitung vom 7. Januar 1987.
*Schindele, Eva: Gläserne Gebär-Mütter – Vorgeburtliche Diagnostik – Fluch oder Segen, Frankfurt 1990.

Schlund, Gerhard H.: Haftungsfragen im Rahmen der Amniozentese, in: Der Frauenarzt, 30. Jahrgang, 2/1989, S. 99–104.

ders.: Allein ein zu erwartendes »großes« Kind stellt noch keine Indikation für einen Kaiserschnitt dar, in: Der Frauenarzt, 33. Jahrgang, 1/1992, S. 59–60.

*Schmid, Raimund / Engelmohr, Ines / Maidhof-Schmid, Katharina: Elternselbsthilfegruppen – Kranke Kinder + Aktive Eltern, Lübeck 1992.

*Schneider, Regine: Oh Baby. Das hatte ich mir ganz anders vorgestellt. Erfahrungen von Frauen beim ersten Kind, 1. Auflage, München 1991.

Schroeder-Kurth, Traute: Ethische Überlegungen zur pränatalen Diagnostik, in: Der Frauenarzt, 30. Jahrgang, 5/1989, S. 489–494.

Schürholz, Wolfram / Scholz, B.: Zur Geburtsleitung nach vorausgegangenem Kaiserschnitt, in: Der Frauenarzt, 30. Jahrgang, 7/1989, S. 695–698.

Schwerdtfeger, Julia et al.: Erlebnisaspekte der Schwangerschaft bei Amniozentesepatientinnen unter besonderer Berücksichtigung der Sonographie, Sonderdruck aus: gynäkologische praxis, 11/1987, S. 533–540.

*Shapiro, Jerold Lee: Vater werden ist nicht leicht. Ängste, Sorgen und Bedürfnisse werdender Väter, 2. Auflage, München 1992.

Shereshefsky, Pauline / Yarrow, Leon: Psychological aspects of a first pregnancy and early postnatal adaption, New York 1973.

Spitzer, Dietmar et al.: HELLP-Syndrom – Dokumentation, Diagnostik, Therapie, fetal outcome – eigene Erfahrungen, in: Der Frauenarzt, 31. Jahrgang, 7/1990, S. 637–644.

Statistisches Bundesamt (Hg): Gesundheitswesen, Fachserie 12, Reihe 4: Todesursachen 1990, Wiesbaden 1992.

Steiner, Marianne (Hg): Alkohol in der Schwangerschaft und die Folgen für das Kind, Frankfurt 1990.

Staufer, Franz: Strahlenbelastung bei Flugreisen in der

Schwangerschaft, in: Der Frauenarzt, 32. Jahrgang, 2/1991, S. 183–184.
Terinde, Rainer: Normale und pathologische fetale Entwicklung im Ultraschallbild, in: Dmoch, Walter / Stauber, Manfred / Beck, Lutwin: Psychosomatische Gynäkologie und Geburtshilfe 1989/90, Berlin 1990.
*Ulmer-Otto, Sabine: Die leere Wiege, 2. Auflage, Stuttgart 1991.
*Verny, Thomas / Kelly, John: Das Seelenleben des Ungeborenen – Wie Mütter und Väter schon vor der Geburt Persönlichkeit und Glück ihres Kindes fördern können, Frankfurt/M. – Berlin 1989.
Vierheller, Brigitte: Beim Kinderkriegen in guten Händen? In: Eltern 9/1989, S. 24ff.
Vogel, Klaus: Am besten Früh-Amniozentese in der 13. Woche, in: Ärztliche Praxis, Nr. 21 vom 14. März 1992.
Vorsorge-Initiative (Hg): Schwangere schlucken zu viele Medikamente, Januar 1987.
dies.: Vorsicht vor Infektionen in der Schwangerschaft, Juni 1992.
dies.: Ernährung in der Schwangerschaft – die sieben Todsünden, September 1992.
dies.: Röteln: Die große Gefahr für Ungeborene. Vorsorge-Infos von der Aktion Sorgenkind, Nr. 1, 1990.
Voss, Hubertus von: Erkennbare und nicht erkennbare Risiken der Perinatalperiode mit möglichen Folgen für die kindliche Entwicklung, in: Der Frauenarzt, 33. Jahrgang, 2/1992, S. 137–152.
Wachsmuth, Dietrich: Schwangere Vegetarierinnen – Wichtig: Zink, Magnesium und Jod kontrollieren, in: Ärztliche Praxis, Nr. 43, 30. Mai 1992.
*Weidenbach-Janositz, Suse: Die berufstätige Mutter und ihre Probleme im Alltag, München 1990.
Welsch, Hermann: Das gestationsbedingte materne Mortalitätsrisiko – gestern und heute, in: Der Frauenarzt, 33. Jahrgang, 7/1992, S. 727–740.

Weyand, Joachim: Schwangerschaftsbedingtes Beschäftigungsverbot oder krankheitsbedingte Arbeitsunfähigkeit, in: Der Frauenarzt, 30. Jahrgang, 5/1989, S. 455–461.
Winkler, Lieselotte: Beobachtungen zur psychotherapeutischen Betreuung von Frauen mit vorzeitiger Wehentätigkeit, Manuskript zum Vortrag, 19. Fortbildungstagung der Deutschen Gesellschaft für Psychosomatische Geburtshilfe und Gynäkologie, 28. Februar bis 3. März 1990 in München.
Wisser, J.: Auswirkungen von Ultraschalluntersuchungen in der Frühgravidität auf die Eltern-Kind-Beziehung, in: Gesellschaft für praktische Sexualmedizin – Mitteilungen, 10. November 1989, S. 30–33.
Wulf, Karl-Heinrich: Risikofaktoren während Schwangerschaft und Geburt, in: Der Frauenarzt, 29. Jahrgang, 7/1988, S. 771–780.
ders.: Geburtshilfe im Wandel. Zur geburtshilflichen Situation in der Bundesrepublik Deutschland, in: Deutsches Ärzteblatt 85, Heft 47 vom 24. November 1988.

Zeitungsartikel ohne Verfasserangabe:

Das trifft ins Herz des Kindes, in: Ärztliche Praxis, Nr. 102 vom 20. Dezember 1988.
Hypotonie in der Schwangerschaft – Welches Medikament, wenn Physiotherapie nicht reicht? In: Ärztliche Praxis, Nr. 45 vom 4. Juni 1991.
Schwangerschaftsdiabetes – Zu oft unentdeckt und unbehandelt: hohe perinatale Mortalität, in: Ärztliche Praxis, Nr. 57 vom 16. Juli 1991.
Schwangerschaftshypertonie – Wann Aspirin? Wann Magnesium? Wann Hydralazin? in: Ärztliche Praxis Nr. 41 vom 23. Mai 1992.
Die Becken werden immer enger, in: Ärztliche Praxis, Nr. 42 vom 26. Mai 1992.

* Diese Bücher möchten wir unseren Leserinnen und Lesern empfehlen.

Allergiegefährdete Säuglinge – Eltern rauchen: 11faches Asthma-Risiko, in: Ärztliche Praxis, Nr. 64 vom 11. August 1992.
Trisomie – die mütterliche Kontrolle versagt, in: Die Neue Ärztliche vom 31. Juli 1986.
Männerkindbett – wenn Männer während der Schwangerschaft leiden..., in: Medical Tribune, Nr. 22 vom 29. Mai 1992.

Wichtige Adressen*

Von dem großen Netz der psychologischen Beratungsstellen bis zur kleinen Selbsthilfegruppe: Es gibt weit mehr Hilfsangebote bei seelischen und körperlichen Problemen in der Schwangerschaft, als gemeinhin bekannt ist. Manche Anlaufstellen haben wir im Text schon angesprochen, hier finden Sie noch ein paar weitere, vor allem aber Adressen und Telefonnummern. Generell gilt: Fast alle Organisationen sind dankbar, wenn einer Anfrage ein ausreichend frankierter und adressierter Rückumschlag beiliegt. Und noch etwas: Gerade wenn Sie in einer größeren Stadt wohnen, ist die Chance groß, daß Sie die gewünschten Informationen mit einem Telefongespräch zum Ortstarif bekommen. Schauen Sie also auf jeden Fall erst einmal ins Telefonbuch, wenn Sie Kontakt zu einer der folgenden Organisationen aufnehmen wollen:
- Bund deutscher Hebammen
- Pro Familia
- Eltern-Schulen
- Psychologische Beratungsstellen
- Ehe- und Familienberatung
- Aids-Hilfe
- Arbeitsgemeinschaft freier Stillgruppen (AfS)
- La Leche Liga

---

* Die folgenden Institutionen bemühen sich, auch Adressen von Anlaufstellen in den neuen Bundesländern zu vermitteln.

Oder besorgen Sie sich die entsprechende Regionalausgabe des Ratgebers »Wo bekomme ich mein Baby«, mehr dazu steht auf Seite 102 ff.

Wenn Sie eine *freie Hebamme* suchen, wenden Sie sich an den

Bund Deutscher Hebammen
Postfach 1724
76006 Karlsruhe
Tel.: 0721 / 981890

Hier bekommen Sie die Adressen der Landesverbände, diese wiederum können Hebammen am Ort vermitteln.

Wenn Sie eine *Stillberaterin* suchen, wenden Sie sich an die

Arbeitsgemeinschaft freier Stillgruppen (AfS)
Rheingaustraße 14
56357 Welterod/Taunus

Wenn Sie *psychologische Beratung* oder *Eheberatung* suchen, vermitteln folgende Stellen Adressen von Beratungsstellen in Ihrer Nähe:

Deutsche Arbeitsgemeinschaft für Jugend- und Eheberatung (DAJEB)
Neumarkter Straße 84c
81673 München
Tel.: 089 / 4361091

(Wenn Sie bei der DAJEB den großen Beratungsführer für die ganze Bundesrepublik bestellen möchten, legen Sie bitte einen gepolsterten DIN-A4-Umschlag bei, der mit 2,00 Mark frankiert ist.)

Evangelische Konferenz für Familien- und Lebensberatung
Schönhauserallee 141
10437 Berlin
Tel. 030 / 44375 – 117

Katholische Bundesarbeitsgemeinschaft für Beratung
Kaiserstraße 163
53113 Bonn
Tel.: 0228 / 193231

Pro Familia Bundesverband
Stresemannallee 3
60596 Frankfurt/Main
Tel.: 069 / 639002

Noch einige Adressen zu *verschiedenen Themen*:
Arbeitsgemeinschaft Gestose-Frauen e.V.
Geldener Straße 45
47661 Issum
Tel.: 02835 / 2628 (nur vormittags)
(Info-Broschüre 28,90 Mark)

Deutsche Arbeitsgemeinschaft niedergelassener Ärzte in der Versorgung HIV-Infizierter
Blondelstraße 9
52062 Aachen
Tel.: 0241 / 26799

Selbsthilfegruppen:
»Regenbogen – Glücklose Schwangerschaft e.V.«,
überregionale Kontaktanschrift:
Barbara Künzer-Riebel
Burgstraße 6
73614 Schorndorf
Tel.: 07181 / 21275
(Broschüre und ca. 500 Kontaktadressen)

»Verwaiste Eltern Hamburg e.V.«
Dr. Mechthild Voss-Eiser
Evangelische Akademie
Esplanade 15
20354 Hamburg
Tel.: 040 / 35 50 56-33

»Verwaiste Eltern München e.V.«
Schrenkstraße 3
80339 München
Tel.: 089 / 50035530

Register